中国特色社会主义文化研究丛书

总主编　颜晓峰

文化视阈聊法治

中国特色社会主义法治文化研究

王寿林 张美萍　著

重庆出版集团 重庆出版社

总序

社会主义现代化的文化之维

颜晓峰

党的十九大开启了全面建设社会主义现代化国家新征程，这是新中国成立后党带领人民不懈奋斗、建设现代化国家历史进程的一次伟大飞跃。现代化是全方位、多领域、各层次的变革和跃升，文化是社会结构的有机组成部分，全面现代化是包括文化在内的各个领域的现代化。现代化不仅是技术方式和生产方式的自然演进过程，也需要思想引领、精神激励、文化支持。文化是一个国家、一个民族的灵魂，也是国家现代化进程中的灵魂，全面建设社会主义现代化国家必须要有文化作为基础和保证。坚持和发展中国特色社会主义文化，强化社会主义现代化的文化之维，是建成富强民主文明和谐美丽的社会主义现代化强国的内在要求。

文化是全面建设社会主义现代化国家的重要领域

文化是经济、政治、社会等的反映，同时又是社会上层建筑的重要构成部分。随着社会形态的演变，文化在社会发展进步中的作用明显增强，国家文化软实力的分量越来越重。随着我们党对社会主义建设规律的认识加深，党的文化自觉达到新的高度，文化建设规模扩张、力度加大。

从“四个现代化”到全面现代化。新中国成立后，我们党开始了建设社会主义现代化国家的努力探索。党在社会主义建设总路线中就提出了促进农业和交通运输业的现代化，建立巩固的现代化国防。1954年召开的一届全国人大一次会议，明确提出建设现代化的工业、农业、交通运输业和国防目标。1964年召开的三届全国人大一次会议进一步提出，在不太长的历史时期内，把我国建设成为一个具有现代农业、现代工业、现代国防和现代科学技术的社会主义强国。改革开放后，邓小平在80年代伊始开宗明义："我们从八十年代的第一年开始，就必须一天也不耽误，专心致志地、聚精会神地搞四个现代化建设。"[1]改革开放以来党的历次全国代表大会，都强调社会主义现代化建设，一以贯之地推进建设社会主义现代化国家新的长征。党的十八届三中全会明确提出推进国家治理体系和治理能力现代化，社会主义现代化增加了治理之维。党的十九大明确提出建设现代化经济体系，加快教育现代化，人与自然和谐共生的现代化，全面推进国防和军队现代化，等等。可以看出，党对社会主义现代化领域的认识，是一个不断拓展和深化的过程。

从“五位一体”总体布局看文化建设。“五位一体”构成了建设中国特色社会主义的主要领域，统筹推进“五位一体”总体布局构成了全面发展、相互支撑的系统格局。从提出建设社会主义精神文明，到提出建设中国特色社会主义文化，到提出建设社会主义文化强国；从提出坚持社会主义核心价值体系、培育社会主义核心价值观，到提出增强国家文化软实力、增强文化自信等，都反映了在改革开放、社会主义现代化的进程中，文化是与其他领域同等重要的领域，文化建设始终是不可或缺的内容。文化兴国运兴，文化强民族强。没有文化的血脉贯通，没有精神的力量支撑，就不能成其为中国特色社会主义。全面建设社会主义现代化国家，必然要求将文化建设的现代化纳入其中，使文化成为现代化的精神基因。

[1]《邓小平文选》(第二卷)，人民出版社1994年版，第241页。

从“三个自信”到“四个自信”。党的十八大强调坚持和发展中国特色社会主义道路、理论体系、制度，增强道路自信、理论自信、制度自信。党的十八大以来，习近平总书记进一步提出增强文化自信，指出“文化自信是一个国家、一个民族发展中更基本、更深沉、更持久的力量”[1]。这就从“三个自信”拓展为“四个自信”，提升了文化在中国特色社会主义“四个自信”中的独特地位。道路自信是以道路中蕴含的文化自信为基础的，理论自信是以对科学理论真理力量的文化信念为底蕴的，制度自信是以对建立制度的文化理念的自信为前提的。所以，文化自信是更基础、更广泛、更深厚的自信。与“四个自信”相适应，中国特色社会主义的基本内涵和基本结构，从道路、理论、制度“三位一体”拓展为道路、理论、制度、文化“四位一体”。没有高度的文化自信，没有文化的繁荣兴盛，就没有中华民族伟大复兴。

全面建设社会主义现代化国家包括文化现代化。文化建设是全面建设社会主义现代化国家的题中应有之义。习近平总书记在十九大报告中，将国家文化软实力明显增强作为基本实现社会主义现代化的重要目标，将物质文明、政治文明、精神文明、社会文明、生态文明全面提升作为全面建成社会主义现代化国家的基本目标。这就表明了全面建设社会主义现代化国家与文化建设密不可分，没有文化建设的现代化，就没有全面的现代化。文化现代化是一个历史范畴，是指在人类社会现代化的进程中，文化这种社会形式，也经历了一个自我更新、自我完善，适应现代化、跟随现代化、引领现代化，从而实现文化现代化的过程。文化现代化还是一个政治范畴，不同的社会形态有不同性质的文化现代化，不同的社会制度有不同内涵的文化现代化。现代化不是资本主义的专利，按照马克思、恩格斯的思想，社会主义现代化是人类社会现代化的高级阶段和高级形态。社会主义现代化包括各个领域的现代化，是社

[1] 习近平：《决胜全面建成小康社会　夺取新时代中国特色社会主义伟大胜利——在中国共产党第十九次全国代表大会上的报告》，人民出版社2017年版，第23页。

会主义国家的奋斗目标，是中国共产党的不懈追求。可以说，建设社会主义先进文化，坚持倡导社会主义核心价值观，加快构建中国特色哲学社会科学体系，繁荣发展社会主义文艺，推动中华优秀传统文化创造性转化、创新性发展，建设具有强大凝聚力和引领力的社会主义意识形态等，都是社会主义文化现代化的标识，是社会主义现代化文化的内涵。

文化是全面建设社会主义现代化国家的精神支撑

现代化不仅是技术方式、生产方式和生活方式变迁的过程，而且是思维方式、行为方式、交往方式转变的过程。从近代以来的现代化进程看，一个国家实现现代化，不仅需要经济总量、军事力量等硬实力的提高，而且需要价值观念、思想文化等软实力的提高。文化是社会形态的鲜明特征和显著标识，是全面建设社会主义现代化国家的精神之维和思想之魂。

文化高扬社会主义现代化的思想旗帜。九十多年来中国共产党团结带领人民进行伟大社会革命的历史，同时也是建设与党的性质和宗旨相一致，与中国发展进步潮流相一致的先进文化的历史。新民主主义革命时期，党和人民创造了新民主主义文化，这就是无产阶级领导的人民大众的反帝反封建的文化，是民族的科学的大众的文化，是中华民族的新文化，由此成为新民主主义革命的思想旗帜。新民主主义文化犹如大海中的灯塔，对于动员广大人民群众投身于党领导的革命和战争事业，起到了强大的引领和激励作用。社会主义革命和建设时期，党和人民创立了社会主义文化，这就是以马克思列宁主义、毛泽东思想为指导，以共产主义理想和社会主义信念为灵魂，以社会主义道德为准则，以培养社会主义新人为已任的新文化。社会主义文化对于增强社会主义的凝聚力和向心力，塑造人民新的素质，推动社会主义事业发展，发挥了重大作用。新民主主义文化和社会主义文化，是中华民族实现从“东亚病夫”

到站起来的伟大飞跃的思想旗帜。改革开放新时期，党和人民创立了中国特色社会主义文化，是中国特色社会主义取得巨大成就、中华民族实现从站起来到富起来伟大飞跃的思想旗帜。进入中国特色社会主义新时代，在全面建设社会主义现代化国家的新征程中，在中华民族迎来从富起来到强起来的伟大飞跃中，中国特色社会主义文化同样是实现社会主义现代化的思想旗帜。

文化增强社会主义现代化的精神动力。全面建设社会主义现代化国家，是一场新的伟大社会革命。要将这场伟大社会革命进行到底，必须要有文化的支持。邓小平在党的十一届三中全会上指出，“实现四个现代化是一场深刻的伟大的革命”[1]，同时要求全党团结一致，同心同德，解放思想，开动脑筋，善于学习，善于重新学习。这就表明，新时期党和国家的中心工作是社会主义现代化，但如果思想不解放，思想僵化，一切从本本出发，社会主义现代化就不可能实现。可以说，真理标准问题大讨论和思想解放运动，是新时期建设社会主义现代化的思想发动和精神呼唤。党的十一届三中全会召开40年后，我国社会主义现代化站在新的历史起点上，开启全面建设社会主义现代化国家新征程，必须进行具有许多新的历史特点的伟大斗争。有效应对重大挑战、抵御重大风险、克服重大阻力、解决重大矛盾，包括坚决战胜一切在政治、经济、文化、社会等领域出现的困难与挑战，同时要求以伟大精神赢得伟大斗争。习近平主席在十三届全国人大一次会议上强调的伟大民族精神，实质上就是开启全面建设社会主义现代化国家新征程的精神动力。伟大民族精神是中华民族五千多年文明历史的强大精神动力，也是全面建成社会主义现代化强国的强大精神动力。

文化确立社会主义现代化的价值标准。坚持社会主义核心价值体系，是新时代坚持和发展中国特色社会主义基本方略的重要内容。我国的现代化被称为社会主义现代化，一个根本特征，就是坚持社会主义核

[1]《邓小平文选》(第二卷)，人民出版社2014年版，第152页。

心价值体系，由此构成我国现代化的价值准则。坚持社会主义核心价值体系，包括坚持马克思主义，牢固树立共产主义远大理想和中国特色社会主义共同理想，培育和践行社会主义核心价值观，不断增强意识形态领域主导权和话语权，更好构筑中国精神、中国价值、中国力量，等等。社会主义核心价值体系，规定了社会主义现代化的基本性质，决定了中国特色社会主义现代化道路的前进方向，指明了全面建设社会主义现代化国家的价值导向。核心价值观是决定文化性质和方向的最深层次要素。习近平总书记在党的十九大报告中指出："社会主义核心价值观是当代中国精神的集中体现，凝结着全体人民共同的价值追求。"[1]可以说，社会主义核心价值观就是社会主义现代化的价值追求。社会主义核心价值观从价值观念转变为价值实践，就是社会主义现代化的建成。

文化厚植社会主义现代化的智力基础。文化建设包括发展文化事业和文化产业，建设教育强国，建设学习型社会，提高国民素质等。社会主义现代化是以全民族的精神文明大大提高、全社会的文化素养大大增强为条件的。经济落后建不成现代化，文化落后同样建不成现代化。在综合国力竞争中，科技竞争的基础是人才竞争，人才竞争的基础是教育竞争。没有教育的现代化，就没有国家的现代化。党的十九大提出加快教育现代化，表明了全面现代化，教育要先行，是为全面建设社会主义现代化国家提供人才队伍和智力资源，建好基础工程。新时代文化建设，既要加强思想道德建设，繁荣发展社会主义文艺，满足人民日益增长的美好精神生活需要，也要优先发展教育事业，发展素质教育，推进教育公平，办好继续教育。

[1] 习近平：《决胜全面建成小康社会　夺取新时代中国特色社会主义伟大胜利——在中国共产党第十九次全国代表大会上的报告》，人民出版社2017年版，第42页。

中国特色社会主义文化是文化建设现代化的根本标识

改革开放40年来，中国特色社会主义的基本内涵不断丰富拓展，从道路、理论、制度到文化。中国特色社会主义文化，是在建设中国特色社会主义的实践过程中形成的根本文化成就。全面建设社会主义现代化国家，与之相适应，符合其需要的文化，就是中国特色社会主义文化；我们所说的文化现代化或现代化文化，就是中国特色社会主义文化。

中国特色社会主义文化是社会主义现代化的显著特征。中国特色社会主义文化积淀着中华民族最深层的精神追求，源自于中华民族五千多年文明历史所孕育的中华优秀传统文化，熔铸于党领导人民在革命、建设、改革中创造的革命文化和社会主义先进文化，代表着中华民族独特的精神标识。社会主义现代化与资本主义现代化相比，既有着共同的内涵标准和文明形式，也有着独特的本质、特色和优势。中国特色社会主义文化，有着明显的民族特色，是中华民族五千多年文明历史的结晶，也是中国社会主义现代化的精神底蕴。中国特色社会主义文化，有着明显的政治属性，是中国特色社会主义道路、制度的思想形式，社会主义意识形态表明社会主义现代化文化的本质特征。中国特色社会主义文化，有着明显的现代属性，顺应历史潮流，走在时代前列，反映人民心声，吸收人类文化优秀成果，代表着先进文化的前进方向。在经济全球化时代，各个国家和民族可以生产和使用同样同质的科技产品，但不能接受同一种文化或信奉同一种宗教，文化有其独特内涵和价值。

中国特色社会主义文化是文化建设现代化的本质内容。从历史脉络看，中国特色社会主义文化融历史文化、当代文化、未来文化于一体，源远流长、根深叶茂，有着强大的生命力。从指导思想看，中国特色社会主义文化以马克思主义为指导，马克思主义是中国特色社会主义文化的灵魂，马克思主义中国化的成果，集中体现了中国特色社会主义文化的时代精神，注入了时代内涵。从发展维度看，中国特色社会主义文化面向现代化、面向世界、面向未来，这一文化内在地与现代化相契合，不仅不排斥而且是向往新世界新社会的；这一文化自觉地与世界相连接，不仅不封闭而且是开放包容的；这一文化前瞻地与未来相一致，不仅不停滞而且是构想创造美好愿景的。从基本属性看，中国特色社会主义文化是民族的科学的大众的文化，民族的文化保持了现代化的文化之根，科学的文化保证了现代化的文化之魂，大众的文化彰显了现代化的文化之本。从动力机制看，中国特色社会主义文化坚持创造性转化、创新性发展，这一转化和发展，既包括中华优秀传统文化在新时代的创造性转化、创新性发展，也包括革命文化、社会主义先进文化的创造性转化、创新性发展，从不停滞在同一个发展阶段和发展水平，与实践同行，与时代同步，与现代化同进。

中华优秀传统文化提供社会主义现代化的中国智慧。中华优秀传统文化是中国特色社会主义文化的牢固根基和有机构成，以其深厚的思想底蕴和长久的历史积淀，滋养着中国特色社会主义文化。中华优秀传统文化在走向社会主义现代化的今天，仍然是宝贵的思想富矿和有益的精神源泉。

革命文化赋予社会主义现代化的红色基因。中国共产党在带领人民进行新民主主义革命的艰辛实践中，形成了包含“革命理想高于天”的革命理想主义、“砍头不要紧，只要主义真”的革命英雄主义、“万水千山只等闲”的革命乐观主义、官兵一致的革命民主主义，“加强纪律性，革命无不胜”的纪律观念，热爱人民、依靠人民的群众路线等内容的革命文化。革命文化上承中华优秀传统文化，基于中国无产阶级和人民大众的革命性，下启社会主义先进文化，是中国特色社会主义文化形成发展的重要环节，是中国特色社会主义文化的重要组成部分。进入社会主义时期、中国特色社会主义新时期、中国特色社会主义新时代，党仍然在进行新的伟大社会革命，仍然需要保持和弘扬革命精神，仍然需要革命文化的营养。革命文化所蕴含的红色基因，并不仅仅是传统的，也是现代的，并不仅仅是革命战争年代的精神旗帜，也是实现社会主义现代化的精神财富。

社会主义先进文化引领社会主义现代化的前进方向。社会主义先进文化，是新中国成立后，党带领人民在社会主义革命和建设、改革开放新的伟大革命、新时代伟大社会革命的长期实践中，在传承光大中华优秀传统文化、革命文化的基础上，形成的反映社会主义本质要求、满足人民日益增长的美好精神生活需要、培养全面发展的社会主义新人的新型文化。社会主义先进文化是中国特色社会主义文化的本质内容和时代标识。社会主义先进文化，作为中国特色社会主义文化的主体部分，与社会主义现代化的文化高度契合、高度统一。社会主义先进文化，表明了社会主义现代化的文化是什么样的文化。建设以社会主义先进文化为核心的中国特色社会主义文化，就是社会主义文化现代化的发展方向。

为增强中国特色社会主义文化自信，推进中国特色社会主义文化研究，服务全面建设社会主义现代化国家新征程，重庆出版集团秉承高度的政治意识和文化意识，在党的十九大之后组织编写出版了“中国特色社会主义文化研究丛书”，从不同方面对中国特色社会主义文化进行深入解读。此套丛书乃出版界该领域传播之先行，为理论界该领域研究之硕果，谨以此文为丛书总序。

目录

导 言

文化是一个民族的血脉，是一个国家综合国力的重要标志，是激励全体人民砥砺奋进的内在力量。习近平总书记指出："全面推进依法治国需要全社会共同参与，需要全社会法治观念增强，必须在全社会弘扬社会主义法治精神，建设社会主义法治文化。"[1]社会主义法治文化作为社会主义文化的重要组成部分，是法治的灵魂和先导，是全面推进依法治国的精神动力，是建设社会主义法治国家的文化保障，对人们的思想观念、价值取向和行为方式具有稳定而恒久的作用和影响。这意味着，法治只有上升到文化层面，成为人们的一种内在修养、一种行为习惯、一种生活方式，才能展现出其精神和价值，才能使法治的理想和目标落地生根；法治文化建设只有基于一种社会呼唤、一种主体需求、一种理性行为，坚持用时代的眼光审视法治文化、用发展的理念研究法治文化、用丰富的载体展示法治文化，不断推进法治文化理论和实践创新，才能达到预期目的。

1. 法治文化研究的意义

建设与法治国家相适应的法治文化，是我们党新时期的一贯主张。党的十七大报告提出"树立社会主义法治理念"重要命题。党的十八大报告提出："弘扬社会主义法治精神，树立社会主义法治理念，增强全社会学法尊法守法用法意识。"[2]党的十九大报告提出："加大全民普法力度，建设社会主义法治文化，树立宪法法律至上、法律面前人人平等

[1] 习近平:《加快建设社会主义法治国家》，载《求是》，2015年第1期。

[2]《十八大以来重要文献选编》，中央文献出版社2014年版，第22页。

的法治理念。”[1]这一系列重要论述，充分反映出我们党对法治建设主体的高度重视。这种重视聚焦在建设社会主义法治文化这一时代课题上，就是要构筑一个能够对全体人民适应法治建设需要的主体性产生积极影响的文化软环境。道理很明显，当今中国法治建设的宏伟蓝图，取决于政治精英的远见卓识，而法治建设的得失成败，则更多地取决于普通民众的内心认同，因为法治的进程及其目标的实现终究离不开亿万民众的承载与担当。法治文化作为法治建设的精神要素，为法治建设提供理性根据，并内化到立法、执法、司法、守法、护法等法治实践的各个环节。法治建设的举措、方法、进展、成效，都是法治文化的具体体现和生动再现。作为社会主义法治文化建设的重要内容，增强法治意识，弘扬法治精神，确立法治理念，坚定法治信仰，崇尚法治价值，提高法治素养，同时也构成了整个国家法治建设的基础和先导。因此，在深入开展法治文化研究的基础上培育社会主义法治文化，是全面推进依法治国的重要环节，是建设社会主义法治国家的可靠保障，对整个国家的经济发展、政治进步、文化繁荣、社会和谐、生态文明都具有基础性和引领性作用。

2. 法治文化研究的课题

当代中国的法治建设是在改革开放的历史条件下起步的，其文化条件准备不足的缺陷随着法治建设的发展已逐步显露出来，从而表明从传统法律到现代法律，不仅是法律制度的变迁，更是法律制度的底蕴和灵魂——法律文化的创造性转化和创新性发展的过程。在当今中国，这个问题就浓缩在建设社会主义法治文化这一时代课题上。法治文化作为法律文化的现代化，是一个国家从人治社会向法治社会转变的重要标志。对社会主义法治文化建设这一时代课题进行深入研究和系统阐释，

[1] 习近平:《决胜全面建成小康社会　夺取新时代中国特色社会主义伟大胜利——在中国共产党第十九次全国代表大会上的报告》，载《人民日报》，2017年10月28日。

建设与社会主义法治国家相适应的社会主义法治文化，是破解我国法治建设瓶颈性难题的一把钥匙，是全面推进依法治国的时代抉择。这在客观上要求我们坚持把研究课题放在时代特征、中国国情、民主政治、法治国家、中华文化、人类文明中考察和审视，按照从抽象到具体、从基础到应用、从认知到对策、从理论到操作的逻辑顺序渐次展开，把现状透视、文本分析、资料引证、经验借鉴和理论探求有机结合起来，力求从整体上把握中国特色社会主义法治文化的科学内涵、基本特征、内容结构、主要功能以及中国特色社会主义法治文化建设的现实状况、制约因素、路径选择、目标取向，以便更加深刻地认识法治文化建设的本质和规律，更加科学地提出解决问题的对策和举措，为社会实践和学术研究提供理论支撑。

3. 法治文化研究的现状

党的十五大提出依法治国的基本方略，随之而来的是法治文化研究热潮的兴起。党的十八届四中全会提出建设社会主义法治文化，法治文化研究已成为法学研究的一个重点和热点问题。伴随着实践和认识的发展，学界从不同角度和层面，运用不同方法和手段拓展研究视野，形成了多学科相互融合、多领域相互渗透、多方法广泛应用的研究格局，已推出一批具有思想性、理论性、前瞻性和创造性的研究成果。在学术观点上，对法治、法治文化、社会主义法治文化内涵的揭示；对法治意识、法治精神、法治理念、法律信仰的辨析；对法治文化研究时代背景、理论依据和重要意义的认识；对党与法、权与法、权利与义务、权力与权利、权力与责任的关系的阐发；对中国特色社会主义法治体系的文化内涵、社会主义法治文化建设的中国特色、建设具有不同行业和地域特点的法治文化的探讨，对法治实践对法治文化的作用和影响、社会主义法治文化建设的路径选择、我国法治文化建设相对滞后的原因及对策等问题的论述，都蕴涵着新意和创意。学界对法治文化的研究主要涉及法治文化的基础理论和法治文化建设实践两个主要方面。在基础理论方面，对法治文化在法治国家建设中的地位，法治文化的内涵、特征、结构和功能等方面进行了系统论述。在法治文化建设实践方面，对法治文化建设的特点规律进行了初步总结，并开始从宏观研究向微观分析拓展，从理论思考向具体对策延伸，对解决现实中存在的问题提出了一些具有操作性的思路举措。这些成果为法治文化的后续研究奠定了学术基础，开辟了研究路径，搭建了理论框架。从现有的研究成果看，尽管法治文化研究开局良好，但在某些方面也存在着明显不足，主要是概念泛化，内涵混杂，缺乏严密论证，对一些问题的研究还有待深入。

4. 法治文化研究的方法

作为主体联系客体的中介和桥梁，方法在宏观上可称之为方式和程序，在微观上可称之为途径和步骤，在操作上可称之为工具和手段。因此，所谓方法，就是人们在认识世界和改造世界的过程中为达到预期目的所采用的工具、手段和活动方式的总和。中国特色社会主义法治文化研究采用系统的方法、历史的方法、比较的方法，其中以系统的方法为主。这里的系统不同于体系，体系是指由不同系统按照一定的组织关系和运行机制构成的有机整体，而系统则是指由不同层次、不同单元的同类要素组成的有机整体。社会主义法治文化建设是一项艰巨复杂的社会系统工程，运用系统的方法，就是从系统的观点出发，着重在整体与部分、部分与部分、整体与环境的相互联系中揭示社会主义法治文化建设的系统性质和运动规律，以达到最佳地处理问题的目的。社会主义法治文化建设以中国国情为经，以时代特征为纬，在空间维度上实现本土化，在时间维度上实现现代化。运用历史的方法、比较的方法，可以更加准确地把握社会主义法治文化的历史方位和发展走向，以便采取更加科学有效的建设对策和举措。总之，中国特色社会主义法治文化研究坚持从客观实际出发，对法治文化研究领域提出的各种问题做出系统的回答；这种回答能够使经验概念化、概念规范化，进而对法治文化的要素与层次、本质与特征、结构与功能做出科学揭示，并保持自身的完整统一，从而形成一个有机的整体；这个整体按其逻辑内在地包含着一定的价值取向和目标模式；这种取向和模式能够得到经验事实的印证、现行制度的认同，以便为法治文化研究和法治文化建设提供理论支撑和决策参考。

第一章　中国特色社会主义法治文化的科学内涵

中国特色社会主义法治文化内涵博大精深，蕴涵着文化、法治文化、社会主义法治文化等丰富内容，要全面认识中国特色社会主义法治文化的精髓要义，就必须从合理界定文化着手，层层深入、步步递进地揭示法治文化、社会主义法治文化、中国特色社会主义法治文化的科学内涵。

一、文　化

文化作为一个民族之根，一个国家之魂，发源于历史，产生于民众，植根于实践，创新于时代，是一个人对社会、对人生的态度，是一个民族对世界、对生命的历史认知和现实感受。文化作为一种精神力量，具有陶冶人、塑造人的功能，一旦为人所接受，就会对人的行为方式和价值取向产生根本性、广泛性、长远性的影响。

在中国古代，文化是与武功、武威相对立的文治、教化的总称。《周易》中有这么一句话："刚柔交错，天文也；文明以止，人文也。观乎天文，以察时变；观乎人文，以化成天下。"自然界各种错综复杂的现象，可以称作天文，人类各种言行举止、外表体态，可以称作人文。观察自然界的各种现象，才能知道季节变化；审视人类各种美好的风尚和习俗，用以教化天下，才能使人的境界得以提升。汉代刘向的《说苑》中说："圣人之治天下，先文德而后武力。凡武之兴，为不服也；文化不改，然后加诛。"晋朝束皙《补亡诗》中说："文化内辑，武功外悠。"这里的文化大都取文治与教化之意，还不是现代意义上的文化。

西方文化一词，在英文和法文中是culture，由拉丁文演化而来。它的意思包含着培养、栽培、修养、教化等。最早把文化作为专门术语来使用的是被称为人类学之父的英国人泰勒，他在1871年发表的《原始文化》一书中论述了文化的含义。他认为，文化是一个复杂的总体，包括知识、信仰、艺术、道德、法律、风俗，以及人类在社会中所获得的一切能力与习惯。这是比较科学的关于文化的定义，强调的是文化的精神方面。后来美国一些社会学家、文化人类学家，如根斯·维莱等人，又对泰勒的定义进行了补正，补进以"实物"形式存在的文化现象，把泰勒的定义修正为：文化是一个复合体，包括实物、知识、信仰、艺术、道德、法律、风俗，以及其余从社会上学得的能力与习惯。

自然界中有人的活动，才会有文化。反之，文化也对人的生活产生深刻影响，这是文化与人的关系的基本特征。因此，文化可以概括为人化和化人两个方面。一块石头落到河中，经过千万年以后，变得圆滑，这不是文化，而是自然界的作为。一个人捡起这块石头，把它打造成一个用于生产的工具，或者把它直接摆在自己的住处，作为装饰品，文化就诞生了。人改造自然的活动和成果，就是人化；文化则是使自然状态人化的特殊状态。因此，文化一词与天然相对，是人按照自己的需要对自然进行改造、解释、包装的过程和成果。这是文化的基础层次。人也是一种动物，具有原始的野蛮的天然属性。以野蛮的天性为主导，在某些行为上就会如同野兽一样。但是，同认识和改造自然一样，人可以认识自我的价值，并以这种价值理念来改造和控制自己野蛮的天性。这就形成了对人自身的认识，形成了复杂而严密的有利于人生存发展的行为规范，从而促进了道德、宗教、政治、法律的产生，并以此来约束、改造和提升人本身。这是文化的高级层次。人化是包装自然，化人是改造人类自己。凡是能够称得上是文化的事物、行为，必定同人的动物性相区别，有助于人超越自己的动物性，使人得到升华。如果一种生活、一种行为只是唤起人的原始本能、满足人的动物性需要，除此之外没有别的价值，那么这种生活和行为就没有文化。人化是从物质领域认知和改造自然，化人是从精神领域认知和提升人的境界。不管是人化还是化人，在其中起作用的总是人的精神、智慧和品格。因此，文化可以说是以文来化自然和人自身，不断提高人类生存和发展的境界。[1]

文化有广义和狭义的区分。广义的文化，着眼于人类与自然界的本质区别，着眼于人类卓立于自然的独特生存方式，其涵盖面极为广泛，如认识的、规范的、艺术的、器用的、社会的等。广义的文化从人之所以为人的意义上立论，认为正是文化的出现将动物的人变为创造的人、组织的人、思想的人、说话的人以及计划的人，因而将人类社会的全部内容统统摄入文化的定义域。简言之，广义的文化就是人类在实践中创造的物质成果和精神成果的总和。与广义文化相对，是狭义的文化。狭义的文化排除人类社会中关于物质创造活动及其成果的部分，专注于精神创造活动及其成果。泰勒关于文化的定义是狭义文化早期的经典界定。中国特色社会主义经济建设、政治建设、文化建设、社会建设、生态文明建设等总体布局中的文化，也属于狭义文化。我们在研究法治文化时，采用狭义的文化概念。这里的文主要指思想、智慧、品行；这里的化，主要指引导、启迪、熏陶。

[1] 文明与文化两个概念内涵相近，但仍存在着细微的区别。从词源上看，文化是早于文明而存在的概念。自人类脱离动物界，利用和改造自然进行创造性活动开始，就有了文化；而文明从总体上说，是人类文化发展到有了文字，能够记录人类活动的阶段才开始的。在时间维度上，人类在达到文明水准很久以前，就已产生了原始文化，然而只有人类进入文明社会之后，先进的文化才可称之为文明。从词义上看，文化是大于文明的概念。文化是一个总概念，指人类所创造的一切成果；而文明只是这一总概念中的分概念，指文化发展中的进步方面。人类创造的所有成果，不分优劣好坏，都是文化的组成部分；而文明则仅指人类创造的进步成果，只有真正反映时代精神的文化成果才可称之为文明。文化具有双向性，既有先进文化、有益文化，也有落后文化、腐朽文化；而文明以文化为基础，但又高于文化，是文化的升华。因此，文化建设的一项重要任务，就是发展传播先进文化，扶持保护有益文化，创新扬弃传统文化，包容引领多元文化，改造转化落后文化，清理抵制腐朽文化。

二、法治文化

法治文化是在文化研究和法治研究多重语境基础上产生的特定文化概念，从内涵上看，包括法、法律、法治、法律文化、法治文化、社会主义法治文化等；从外延上看，包括观念文化、制度文化、行为文化、环境文化等。法治文化是社会主义法治文化建设的核心概念，要深刻认识社会主义法治文化建设的基本规律，就必须科学把握法治文化的内涵和外延。

法是一种判断是非、辨明曲直、扬善惩恶的社会规范，可以理解为强制性规范的统称。在中国古代，法与刑通用，例如夏之禹刑、商之汤刑、周之吕刑等。战国时李悝改刑为法，作《法经》六篇，所谓“刑，常也，法也”。西方的法来自拉丁文 jus，其词意首先是正义，其次是权利，再次是规则。法与法律是种属关系，法律包括在法之内。中国古代最早把法与律联在一起使用是春秋时期，《庄子》中有“法律之士广治”之言，《管子》中有“法者，所以兴功惧暴也。律者，所以定分止争也。令者，所以令人知事也。法律政令者，吏民规矩绳墨也”之语。据史籍记载，战国时期商鞅变法，改法为律，此后律的使用频率高于法，中国古代的法典大多称为律，如秦律、汉律、晋律、隋律、唐律等。诚然，有时也将法与律通用，例如《唐律疏议》中说：“律之与法，文虽有殊，其义一也。”[1]

按照马克思主义的观点，法是统治阶级意志的体现。这一命题包含着丰富而深刻的思想内容。第一，法是意志的体现。意志作为一种心理

[1] 李德顺主编：《中国特色社会主义法治文化研究》，中国政法大学出版社2016年版，第19页。

状态、一种精神力量，本身并不是法，只有表现为国家机关制定的法律法规等规范性文件才是法。因此，法是意志的反映、意志的结果、意志的产物，属于社会结构中的上层建筑。第二，法是统治阶级意志的反映。所谓统治阶级就是掌握国家政权的阶级。虽然统治阶级的意志由统治阶级的根本利益所决定，但其形成和发挥作用必然受到被统治阶级的制约。然而在任何情况下，被统治阶级的意志都不能作为独立的意志直接体现在法律之中。它只有经过统治阶级的筛选，转化为统治阶级的意志，才能反映到法律中来。因此，归根到底，法是统治阶级意志的体现。第三，法是被奉为法律的统治阶级的意志。这意味着统治阶级意志本身并不是法，只有被奉为法律的统治阶级意志才是法。奉为法律就是经过国家机关把统治阶级意志上升为国家意志，并客观化为法律规范。换言之，统治阶级的意志只有表现为国家机关制定的规范性文件，才具有法的效力。同时，法的内容是由统治阶级的物质生活条件决定的。因此，要全面认识法的本质，认识法产生和发展的规律，还必须深入决定统治阶级意志的社会物质生活条件之中。社会物质生活条件决定了人们对法的需要，决定了法的本质。由此可见，法的本质所揭示的是法内在的一种矛盾关系。这种矛盾关系包括两个相关的方面：从主观方面看，法是统治阶级意志的体现；从客观方面看，法的内容是由一定的社会物质生活条件决定的。前者表现为法的阶级意志性，后者表现为法的物质制约性。

法治作为与人治相对立的一种治国原则、制度与方略，其实质是良好的法律获得普遍的遵守。因此，法治就是以民主政治为基础，以权力制约为根本，以权利保障为取向，以良法善治为标志的国家管理机制、活动方式和秩序状态。因此，法治是民主、自由、平等、人权、文明、秩序的完美结合，是人类政治文明发展的内在要求和必然结果。人治作为与法治相对立的一种治国原则、制度与方略，其实质是依靠掌权者的个人意志与权威来治理国家。因此，人治的基本特征是掌权者的个人意志高于一切，权力凌驾于法律之上，可以抗法，可以压法，法律即使被制定出来也往往由于不被理睬而变成一纸空文。法治和人治作为截然不同的治国之道，反映的是治理国家的基本原则。法治和人治都需要人的作用，但前者中的人是受法律约束的人，是个人权威服从法律权威的人；后者中的人则是可以凌驾于法律之上的人，是不受法律约束的人。同时，法治和人治都需要法的作用，但前者中的法是治国的依据，处于至上的地位；而后者中的法是治国的工具，处于从属的地位。与此相适应，法治和人治都以治为价值取向，但前者中的治强调众人之治，重在治吏；而后者中的治强调一人之治，重在治民。诚然，实行法治并不否定人的作用。法总是要由人来制定，由人来实施；法律秩序总是要由人来确立，由人来维护，离开了人何谈法治。问题在于如何处理个人意志与人民意志的关系。法治强调法的权威，正是因为法是人民意志的体现；法的权威高于个人的权威，正是人民的权威高于个人的权威的体现。只有维护法的权威，才能在法治的轨道上充分发挥个人的作用，才能确保个人不至违背人民的意志和利益自行其是。因此，所有人都要严格依法办事，不允许有任何超越宪法和法律之上的特权存在。

法治文化作为一种与人治文化相对立的文化形态，是指人们在法治实践中形成的，体现着法治精神和理念、原则和制度、思维方式和行为方式的一种进步文化形态。具体来说，法治文化是以市场经济、民主政治、公民社会为前提条件，以权利义务、自由平等、公平正义等思想意识为构成要素，以人民主权、法律至上、保障权利、制约权力等价值理念为核心内涵，以学法、尊法、守法、用法、护法等心理取向为坚实基础的进步文化形态。法治文化既包括治理国家和社会所形成的法律制度以及实施这些法律制度所产生的各类法治实践活动，也包括由法治实践活动而产生的法治意识、法治精神、法治理念、法治信仰、法治习惯以及法治传统等，还包括展示法治内涵的建筑设施和器具以及反映法治实践的各类法治文艺作品等。法治文化作为一种进步文化形态，既是指一种先进的法治存在方式，也是指一种科学的法治思维方式、一种文明的法治行为方式，其实质是人们从内心对法治的认同、崇尚、信守和遵从。法治文化建设过程，实际上就是在形成完备的法律体系、文明的法律机构、素质优良的法律专业队伍基础上以文化人的过程，即通过教育、引导、熏陶和启迪，使法治意识、法治精神、法治理念和法治信仰内化于心、固化于制、外化于行的过程。

法律文化作为一个社会法律现象存在与发展的文化基础，是人们在长期的法律实践活动中形成的相对稳定的法律制度和法律意识的总称。[1]中国传统法律文化在其演进过程中，逐渐形成了独特的理论品格和制度特征，在世界法律史上独树一帜。第一，在法律观念文化上，强调德主刑辅，礼法合一，而礼作为一种差别性、等级性的规则体系，被奉为治国之道。中国古代所讲的礼是无所不包的，其涵盖了人的衣食住行各方面规矩礼节，一旦违犯即为失礼。如果严重违背礼，就会出礼入刑。第二，在法律制度文化上，强调国家权力本位，皇权至上，法律受权力的支配与制约。其表现为：在立法上法自君出，君主为最高法权渊源；在司法上行政长官兼有司法职权，司法与行政合一；在法律体系结构上，表现为公法与私法不分，程序法与实体法不分，形成了以刑法为核心的单一的封闭的中华法系。第三，在法律心理文化上，普遍存在息事宁人、平争止讼的法律心理。第四，在法律行为文化上，强调天理、人情、国法的有机结合，而且常常将人情因素放大。如孔子所言“父为子隐，子为父隐，直在其中矣”，即指中国人更讲究人情因素，并将之视为高于法律的规定。自西汉罢黜百家、独尊儒术而使儒学成为显学之

[1] 法律是一种文化，法治同样是一种文化。法律文化与法治文化之间有着密切的联系：法律文化与法治文化都是人类文化的重要组成部分，法律文化是法治文化发展的基础，法治文化是法律文化发展的结果。同时，法律文化与法治文化之间又有着明显的区别：法律文化与法治文化的概念位阶不同，法律文化是上位概念，法治文化从属于法律文化；产生历史不同，法律文化是传统的积淀，法治文化是现代的产物；价值取向不同，法律文化为中性概念，既有正向的内容，也有负向的内容，而法治文化为正向概念，是一种与人治文化相对立的先进法律文化。

后，统治阶级要求人人克己，已然抬高了人的亲情伦理因素，人们习惯于伦理约束与礼教约束，进而形成一个自给自足的中国传统法律文化。作为中华传统文化在法律实践领域的反映，中国传统法律文化的价值基础是伦理纲常。只有实践了伦理纲常的要求，才能完成人之所以为人的过程。为了使人成为人，除了道德教化外，还需要法律规范。对不服从教化而犯法者，则处之以刑。这种思想使封建法律一方面带有脉脉温情，另一方面又显得十分酷烈，而整个法律制度处处体现着男女长幼君臣上下之间的尊卑。

从我国学界对法治文化的阐述看，代表性的观点主要有以下几种：一是方式说。认为法治文化是指与法治紧密关联，体现着法治的精神和理念、原则和制度、运作实践和生活方式，与人治文化相对立而存在的进步文化形态，其实质和核心是一种现代人的法文化共识、价值取向和行为方式。[1]法治文化是以追求民主、自由和权利保障为目标，在一定的治国理念和与此相适应的制度模式确立过程中形成的一种社会文化形态和社会生活方式，其核心是法治理念和法治思维模式的确立以及相应制度和组织机构的建立与运行。[2]二是状态说。认为法治文化是法治社会呈现出来的一种文化状态和精神风貌，是指融注在人们心底和行为方式中的法治意识、法治原则、法治精神及其价值追求，是一个国家的法律制度、法律组织、法律设施所具有的文化内涵，是人们在日常生活中涉及法治的行为方式，是法律语言、法律文本和法治文学艺术作品中所反映和体现的法治内涵及其精神。[3]法治文化广义上是一个国家中由法治价值、法治精神、法治理念、法治思想、法治理论、法治意识等精神文明成果，法律制度、法律规范、法治措施等制度文明成果以及自觉执法守法等行为方式共同构成的一种文化现象和法治状态；法治文化狭义

[1] 孙育玮:《和谐社会法治文化命题的理论与实践》，载《法学》，2006年第6期。
[2] 蒋传光:《法治文化的内涵及其特点》，载《人民法院报》，2012年9月21日。
[3] 刘斌:《中国当代法治文化的研究范畴》，载《中国政法大学学报》，2009年第6期。

上是关于法治精神文明成果和法治行为方式相统一的文化现象和法治状态。[1]三是要素说。认为法治文化是表层结构和深层结构的统一，前者包括法律规范、法律制度、法律组织机构和法律设施等，后者包括法律心理、法律意识、法律观念、法律思想体系等。[2]法治文化通常由精神、制度、行为方式、物质承载四个要素所构成。[3]四是结构说。认为法治文化是显型结构与隐型结构的统一。在显型结构层面上表现为良好的法律规则和法律原则、完备的法律制度和法律体系、完善的法律组织和法律设施、严格的执法程序和司法程序，在隐型结构层面上表现为社会主体尊法守法心理、民主法治意识、权利义务观念、公平正义精神等，是一种内容有机构成、结构和谐统一的法治文化。[4]五是体系说。认为法治文化是实现了法治的国家和社会所具有或应有的文化，是以市场经济为基础、以法治为核心、以民主为实质的社会文化体系。[5]这些观点见智见仁，为全面科学把握法治文化提供了理论向导。

[1] 李林:《社会主义法治文化概念的几个问题》，载《北京联合大学学报》，2012年第2期。
[2] 刘作翔:《法治文化的几个理论问题》，载《法学论坛》，2012年第1期。
[3] 徐显明:《法治文化的核心是制度文化》，载《法治日报》，2013年12月19日。
[4] 刘斌:《法治文化三题》，载《中国政法大学学报》，2011年第3期。
[5] 李德顺:《法治文化论纲》，载《中国政法大学学报》，2007年第1期。

三、社会主义法治文化

从人类社会发展史看，资本主义适应市场经济和民主政治发展的客观需要，开了法治文明之先河，但法治并非为资本主义所独有。作为人类共同创造的文明成果，法治方略资本主义可以运用，社会主义也可以运用。资本主义与法治相结合虽是一个历史的进步，但由于其经济关系和政治关系不平等，使蕴含着自由、平等、人权的法治常常被置于尴尬的境地。社会主义与法治相结合，既使社会主义找到了治国安邦的最佳方略，又使法治找到了充分实现其价值的可靠依托，从而为人类法治文明史树立了一块崭新的丰碑。

社会主义法治昭示着宪法和法律具有崇高地位和至上权威，这是社会主义法治的本质特征。在社会主义条件下，宪法和法律是党的意志、国家意志、人民意志的集中体现，是通过科学民主程序形成的普遍行为规范，是全体人民都必须严格遵守的共同行为准则。宪法和法律的至上性，意味着宪法和法律在社会规范体系中居于主导地位，一切国家机关及其公职人员的权力都来源于宪法和法律授权，都要在宪法和法律的轨道上运行；一切政党和社会组织都要受宪法和法律约束，在宪法和法律范围内活动；每个社会成员都要自觉遵守宪法和法律，积极维护宪法和法律的尊严和权威。社会主义法治昭示着全体人民依法享有广泛的权利和自由，这是社会主义法治的坚实基础。在社会主义条件下，权利公平、机会公平、规则公平成为全社会奉行的基本准则，公民在法律面前一律平等得到严格落实，公民权利和自由受到应有的尊重和保障，每一个人都生活得更加幸福更有尊严。社会主义法治昭示着国家经济富强、政治民主、文化繁荣、社会和谐、生态文明，这是社会主义法治的重要使命。[1]在社会主义条件下，法治涵盖治党、治国、治军各领域，贯穿改革发展稳定全过程，以排除人为的、偶然的因素的干扰，使人们对国家发展有一个稳定的预期，并根据这种预期合理选择自己的行为，从而实现人尽其力，物得其用，财宏其效，事竟其成，使经济发展更加稳健，政治发展更加有序，文化发展更加昌盛，社会发展更加和谐，生态文明发展更加宜人，一个富强中国、民主中国、文明中国、和谐中国、美丽中国将与法治中国相辅相成、并驾齐驱。[2]

社会主义法治文化是无产阶级政党领导人民继承传统法律文化精华，借鉴人类法治文明成果，在社会主义法治实践中形成的，体现着法治精神和理念、原则和制度、思维方式和行为方式的一种进步文化形态。具体来说，社会主义法治文化是由体现社会主义先进文化内在要求的法治意识、法治精神、法治理念、法治信仰等精神文明成果，反映社会主义民主政治本质特征的法律规范、法律制度、法治原则、法治体系等政治文明成果，依法行使权利或权力、履行义务或职责等行为方式，以及保障法律制度有效实施的建筑、器物、服饰等物质设施所构成的一种进步文化形态。其中，精神文明成果是法治文化的内层结构，政治文明成果是法治文化的中层结构，行为方式是法治文化的外层结构，物质设施是法治文化的基础结构。社会主义法治文化与资本主义法治文化都

[1] 袁曙宏:《建设法治中国》，载《法制日报》，2013年3月26日。

[2] 到21世纪中叶，我国将全面建成富强、民主、文明、和谐、美丽的社会主义现代化强国。到那时，中国将是这样一幅美丽图景：一是国力兴盛。我国社会生产力水平大幅提高，核心竞争力名列世界前茅，经济总量和市场规模超越其他国家，综合国力和国际影响力处于领先地位。二是制度定型。通过持续深化改革，不断革除体制机制弊端，逐步形成一套更加成熟、更加定型、更加完善的制度体系，形成又有集中又有民主、又有纪律又有自由、又有统一意志又有个人心情舒畅、生动活泼的政治局面。三是人民幸福。我国城乡居民将普遍拥有较高的收入和便利的公共服务，享有更加幸福安康的生活。社会公平正义得到普遍彰显，全体人民共同富裕基本实现。天蓝、地绿、水清的优美生态环境成为常态。四是世界强国。我国作为具有悠久历史的文明古国，将彻底改变近代以来曾经遭遇的落后挨打局面，使中华民族重新站在世界各民族前列，对构建人类命运共同体、推动世界和平与发展做出更大贡献。

建立在市场经济、民主政治基础之上，都主张自由、平等、公正、秩序等法治理念，其根本区别不在具体制度上，而在两者耸立其上的经济基础、政治基础和价值取向上。社会主义法治文化的经济基础是以生产资料公有制为主体、多种所有制经济共同发展的经济制度，政治基础是无产阶级政党领导人民当家做主的政治制度，价值取向是维护和发展广大人民的经济利益和政治地位。资本主义法治文化的经济基础是生产资料由资本家私人占有的经济制度，政治基础是资产阶级占统治地位的政治制度，价值取向是维护资产阶级的经济利益和政治地位。毫无疑问，社会主义法治文化建设并没有脱离人类对法治问题理性思考和实践探索的正常轨道，它的发展除了本身所依据的社会条件外，还汲取了资本主义法治文化中的一些合理因素，是在深刻反思人类历史上各种类型法治文明的基础上不断发展完善的。因此，社会主义法治文化建设应当注重学习借鉴西方法治文化，不断从西方法治文化中汲取人类法治文化精华，通过扬弃再造，实现对西方法治文化的超越。

对于社会主义法治文化内涵的揭示，我国学界具有代表性的观点认为，社会主义法治文化包括四个层面：一是作为精神文明成果的社会主义法治文化，包括社会主义法治精神、法治意识、法治观念、法治价值、法治原则、法治思想、法治理念、法治理论、法治学说等和公民的法治态度、法治心理、法治偏好、法治立场、法治信仰等。二是作为制度文明成果的社会主义法治文化，包括社会主义根本政治制度、基本政治制度、基本经济制度、基本社会制度、基本文化制度等和社会主义宪法制度、立法制度、执法制度、司法制度、守法制度、法律监督制度，以及中国特色社会主义法律体系、法律部门、法律规范、法律条文、司法解释等。三是作为行为文明成果的社会主义法治文化，包括执政行为、立法行为、行政行为、司法行为、守法行为、监督行为和法治习惯、法治功能、法治实效、法治权威、法治秩序、法治环境、法治状况等。四是作为器物文明成果的社会主义法治文化，包括保障法律制度有效实施的建筑、器物、服饰等。因此，社会主义法治文化的要义是以社会主义法治精神为导向，以社会主义法律制度为主干，以学法、尊法、守法、用法为根本，以物质设施为保障，以构建社会主义法治秩序为目标的法治文明状态。[1]按照这种观点，社会主义法治文化作为一个庞大的系统，主要包含四个基本要素：一是法治的制度体系和运行机制，包括完备的法律规范体系、高效的法治实施体系、严密的法治监督体系、有力的法治保障体系。二是法治的实践活动和实际操作，包括科学立法、严格执法、公正司法、全民守法等。三是法治的理论体系和思想观念，包括社会主义法治意识、法治精神、法治理念、法治信仰、法治价值、法治素养等。四是法治的物质设施，包括法庭、监狱、徽章、法槌、枪支、器械、法袍、警服等。弘扬社会主义法治精神，建设社会主义法治文化，是全面推进依法治国、建设社会主义法治国家的应有之义，必须在制度完善、实践创新、文化建构、物质保障等方面共同推进。

[1] 李林:《社会主义法治文化概念的几个问题》，载《北京联合大学学报》，2012年第2期。

四、中国特色社会主义法治文化

法治文化的发展不可能脱离具体的时空条件而存在，任何国家都无法割裂自己的历史，凭空创造出一种全新的法治文化。我国的《宪法》明文规定："中华人民共和国是工人阶级领导的、以工农联盟为基础的人民民主专政的社会主义国家。社会主义制度是中华人民共和国的根本制度。"依据《宪法》规定，我国建设的法治文化必定是中国特色社会主义法治文化。其中包括三层含义：一是具有中国特色个性特点，是中华民族法律文化特征和当代中国法律制度特征的具体体现；二是归属社会主义政治范畴，是社会主义政治制度和法律制度的生动再现；三是融合古今中外法治文化合理内核，是与当今世界和当代中国法治发展相适应的治国方略。[1]

从人类历史发展看，不同文化背景、不同发展阶段的国家，人们的价值取向不同，所建立的政治制度也不同。衡量一种政治制度优劣的标准，就是看它是否适合本国国情，具有本国特色，有利于社会发展进步，有利于国家统一稳定，有利于人民富裕幸福。所谓本国特色，就是一个国家自然地理、历史传统、经济文化、社会制度方面所呈现的基本面貌和基本特点。从政治制度看，中国特色主要表现在四个方面：民主与集中相结合、票决与协商相补充、效率与公平相统一、活力与秩序相协调。我国政治制度所呈现的这种特色是由我国既具有统一的国家政权、统一的发展道路、统一的领导力量、统一的指导思想，又具有不同的社会主体、不同的经济形式、不同的政治利益、不同的文化需求这一基本国情决定的。这种特色表明，我国的政治制度是博大的、宽宏的、兼容的，既具有统一性，又具有多样性；既可以充分调动各方面的积极

[1] 丁文:《对中国特色社会主义法治文化的粗浅认识》，载《中国法治文化》，2016年第7期。

性，又可以使这种积极性得到正确引导和有效发挥。

从民主法治视阈看，中国特色社会主义的本质特征，就是党的领导、人民当家做主、依法治国的有机统一。其中，党的领导是人民当家做主和依法治国的根本保证，人民当家做主是社会主义民主政治的核心内容，依法治国是党领导人民治理国家的基本方略，三者统一于中国特色社会主义的实践过程。党是当代中国最高政治领导力量，党的领导是中国特色社会主义最本质的特征，是全面推进依法治国最根本的保证，也是社会主义法治与资本主义法治最显著的区别。坚持党的领导，必须坚持党的基本理论、基本路线、基本方略，牢固树立政治意识、大局意识、核心意识、看齐意识。人民当家做主意味着人民是社会主义国家的主人，社会主义国家的一切权力属于人民。坚持人民当家做主，必须坚持人民主体的历史观、人民至上的权力观、人民中心的发展观、人民为本的价值观，牢固树立民主意识、平等意识、制约意识、监督意识。依法治国作为党领导人民治国理政的最佳方略，就是人民为权力立法，使权力与法律结成一体，在法律的范围内运行，从而成为合法的权力。坚持依法治国，必须坚持人民主权、法律至上、制约权力、保障权利的法治原则，牢固树立尊法意识、守法意识、用法意识、护法意识。坚持党的领导、人民当家做主和依法治国的有机统一，明确了党的领导、人民当家做主、依法治国的地位作用和相互关系，是对中国特色社会主义民主法治建设经验的科学总结，是对中国特色社会主义民主法治实践要求的精辟概括，对于坚定不移走中国特色社会主义政治发展道路和法治发展道路，全面推进中国特色社会主义法治体系和法治文化建设，都具有重大的现实意义和深远的历史意义。

建设中国特色社会主义法治文化，必须突出中国特色、实践特色和时代特色，突出开放性、包容性和创新性，既反对罔顾国情、超越阶段，又反对因循守旧、墨守成规。这就要求我们坚持从中国社会主义初级阶段的实际出发，同改革开放不断深化和拓展的进程相适应，使我国的法治建设准确反映社会发展规律、反映法治实践要求、反映人民意志愿望，为推进改革开放和社会主义现代化建设事业，为全面建成小康社会、实现中华民族伟大复兴的中国梦提供强有力的法治保障。中国特色既是一个静态概念，又是一个动态概念。中国特色社会主义法治文化建设要体现中国特色，就必须在静态上与我国的经济制度和政治制度相适应；在动态上与我国的经济体制改革与政治体制改革相协调。我国的经济制度和政治制度是中国人民在中国共产党领导下依据中国的实际做出的正确抉择，是与我国的国情相适应的，如果背离我国的经济制度和政治制度，法治文化建设就会失去中国特色；我国的经济体制改革和政治体制改革是社会主义制度的自我完善和发展，是法治文化建设的发展机遇和必由之路，如果离开我国的经济体制改革和政治体制改革，法治文化建设就会停滞不前，就无法适应不断发展变化着的中国国情，这同样会失去中国特色。因此，我们应当消除对中国国情凝固的、静止的理解，加深对中国国情优势与劣势的认识，以便在扬长避短中推进法治文化建设，并以这种建设的崭新内容丰富和发展中国特色。

改革开放以来，通过对历史经验的总结反思，我们党顺应时代潮流和人民意愿，逐步加大民主法治建设和体制机制创新力度，不仅确立了中国特色社会主义法治的总目标、总布局，而且确立了中国特色社会主义法治的总方针、总任务。中国特色社会主义法治的总目标，就是建设中国特色社会主义法治体系，建设社会主义法治国家。如果说法律体系是一个静态的制度体系，注重的是立法环节，那么法治体系则是一个动态的实践过程，包括立法、执法、司法、守法等各个环节，即形成完备的法律规范体系、高效的法治实施体系、严密的法治监督体系、有力的法治保障体系，体现了法治的实践性和整体性。中国特色社会主义法治的总布局，就是坚持依法治国、依法执政、依法行政共同推进，坚持法治国家、法治政府、法治社会一体建设。其中，坚持依法治国、依法执政、依法行政共同推进，强调的是法治行为；坚持法治国家、法治政府、法治社会一体建设，强调的是法治取向。中国特色社会主义法治的总方针，就是科学立法、严格执法、公正司法、全民守法。其中，科学立法是前提，严格执法是关键，公正司法是保障，全民守法是基础。中国特色社会主义法治的总任务，就是促进国家治理体系和治理能力现代化，其实质是实现国家治理体系和治理能力科学化、民主化、法治化、高效化。

中国特色社会主义法治文化作为中国特色社会主义文化的重要组成部分，既是借鉴人类法治文明成果，具有人类法治文明共同属性的法治文化，又是从中国的具体实际出发，具有中国个性特点的法治文化。中国特色社会主义法治文化是指与中国特色社会主义法治发展紧密相连，认真吸收借鉴人类优秀法治文明成果，植根中华传统法律文化并实现创造性转化和创新性发展，充分体现中国特色社会主义法治精神和理念、原则和制度、思维方式和行为方式的一种进步文化形态，其实质和核心是中国人民在中国共产党领导的中国特色社会主义法治建设实践中形成的一种文化共识、价值取向和行为方式。[1]作为中国特色社会主义法治体系和法治国家建设实践在法治思想和法治理念上的集中反映，中国特色社会主义法治文化具有鲜明的民族性，是弘扬中华民族优秀法律文化，具有中国风格和中国气派的法治文化。中国特色社会主义法治文化具有鲜明的科学性，是凝聚全体人民的智慧和力量，积极健康向上的法治文化。中国特色社会主义法治文化具有鲜明的人民性，是宣传党的主张、反映人民心声、坚持正确导向、传播科学真理，为人民喜闻乐见的法治文化。中国特色社会主义法治文化具有鲜明的时代性，是紧跟时代潮流，把握时代脉搏，反映实现中华民族伟大复兴时代要求的法治文化。中国特色社会主义法治文化具有鲜明的实践性，是体现我国社会进步的新气象和人民群众的新期待，为改革开放和社会主义现代化建设提供精神动力的法治文化。中国特色社会主义法治文化具有鲜明的包容性，是博采古今中外，吸收人类一切优秀文明成果的法治文化。

[1] 李德顺主编:《中国特色社会主义法治文化研究》，中国政法大学出版社2016年版，第7页。

第二章　中国特色社会主义法治文化的战略地位

法治国家不可能只是一套严密的法律体系加一套完备的法治体系，而是与人们的思想观念、价值取向、社会心态和行为方式即法治文化紧密相连，要求厉行法治成为一种风尚、一种习惯、一种自觉。因为法治的主体是人，人的行为又是由特定的思想文化支配的，如果仅仅有完备的法律，而遵守和执行法律的人却没有与其相适应的思想文化，那么再完备的法律也会在实际生活中扭曲和变形。因此，法治文化建设是厉行法治的必然要求。只有推进法治文化建设，在全社会普遍形成严格遵守和自觉执行法律制度的法治文化，才能为法治国家建设提供持久的精神动力、深厚的文化底蕴、有力的舆论支持和良好的主体条件，法治的价值才能真正展示出来，法治国家建设才能最终落地。

一、法治文化是依法治国的坚实基础和内在动力

法治文化不仅是一种外在的知识体系，更是影响人们的心理、观念和行为的内在的精神力量。党的十八届四中全会指出：“必须弘扬社会主义法治精神，建设社会主义法治文化，增强全社会厉行法治的积极性和主动性，形成守法光荣、违法可耻的社会氛围，使全体人民都成为社会主义法治的忠实崇尚者、自觉遵守者、坚定捍卫者。”[1]社会主义法治文化是全面推进依法治国的坚实基础和内在动力，可以使人们在更深层次上把握法治的本质要求，为实现依法治国提供精神依托、智力支持和文化条件。

法治文化是依法治国的坚实基础。党的领导是中国特色社会主义最本质的特征，也是中国特色社会主义法治文化最本质的特征。在中国特色社会主义法治文化的视阈中，党领导立法、保证执法、支持司法、带头守法不仅是一种制度安排、一种行为信念，而且是一种文化自觉。由于依法治国是党倡导的，人们出于坚持党的领导的政治理念和政治信仰，很容易形成依法治国的法治理念和法治信仰，从而表明党的领导是全面推进依法治国最坚实的文化基础和最可靠的政治保证。

领导立法。领导立法是党的领导在立法领域的具体体现，是立法工作坚持正确方向的根本保证。党的十八届四中全会决定指出：凡是立法涉及重大体制和重大政策调整的事项，必须报党中央讨论决定。党中央向全国人大提出《宪法》修改建议，依照《宪法》规定的程序进行《宪法》修改。法律制定和修改的重大问题由全国人大常委会党组向党中央报告。按照这一精神，地方性法规制定和修改的重大问题应

[1]《中共中央关于全面推进依法治国若干重大问题的决定》，人民出版社2014年版，第26页。

由相应的地方人大常委会党组向同级党委报告，由同级党委提出解决问题的立法建议。立法实践表明，只有充分发挥党委凝聚各方智慧、协调各方力量的作用，立法工作中的重大问题才能得到有效解决。因此，坚持党对立法工作的领导，有助于实现党的主张与人民意志的统一，有效破解立法工作中的疑难问题。同时，领导立法便于使党的主张通过法定程序上升为国家意志。党是人民利益的忠实代表者，党的事业就是维护好、发展好、实现好人民利益，因此，党的主张和人民意志、党的利益和人民利益是统一的。在领导人民治理国家的过程中，党通过法定程序使党的主张成为国家意志，成为全社会一体遵行的法律规范和准则，从制度上、法律上保证党的路线、方针、政策的有效贯彻，使这种制度和法律不因领导人的改变而改变，不因领导人的看法和注意力的改变而改变，是实现党的领导、人民当家做主、依法治国有机统一的内在要求和可靠保证。

保证执法。保证执法关键在于提高行政机关的法治素养。按照党管干部的原则，着力加强行政机关领导班子建设，把善于运用法治思维和法治方式推动工作的人员选拔到领导岗位。对于行政机关来说，领导干部能否运用法治思维和法治方式推动工作，对普通执法人员具有重要的示范作用，直接影响行政机关能否严格执法。保证执法基础在于改进行政机关的考核评价工作。坚持把能否遵守法纪、依法办事作为考核评价干部的重要内容，在相同条件下，优先选拔使用法治素养好、依法办事能力强的干部；对特权思想严重、法治观念淡薄的干部，进行批评教育或调离领导岗位。保证执法重点在于支持和推动法治政府建设，把支持和推动各级政府创新执法体制，完善执法程序，严格执法责任，建立权责统一、权威高效的依法行政体制作为工作重点，保证行政机关严格规范公正文明执法，加快建设职能科学、权责法定、执法严明、廉洁高效的法治政府。保证执法根本在于维护政府强有力的工作系统。党和政府在领导制度上是不同的，党实行集体领导制，各级党委成员都只有一票的权力，在决定重大问题时少数服从多数，其核心是民主；政府主要是执行国家权力机关的既定决议，当政府成员在重大问题上发生分歧时，行政首长拥有最后决定权，其核心是效率。因此，党保证执法的应有之义，就是维护行政首长负责制，维护政府强有力的工作系统。

支持司法。支持司法根本在于确保司法机关依法独立公正行使司法权。我国《宪法》明确规定，人民法院、人民检察院依照法律规定独立行使审判权、检察权，不受行政机关、社会团体和个人的干涉。其基本要求是：只有人民法院和人民检察院依法享有司法权，其他国家机关、社会团体和企事业组织都不享有司法权；人民法院和人民检察院独立行使职权，只服从法律，按照法律的规定开展工作；任何干涉司法机关独立行使审判权和检察权的行为，都有悖于宪法和法律。坚持党对司法工作的领导，就是支持司法机关独立行使审判权和检察权，以保证法律的正确适用。这主要体现在：通过法定程序把党的主张上升为国家意志，把党的路线、方针、政策转变为具体的法律规则，使之成为司法裁判的依据和准则；制定司法工作的方针政策，保证司法工作的正确方向，如推进司法改革、维护司法公正等；考察推荐司法机关领导人选，由国家权力机关选举或任命；对司法机关中的党员干部进行监督，对违法乱纪者予以党纪处分或建议国家权力机关罢免其职务。由此可见，坚持党对司法工作的领导，既不是要党来插手具体案件的审理，更不是事无巨细地包揽司法工作、干预司法程序，而是将司法机关的一切活动都置于党的领导之下，自觉服从转化为国家法律法规的党的路线、方针、政策的领导。

带头守法。带头守法要求党组织模范遵守宪法和法律。我们党是中国工人阶级的先锋队，同时是中国人民和中华民族的先锋队。各级党组织不仅要带头遵守宪法和法律，自觉在宪法和法律范围内活动，而且要领导和监督国家机关模范遵守宪法和法律，坚决查处用法违法、执法犯法等行为，从而引导和带动全社会形成办事依法、遇事找法、解决问题用法、化解矛盾靠法的良好法治环境。带头守法要求党员领导干部做遵守宪法和法律的典范。党员领导干部是依法治国的领导者、组织者和实施者。如果各级党组织能够依法活动，各级国家机关能够依法用权、依法行政、依法办案，各级党员领导干部能够依法办事，从而建立起公正严明的法治秩序，就能充分显示社会主义法治的力量与权威，法律制度就能充分得到人民群众的认同和遵守，并经过长期实践积淀为稳定的思维方式和行为方式。如果党员领导干部以言代法、以权压法、徇私枉法，国家法律就会变得形同虚设，依法治国就无从落实。因此，党员领导干部必须牢固确立法律红线不能触碰、法律底线不能逾越的观念，以身作则，率先垂范，遵纪守法，依法办事，在运用法治思维和法治方式深化改革、推动发展、化解矛盾、维护稳定方面为全社会做出表率。

法治文化是依法治国的内在动力。心向往之，力必推之。中国特色社会主义法治文化作为依法治国的内在动力，贯穿于立法、执法、司法、守法、护法等各个环节，是通过完善法律制度的先导作用、适用法律制度的推动作用、遵守法律制度的促进作用、维护法律制度的支撑作用而得到具体体现的。

完善法律制度的先导作用。完善中国特色社会主义法律制度体系，实现有法可依，是我国法治建设的一项重要任务；也是我国立法工作的一个基本目标。法律制度的完善取决于社会发展的客观需要，但社会需要并不能自然而然地形成法律制度，其转化为法律制度是以法治文化为先导的。换言之，立法机关制定法律时，对其起支配作用的是一定的法治文化。这种法治文化左右着立法机关的价值判断，使立法机关在纷繁复杂的利益冲突中，确认法律的保护对象、容忍对象、限制对象、禁止对象，同时也为公众提供一种立法分析评估的标准，从而营造一个能够评判法律善恶的文化情境。只有基于一定的法治文化，社会需要才能被人们所认知、提出和设定，才能转化为法律制度的创制意向和动机，并经由国家立法机关使之上升为国家强制力保证实施的行为规范。我国的法律制度是党领导人民从中国的实际出发建立并发展起来的，既反映了社会发展规律，反映了法治实践需要，反映了人民意志愿望，又符合法的内容的合规律性、法的价值的合目的性、法的形式的合科学性，从而为实现中华民族伟大复兴的中国梦提供了强有力的法律制度保障。按照马克思主义观点，人在自己的历史活动中既是历史的“剧中人”，又是历史的“剧作者”。如果人们对法律制度缺乏积极的态度和肯定的评价，把它视为可有可无，就不可能适时而科学地立法，整个国家的法律制度就难以建立和完善。

适用法律制度的推动作用。法律制度的适用取决于执法人员的执法活动。执法人员的法治文化对法律制度的适用产生重大影响。在实际生活中，法治文化具有内在的约束力，能够从思想深处规范人们的行为；法治文化可以使人们准确地把握法治的要求，根据法治精神推动执法水平的提升；法治文化可以增强人们的辨别能力，当人们面对复杂多变的社会现实或立法空白时，借助法治文化就可以做出正确的判断；法治文化的精髓在于维护公平正义，从观念层面倡导法治的核心价值，从而有利于营造公平正义的文化环境和社会氛围；法治文化能够推动执法人员冲破阻力、排除干扰，严格秉公执法、依法办事，积极地将法律制度适用于具体的法律关系和法律行为之中，不以资历深而姑息，不以职位高而免责，不以违者众而放任，使法律制度的权威和尊严得到有效维护。目前我国的法治建设在制度层面已经取得了显著成就，但根深蒂固的人治观念至今仍不同程度地影响着人们，致使许多法律法规没有得到有效贯彻而处于虚置状态。这昭示我们，从传统法律到现代法律，不仅是法律制度的变迁，更是思想观念的更新和再造。由于思想观念不同，人们对同一事件、同一行为往往持完全不同的态度，表现出大相径庭的作为。因此，只有不断增强执法人员的法治意识，才能确保法律制度的正确适用。

遵守法律制度的促进作用。法律制度的遵守取决于人们法治意识的强弱。法治意识不是来自外在的国家力量的强制或社会力量的督导，而是源自人们心灵深处对法律的至上权威以及法律所蕴含的民主、自由、平等、人权等价值取向的深切认同和归依，它内在地驱动着人们的守法行为。因此，法律制度虽然为人们规定了行为准则，指示人们在通常情况下可以做什么，必须做什么，禁止做什么，即规定人们所享有的权利和应履行的义务，使人们在决定自己的行为时有所遵循，然而在实际生活中，法律制度往往并不直接作用于人们的行为，直接作用于人们行为的是人们思想意识中形成的对法律制度尊重和依从的法治文化。法治文化在主观上表现为人们对法治的认同、崇尚、信守和遵从，在客观上引导、统领、支配和规范着人们的法治活动。因此，法治文化有助于促进全民守法。[1]实践表明，法律规范只有转化为人们内在的自觉意识，才能真正为人们所遵行。如果一个社会大多数人对法律没有信赖感、敬畏感，就不可能培育出公民的法律信仰，也就不可能实现全民守法。法治文化承担着引导人们提升法律意识、增强法治观念、从内心敬重法律和信仰法律的功能，通过培育人们对法律的内心拥护和真诚信仰，使人民主权、法律至上、依法行政、公正司法、制约权力、保障权利等法治原则内化于全体公民的灵魂深处，外化于全体公民的实际行动，形成办事依法、遇事找法、解决问题用法、化解矛盾靠法的法治思维和法治方式。

维护法律制度的支撑作用。法律制度的维护取决于法律监督体系的建立健全和有效运行。建立健全纵向分级、横向分类，全面覆盖、不留

[1] 曾有一则传说：一位中国青年到德国留学，很快就结识了一位德国美女，双方相爱。一天两人上街，过街时路灯显示红灯，中国青年习惯“过街看车不看灯”，就大踏步地走过去，德国美女看得目瞪口呆，走过去跟中国青年说“拜拜”。其理由是，这个人太危险，连红灯都敢闯，什么事干不出来。中国青年学成回国，又结识了一位中国美女，双方相爱。一天两人上街，相同的问题再次发生，过街时路灯显示红灯，这位青年在德国生活三年，已经习惯了过街看灯，就在路边等候。中国美女很不耐烦，问他在等什么，他说在等绿灯，中国美女又跟他说“拜拜”。其理由也很简单：这个人太没出息，连红灯都不敢闯，还能干成什么事。这实际上反映出两种不同文化之间的差异。

空白的法律监督体系，使每个人都能学习法律制度、遵守法律制度、执行法律制度、维护法律制度，每个人都能置身于严格的法律制度约束之下，守住做人、处事、用权、交友的底线；凡是法律制度明文规定的要求，都不折不扣地坚决执行，凡是违法违纪的行为，都依法依纪严肃追究相关人员的责任，真正做到法律制度面前人人平等，执行法律制度没有例外。只有这样，才能使违法乱纪者付出代价，使心存侥幸者断了念头，使法律制度的规范和震慑功能得到有效发挥，从而形成主动学法、自觉守法、合理用法、严格执法的良好局面。而法律监督体系的建立健全和有效运行离不开法治文化的支撑。法治文化以保障公民权利、制约公共权力为价值取向，因而不仅是一种约束行为的规范，也是一种保障权益的武器。在我国，人民权益要靠法律来保障，法律权威要靠人民来维护。人民作为法治建设的主体，一旦确立了法治意识，就能深刻认识到法律制度是自己利益和意志的凝结，因而自己不仅仅是被动的守法者，而是积极的护法者，通过运用法律武器同一切违反法律、破坏法治的现象做斗争，既可以有效维护国家法律的尊严和权威，又可以切实维护自身的权利和利益。

二、法治文化是法治体系的构成要素和精神支撑

党的十八届四中全会明确提出建设中国特色社会主义法治体系，形成完备的法律规范体系、高效的法治实施体系、严密的法治监督体系、有力的法治保障体系。法治体系与法律体系不同，法律体系是法律的规范体系，法治体系则是法律的运行体系。因此，法治体系不是一个静态的存在，而是一个动态的过程，通常包括立法、执法、司法、守法、法律监督等诸多环节。[1]而法治文化则是法治体系的构成要素和精神支撑。

法治文化是法治体系的构成要素。法治文化是一个国家在不断推进法治建设基础上经过长期积淀形成的一种文化形态，是一个国家从人治社会走向法治社会的重要标志，是社会主义法治建设深入发展的重要体现。在全社会培养法治精神，树立法治信仰，形成法治文化，是法治体系建设的基础工程。文化对于法治及其发展有着不可估量的影响。“一切问题，由文化问题产生；一切问题，由文化问题解决。”[2]法治体系的建立，依赖于市场经济的经济基础、人民民主的政治基础、公平正义的社会基础以及崇尚法治的文化基础。其中，法治文化是关键所在。没有法治文化的法治体系是没有灵魂的、没有根基的，因而是不全面的、不稳固的；没有从传统法律文化到现代法治文化、从抽象精神理念到具体制度规则的转化，就不可能有现代法治体系。[3]法治文化既是法治体系的构成要素，又是法治体系有效运行的重要保障。完备的法律体系和健全的法治体系对于依法治国来说必不可少，但只有在确立了与现代法

[1] 江必新:《怎样建设中国特色社会主义法治体系》，载《光明日报》，2014年11月1日。

[2] 钱穆:《文化学大义》，台湾中正书局1981年版，第3页。

[3] 罗先泽、张美萍主编:《社会主义法治文化建设研究》，中国政法大学出版社2016年版，第102页。

治要求相适应的法治文化后，人们才能发自内心地真诚信仰法律、认同法治，从而为法治体系的有效运行提供良好的前提条件。因此，法治文化“奠定了一个国家的法治水准，也正是这种文化滋养和培育了一个健全的法治社会”[1]。诚如卢梭所说，法治文化“形成了国家的真正宪法；它每天都在获得新的力量；当其他的法律衰老或消亡的时候，它可以复活那些法律或代替那些法律，它可以保持一个民族的创制精神，而且可以不知不觉地以习惯的力量取代权威的力量”[2]。从某种意义上可以说，有什么样的法治文化，就会有什么样的法治体系。法治体系建设的问题和成效，突出地反映在法治文化上。一个社会法治体系的运行状况，从法治文化中就可以得到准确印证。

法治文化是法治体系的精神支撑。法治体系是一个要素众多、结构复杂、功能综合、规模宏大的社会系统。法治体系作为国家治理体系的重要组成部分，是在形成完善的法律体系、文明的法律机构、素质优良的法律专业队伍的基础上，由法律制度、法律运行、法律实现等诸多要素综合作用所形成的实践体系。法治体系建设既涉及经济、政治、文化、社会、生态文明建设在内的全方位、立体化的社会系统，也包括充分体现法治规范、法治精神、法治实践的观念、价值、行为、秩序、制度系统。如此众多的要素紧密联系、相辅相成，形成了一定的结构、层次和功能，这些结构、层次和功能与外部环境相互作用，才形成了一定的法治体系。在法治体系中，任何一种要素的缺失和削弱，都会影响这个体系整体功能的发挥。其中，法治文化是法治体系重要的精神支撑。法治文化可以依托文化的固有特点，从内心深处为人们的行为模式确定基调，并引导人们按照法治精神对经济、政治、文化以及社会生活做出文化判断，从而对法治体系有效运行发挥潜移默化的推动作用。因此，当人们面对复杂多变的社会现实或面临立法空白、立法冲突时，就会借

[1] 马怀德:《以法治文化滋养培育法治社会》，载《光明日报》，2014年10月30日。
[2] 〔法〕卢梭:《社会契约论》，何兆武译，商务印书馆2003年版，第70页。

助法治文化做出是非曲直的准确判断，法治文化所蕴含的文化判断力就会在一定程度上弥补法律制度的不足，从而在一定程度上弥补法治体系的不足，其所承载的核心价值、内在准则、基本理念，就可以为人们提供行为指导和精神支撑，促使人们的思想观念和行为方式与法治体系要求相适应，从而确保经济社会发展平稳有序推进。

三、法治文化是法治国家的重要标志和可靠保障

法治文化是法治之源，是法治建设的源头活水。全面推进依法治国，建设社会主义法治国家，内在包含着法治文化的内容。法治文化作为社会主义法治国家不可缺少的基本要素，是法治理论体系、制度体系和实践体系有效运行的可靠依托和重要标志。只有以广博厚实的法治文化作为根基，才能建成法治国家、法治政党、法治政府、法治社会、法治军队。

法治文化是法治国家的重要标志。法治是制度、机制、文化的有机统一。法治文化作为一整套思想、制度和行为体系，包括熔铸在人们内心的法治精神和法治信仰、镌刻于法律制度中的法治价值和法治权威、贯彻到行为方式上的行为准则和行为习惯。法治不仅是有形的制度，同时也是无形的文化，法治是否昌明、法治的要求能否落到实处、法治的成果可否转化为有益于社会发展进步的元素，从根本上取决于是否具有良好的法治文化作为精神支撑。[1]马克斯·韦伯认为：任何一项事业的背后都存在某种决定该项事业发展方向和命运的精神力量。在推进全面依法治国进程中，法治文化作为一种精神力量，深刻影响着国家法治建设的进程，又是国家实现法治的重要标志。法治文化通过审视和调节人们的法治认知，促使人们形成科学的法治信仰和理性的法治行为。这种审视和调节，在思想上制约着人们的思维方式和行为方式，能够持久地引导人们不断加深对法治的认识和理解，真正从心灵深处认同法治、信仰法治，逐渐养成依法办事的行为习惯。没有法治文化的引领，没有法

[1] 罗先泽、张美萍主编:《社会主义法治文化建设研究》，中国政法大学出版社2016年版，第102页。

治精神的弘扬，没有全体公民法治素养的提高，一个国家就不可能建成法治国家。良好的法治文化具有潜移默化的教化和调控功能，能够凝聚全社会的思想与行为共识，形成对法治精神、法治理念的内在价值追求，使全社会深刻理解法治精神，自觉贯彻法治理念，积极投身法治实践，实现以追求良法为目标的科学立法、民主立法，以追求善治为目标的依法行政、合理行政，以追求公平正义为目标的独立司法、公正司法，以追求文明和谐为目标的人人守法、全民守法。因此，法治文化能走多远，法治国家就能走多远；秉承什么样的法治文化，决定了营造什么样的法治国家。

法治文化是法治国家的可靠保障。法治的前提是法律，法律本质上是一种政治手段，与政治一样是统治阶级意志的体现，同属于社会上层建筑。从上层建筑视阈看，法治与政治作为法治国家的两大支柱，存在着两种关系：一种是认识关系，一种是实践关系。其认识既基于自身的经验教训，也基于前人和他人的经验教训；其实践既基于法治国家的发展，也基于市场经济和民主政治的发展。认识来源于实践，又指导着实践，并通过自身的积累和实践的强化，使法治与政治的关系逐步意识化、观念化，从而形成一种文化。这种文化既是一种政治文化，又是一种法治文化。作为政治文化，它更注重政治对法治的主导作用；作为法治文化，它更注重法治对政治的制约作用。其中，是否存在法治对政治的制约作用，是衡量一个国家是法治国家还是人治国家的基本尺度。在实际生活中，政治与法治的关系主要通过国家权力与法律规范的关系反映出来。其中国家权力是根本，是法律规范产生的前提。法律规范是由国家制定和认可的，法律规范的权威和效力是以国家权力为后盾的。同时，法治对于政治也有重大影响，它体现国家的意志，通过法律规范来巩固国家权力并维护国家权力的正常运行。因此，政治在影响法治的性质、进程和实现程度的同时，必须以宪法和法律为依据，在宪法和法律范围内运行。正确认识和处理法治与政治的关系，不仅是法治文化的应有之义，而且是法治国家的可靠保障，对于确保国泰民安至关重要，客观上要求我们把政治行为纳入法治调控的范围，使国家各项权力的行使都能接受法律的规范，都能在法治的轨道上合理运行。[1]

[1] 历史已经证明，摆脱法治驾驭的政治权力必然带来祸患。苏联斯大林时期，苏共的权力核心是书记处。斯大林作为总书记，处于权力的顶端，成了发号施令、裁决一切的绝对权威。在基洛夫遇刺之后，斯大林未经政治局集体讨论便发出在全国进行大清洗的重要文件。在这场运动中，至少有300万人被逮捕，至少有60万人被处决。大清洗期间，直接对党中央总书记负责的国家安全机关有权把公安、检察、审判三个方面的职权集中起来使用；有权对案件的侦查和审理采取特别程序，包括十天内终结侦查，起诉书在开庭前一天送达被告人，可以缺席审理，判决后不准上诉，死刑判决立即执行等；有权对人犯进行刑讯逼供，并把口供作为定罪的主要依据。大清洗使整个社会弥漫着恐怖气氛，产生了恶劣的影响。首先，大清洗歪曲了法治，使法律成为施加政治迫害的工具。其次，在党内制造了相互猜疑的气氛，破坏了党的团结统一，损害了党的形象和威信。再次，大量的冤假错案不仅使党的领导人蒙受不白之冤，而且也侵蚀了党员对党的忠诚和信仰，为后来的社会政治危机埋下了隐患。

第三章　中国特色社会主义法治文化的历史渊源

法治文化建设是一项艰巨而复杂的社会系统工程。在长期的人治与法治的较量和对比中，历史抛弃了人治，文明选择了法治。但这并不意味着法治一诞生就完美无缺，一出现就一成不变。作为历史的产物、时代的必然，法治文化建设是伴随着从自然经济到市场经济、从专制政治到民主政治、从臣民社会到公民社会、从人治文化到法治文化的演进过程而得到展示的。

一、从自然经济到市场经济

自然经济是人类社会经济发展的最初阶段。奴隶社会和封建社会就是建立在自然经济基础之上的。在自然经济条件下，小农对土地的依存，使其对土地所有权的追求成为生存追求的最终目标，这就迫使他们在生活中不得不经常屈从于土地对人的统治，形成对土地所有权的崇拜。而君主专制的力量，恰恰就主要表现为对土地的所有权，所谓“普天之下，莫非王土”。这样，对土地的依赖就极易转化为对土地所有者的依附，对土地所有权的崇拜也就极易转化为对土地所有者的崇拜。结果是主体意识的丧失，“率土之滨，莫非王臣”。同时，小农在经济上极端脆弱，也经不起巨大的社会震荡。为了生存，他们需要稳定的社会环境，需要政治上的保护。于是，他们从历史上由乱而治的社会变迁中，凭着经验的感受极易得出一种结论：大而言之，天下的动乱皆由昏君所致，而太平盛世的到来则功在明主；小而言之，州县的凋敝咎在吏治腐败，而安居乐业则有赖于清官。这种政治制度和政治生活，一方面表现为小农对皇权的依赖和崇拜心理不断强化的过程；另一方面又表现为小农对昏君的仇视和恐惧心理不断加深的过程。而事实上，这两个方面又从完全相反的方向把小农推入封建政治的轨道，从而使他们把命运的缰绳一次次地交给一个个封建君主，而疏远对法治生活秩序的渴求，这就为人治提供了广阔的社会舞台。

法治是市场经济发展的必然产物。市场经济与自然经济之不同就在于它一时一刻也离不开法律。这是因为，商品交换是在基于社会分工而相互分离又相互依赖的商品生产者之间进行的，为了使商品交换有序地进行，必须有共同遵守的行为规则。这种共同的规则，就是法律制度。

再则，市场经济的存在意味着具有独立经济利益的不同主体的出现和分化，从而意味着利益交叉和冲突增多，这就需要法律来加以确认和调节。由于种种原因，在商品交换过程中发生纠纷将不可避免，这也需要法律来加以解决和处理。当交换成为人们的生产目的时，只有建立健全完备的法律制度，才能满足商品生产和商品交换的需要。从市场经济的发展看，市场经济越发达，法律体系就越完备。现在世界上有150多个国家和地区实行市场经济体制，但并不是所有实行市场经济体制的国家和地区在经济上都取得了成功。其原因虽是多方面的，但有一点是确定无疑的，即凡是市场经济运行效率比较高的国家和地区，都厉行法治。正是资本主义市场经济的发展，使社会对法律的需要达到空前的程度，从而推动了资本主义商法、民法的形成和发展，实现了经济领域的法治。资本主义市场经济的发展还导致了经济与政治的分离：生产资料所有者作为国家权力的所有者，并不直接行使国家权力，而是由他们的政治代表来行使国家权力。这种权力的持有与权力的行使之间的分离可能引起政治失控和权力异变。为了防止这种失控和异变，宪法便应运而生。它严格规定国家立法机关、行政机关、司法机关的职责权限和行使规则，并确立了有效的权力制约机制，于是在政治领域实现了法治。不仅如此，市场经济较之自然经济，其法律不仅与以往有量的差别，而且有质的不同。法的精神即民主、自由、平等、公正的价值观念得到了确认和保障，并具有了普遍性、明确性和稳定性，从而成为法治的精神支柱。

社会主义市场经济必然要求法治。这是由社会主义市场经济的基本特征和法律的特性决定的。社会主义市场经济的基本特征是：开放、统一和多元的市场在资源配置中起决定性作用；自由、公平和有序的市场竞争机制发挥着优胜劣汰的作用；企业是市场的利益主体、经营主体和责任主体；国家通过宏观调控保证市场的正常运行。而法律是由国家制定认可的一种特殊的行为规范，它以权利和义务为内容，以允许和禁止的明确规定为形式，以国家强制力为实施保障。因此，与伦理道德、风俗习惯、方针政策等其他社会规范相比，法律具有普遍、稳定和强制的特性，对人们的行为起着独到的规范、评价、预测和惩戒的作用，有利于保证国家和社会生活的统一性、连续性和稳定性。法律的这些特性和作用，决定了法律是引导、规范、约束和保障市场经济正常运行和健康发展的有效手段。随着社会主义市场经济的发展，人们追求物质利益的欲望被充分调动起来了，其行为取向的效用性逐渐增强。以效用为取向的行为必须导之以法律，通过法律来约束其获得效用的手段，以便给人们指出一条获取物质利益的正确途径。否则，人们就会为获得效用而不择手段，使社会发展支付太大的成本。在实际生活中，市场主体的经营资格需要法律予以确认；市场主体的财产权利需要法律予以保护；市场主体的平等地位需要法律予以维系；市场主体的竞争行为需要法律予以规范；政府宏观调控需要通过法律手段予以实施；社会保障体系需要通过法律手段予以完善。离开了法律及其有效实施，市场经济的正常秩序便无从谈起。

市场经济具有经济主体的自主性、经济交往的平等性、经济活动的竞争性、经济运行的有序性等基本特征，在社会结构中处于基础层次，市场经济的发展，必将从多方面促进法治建设的发展。市场经济条件下的生产过程，人们遵循的是自由自主的原则，生产什么产品与生产多少产品，生产经营者有自我选择、自我决断的充分自由；市场经济条件下的交换过程，人们遵循的是平等公正的原则，买卖双方等量劳动享有同等的权利，在自愿的基础上让渡商品。由于在交换中商品的价值和使用价值对于一方来说不可兼得，因而商品交换必然是一种互利行为，由此所决定的交换主体之间的法律关系，必定是权利义务的对等关系。在市场经济条件下，为数众多的市场主体既是独立的利益主体，又是独立的决策主体，大量的经济活动需要通过市场机制来加以调节。市场调节之所以起作用，就在于大家遵守共同的规则。这正如一支乐队，每个人都操持不同的乐器，却按照同一乐谱演奏。因此，市场经济内在地包含着契约精神。所谓契约精神，是指与市场经济的契约关系相联系的自由、平等、诚信、救济的精神。契约精神存在四个方面内容：契约自由精神、契约平等精神、契约诚信精神、契约救济精神。契约自由精神是契约精神的核心内容。契约自由精神包含选择缔约者的自由、决定缔约内容与缔约方式的自由。契约平等精神体现了缔约的主体地位平等，缔约双方平等地享有权利履行义务，不存在超出契约的特权。契约诚信精神是契约精神的基础。在契约未上升为契约精神以前，人们订立契约源自于彼此的猜疑，当契约上升为契约精神以后，人们订立契约源自于彼此的信任。当契约诚信精神在全社会成为一种约定俗成的习惯时，契约的价值才能真正得到实现。缔约双方基于契约诚信精神，在订立契约时不欺不诈，在履行契约时不折不扣。契约救济精神是一种补偿损失的精神，在商品交易中人们通过契约来实现对自己损失的补偿。当缔约方因缔约方的行为遭受损害时，可提起违约诉讼，使自己的利益得到法律保护。“生产不仅为主体生产对象，而且也为对象生产主体。”[1]市场经济这种自由平等关系和权利义务关系，必然在与之相适应的法律制度中得到反映，并由此在人们心里积淀为蕴含着自由平等观念、权利义务观念、公平正义观念的法治观念。因此，社会主义市场经济本质上也是法治经济。

在市场经济条件下，资源优化配置与生产要素自由流动，从主体活动空间上看，就是打破地域限制，在全社会范围内开展交易和合作。这就使人们从熟人社会步入生人社会。而人作为市场上的“经济人”，不仅会做出利己的选择，而且还会做出损人利己的选择，以实现个人福利和效益最大化。因此，在缺乏法治秩序的条件下，从熟人社会进入生人社会，就会像步入险象环生、人人自危的“霍布斯丛林”一样，难以形成良好的交易和合作秩序。在熟人社会，人们交易和合作秩序的形成主要基于：一是抬头不见低头见，使人们担心受到以牙还牙的惩罚；二是拥有对方比较完全的信息，使对方受到跑得了和尚跑不了庙的牵制；三

[1]《马克思恩格斯选集》（第二卷），人民出版社1995年版，第10页。

是对信誉、人格的舆论压力。而在生人社会，由于交易双方彼此陌生，人性中的弱点得以膨胀，人们往往抱着捞一把就走的心态，使交易成了一锤子买卖，其风险之大可想而知。因此，在生人社会里，交易的成功有赖于法治秩序的建立。[1]市场经济的运行、市场秩序的维系、政府对经济活动的宏观调控和管理，以及生产、交换、分配、消费等各个环节，都需要法治的保障。只有实行法治，加快形成以保护产权、维护契约、平等交换、公平竞争、有效监管为特点的统一透明、规范有序的市场环境，才能有效约束行政行为、企业行为、市场行为，确保市场主体权利平等、机会平等、规则平等，使社会主义市场经济既生机勃勃又井然有序。

市场经济发展到一定程度，必然要打破地区和国家的界限而走向全球化。当今世界，经济全球化已成为世界经济发展不可阻挡的时代潮流。经济全球化是指世界经济活动超越国界，通过对外贸易、资本流动、技术转移、提供服务等方式相互联系、相互依存而形成的全球范围的有机整体。经济全球化作为当代世界经济的重要特征，是市场经济和国际分工发展到一定历史阶段的产物，是世界经济发展的必然趋势。因此，经济全球化可以从三个方面理解：一是世界各国经济联系逐步加强和相互依赖程度日益提高；二是各国国内经济规则不断趋于一致；三是国际经济协调机制即各种多边或区域组织对世界经济的协调和约束作用日趋增强。经济全球化有利于资源和生产要素在全球的合理配置，有利于资本和产品在全球范围的自由流动，有利于促进各国和各地区经济的发展繁荣。从世界经济发展趋势看，经济全球化进程不断加快，各国相互合作与交流逐步增强，经济联系日益密切，生产布局、投资走向、金融往来、科技开发、人才培养乃至环境保护，都跨越了国界，使整个世界变得更加开放。

经济全球化的表现形式，是各国经济的一体化和各国经济的市场

[1] 黄之英编：《中国法治之路》，北京大学出版社2000年版，第231—232页。

化。而经济的市场化有赖于国家的法治化。经济全球化包括四个基本的发展趋势：市场经济的全球化、知识经济的全球化、国际分工的全球化和国际惯例的全球化。经济全球化的推进，无疑为法治的发展提出了新的要求，也提供了新的契机。在经济全球化的背景下，国际规范不仅在国际层面发挥作用，而且以强制性的约束力进入国内法。经济全球化要求法治全球化以及体现这种要求的国际规范与之相适应，这些国际规范对各国的立法、行政和司法行为具有直接的作用和影响。国际规范以强制性的约束力进入国内法，从而导致各国的法律规范、执法原则和标准以及法律价值等不断向趋同的方向发展。目前，这一趋势主要表现在与货物贸易、服务贸易和知识产权相关的传统规范领域，如产品和服务的分类、市场准入、反倾销、反补贴等。随着经济全球化程度的不断加深，国际规范将逐步进入环境保护、直接投资、公平竞争、政府采购等领域。在完成与经济交往相关的法律整合后，国际规范还将不可避免地进入国内法的某些领域，如经济犯罪、惩治腐败、员工待遇、社会改革等。这一趋势的持续发展又势必推动各国的法律制度逐步达到法治国家的要求，即全球法治化。因此，越是全球化越要法治化，唯其如此，我们才能融入经济全球化、适应经济全球化，促进经济全球化朝着有利于各国共同繁荣的方向发展。

二、从专制政治到民主政治

专制政治与君主制相联系。君主制意为单独一人的统治，指由个人掌握最高国家权力的政体。它作为人类历史上最古老的政体形式，是奴隶制国家和封建制国家的主要政权组织形式。我国五千年的文明史，大多是在君主专制政体下度过的。夏朝和商朝由奴隶主的总代表帝王掌权。公元前1066年周武王灭商，历史开始由奴隶社会向封建社会过渡。公元前475年进入战国时期，诸侯并立争霸，到公元前221年秦始皇统一天下，建立了皇帝高度集权的封建君主专制政权。这一政体形式一直延续到1911年清朝末代皇帝溥仪被废黜为止。

封建社会政治结构的核心是集独裁制、终身制、世袭制于一体的君主专制。韩非的“事在四方，要在中央，圣人执要，四方来效”对此作了最好的阐释。君主上为皇天之子，下为黎民之父，完全凭个人的意志和权威来治理国家。在这种社会条件下，“朕即国家”，君主的意志就是国家的意志，处于至高无上的地位；“法自君出”，君主可以一言立法，一言废法，因而尽管社会也有法律，却无法治可言。与君主专制统治相适应，国家设有庞大的行政系统和军队，统一的法律和司法监察机关，严密的户籍制度和严格的赋税制度。这种密集的统治网络，即使天高皇帝也不远，专制的阴影遍布天下。在君主专制统治下，国家的土地、民众、资源和财富均为君主所有。君主是国家事务法定的唯一的最高决策者，有权统率和指挥自朝廷至地方的军政系统和文武百官。一切以君主名义发出的指示，均被赋予神圣不可侵犯的权威，不允许有任何违抗或异议。所有高级官员的任免、奖惩和升降，国家赋役的征调与开支以及军队的征募与指挥，都由君主一人决定。君主专制制度以君权神授学说为理论基础，用严格的名位等级、封建礼乐和皇位继承等各种制度来突出君主个人的威严，保证君主拥有至高无上的绝对权力，可以支配一切、主宰一切、控制一切，可以决定任何人的生死祸福。因此，在君主专制统治下，社会没有平等人权，只有等级特权；没有民主自由，只有专制奴役。

作为吏治腐败的主要表现，贪污腐化之风盛行与传统社会的专制政体密切相关。权力的膨胀与私欲的膨胀原本就是一对双胞胎，它与腐朽的专制统治结下了不解之缘。在专制社会条件下，权力对于君主来说如同私有财产，其所有权、占有权、使用权、收益权和处置权都掌握于君主之手。君主集国家立法、行政、司法大权于一体，终身任职，世代相袭，怎能容得下别人对自己的制约监督呢？我国历史上虽有励精图治的君主，出现过文景之治、贞观之治、康乾之治的兴盛局面，也出现过一些清正廉明的官吏，如宋朝的包拯、明朝的海瑞、清朝的于成龙，但是历代封建王朝都不可能解决腐败问题。从历史上看，封建王朝在建立的初期，为了保持自己的统治，比较重视与民众的关系，多少约束自己贪婪的本性，吏治也就比较清明。然而，随着统治的稳固、力量的增长，其贪婪的本性也就日益膨胀，与百姓的矛盾日益尖锐，引发的社会危机日趋严重，吏治也就从清明走向腐败，最终导致王朝的覆亡。这好比做蛋糕，王朝初年蛋糕很小，统治者尚能“与民生息”，因而切去的蛋糕不多。由于人们在做蛋糕中得到好处，于是做蛋糕的人就多了起来，蛋糕做得也大了起来。这样，统治者切去的那一块比例虽然不大，但实际分量却大大增加了。可是再做下去，蛋糕大了贪心也大了，切去的比例逐年增加，致使民众由敬而怨，由怨而忿，由忿而恨，结果都跳不出“其兴也勃焉”“其亡也忽焉”的历史怪圈。

秦始皇作为我国历史上第一个统一中国的封建帝王，翦灭六国，一统天下，虽有代表历史发展要求的一面，但他穷兵黩武，横征暴敛，修筑规模宏大的阿房宫和骊山陵，惹得民怨沸腾，王朝延续不过二世。东汉末年，朝廷腐败，外戚宦官交替专权，致使天下汹汹，民不聊生，最终引发了黄巾军农民大起义。隋朝开国皇帝隋文帝杨坚，是武功盖世、文治超凡、注重节俭的君主，他的儿子隋炀帝却是一个荒淫无度、穷奢极欲的暴君。隋炀帝在位14年，曾三游江南，两出长城，西行张掖，北巡榆林，每次出游，所携文武百官、嫔妃歌妓和其他随从数以十万计，所花费用全部摊在沿途百姓头上，致使不堪忍受的百姓揭竿而起，他本人也命丧江都。唐玄宗迷恋美色，任人唯亲，各级官吏贪污贿赂成风，终于引发了"安史之乱"，使唐朝由盛而衰。到了宋朝，司马光及其门客花了19年的时间编纂了《资治通鉴》这部巨著，目的在于为宋王朝提供一本以史为鉴的教科书。该书以丰富的史实，记录了上自战国、下至五代一千多年的"君臣治乱安危成败之迹"。宋神宗十分重视该书，不仅为之题名，而且亲自作序，其良苦用心自不待言。可惜他的子孙并不争气，北宋末年"廉吏十一，贪吏十九"。王安石变法废除后，宋王朝江河日下，宋高宗干脆把国都南迁，歌舞升平，居危思安，这岂有不亡之理。

朱元璋在总结元朝灭亡的教训时，对元朝末年的腐败作了生动的概括：主居深宫，臣操威福，官以贿求，罪以情免，台宪举亲而劾仇，有司差贫而优富。明朝之初，曾用严刑峻法惩治腐败，凡贪污钱财60两以上的官员，不仅要斩首示众，还要剥皮实草，并放在公座旁以警示后人。在朱元璋当政期间，每个府、州、县、卫衙门的左边，都建有一个剥人皮的场所，在官府公座两旁各悬挂一个填满稻草的人皮袋子，使为官者触目惊心，不敢贸然贪贿而落得剥皮实草的下场。这种做法虽然收到一定效果，但因"人亡政息"，后来君主以下各级官吏又开始大肆敲诈百姓，以致"百用乏绝""十室九空"，最终引发了以李自成为代表的农民大起义。京城被攻破之时，崇祯皇帝还想召集群臣商量对策，然而朝中官僚早已作鸟兽散。清朝以少数民族崛起于关外而后入主中原，经过几代人的励精图治，完成了国家的统一大业，社会经济也发展到一个新的高峰，创造了中国历史上蔚为壮观的康乾盛世。但是就在国家鼎盛之际，统治阶级却放弃了文治武功和积极进取精神，反而因富而奢、因盛而骄。而奢侈必然导致贪婪，骄傲必然走向懈怠，最终因贪婪而腐化，因懈怠而落后，使盛世如过眼烟云，很快滑向衰落。大贪官和珅聚敛的财富折合白银十亿两，相当于清王朝二十年收入的总和。清朝兴衰成败的历史，反映了腐败消解国家统一意志和前进动力，从而导致社会灾难和王朝倾覆的不变真理。[1]

综观中国几千年的历史，形形色色的王朝覆灭不外乎三种原因：一是被农民起义所推翻，二是被内部变乱所倾覆，三是被外部势力所消灭。但从深层次原因看，则都与政权本身的腐败相关。中国历代王朝为什么总是跳不出“历史周期律”？根本原因在于其制度性和结构性腐败。在君主专制统治下，尽管可以制定一些相互制约的具体制度以防止腐败，贪污受贿明确地被唐、宋、元、明、清的法律所禁止，而且对贪污受贿罪的惩罚往往也比其他罪行的惩罚更为严厉，在许多情况下是不能赦免的。然而，封建帝王最关心的是自己政权的巩固，最看重的是各级官吏忠于自己，而非清正廉洁。相反，贪财好色往往被视为没有政治野心而得到赏识。在君主专制与官僚政治的环境中，各级官吏主要任务是讨好上司，致力于排斥异己，培植亲信，结党营私。因此，“一部二十四史，充满了贪污的故事”[2]。史书上贪官污吏比比皆是，而清官廉吏却寥若晨星。数千年来，一些政治家和有识之士为了封建王朝的巩固可谓殚精竭虑、苦苦求索，各种改良之策层出不穷，但始终未能打开症结。在统治者中，也产生过魏征、包拯等一批刚正不阿的清官廉吏，他们的品格和功绩令人景仰，但最终还是无力回天。而贪官污吏却多如蛀虫，最终蛀空了每一座王朝大厦。

君主专制政体的形成和发展不是偶然的，而是深深地根植于社会的

[1] 王国华：《腐败导致清朝从盛世滑向衰落》，载《光明日报》，2000年8月4日。

[2] 吴晗：《吴晗史学论著选集》（第二卷），人民出版社1986年版，第482页。

经济关系之中的。自然经济以分散的、一家一户的、自给自足的小农经济为特征。生活在自然经济条件下的小生产者，他们势单力薄，彼此隔绝，见闻不出乡里，交往止于四邻，尽管彼此之间也有共同的利益，但狭隘的眼界、保守的意识、盲从的心理使他们不能形成统一的力量以保护自己的利益，因而总是甘愿把自己的命运交给别人主宰，甚至连自己的处境略有改观，也要把它归之于上天赐给的雨露阳光。因此，他们缺乏现代民主意识，本能地倾向于专制。在他们不堪忍受时虽然也会发出倾向于民主的呼声，然而其自身造成的无可解脱的矛盾，又使他们导向专制。一方面反抗在自然经济基础上必然高高耸立的专制统治，另一方面又顽强地要求恢复和巩固专制统治赖以存在的自然经济基础，这就是由小生产的生产方式决定的小农在民主问题上自相矛盾的逻辑。因此，在小农经济基础上，必然产生作为社会主宰的皇帝以及人们对皇权的崇拜，从而形成君主专制。马克思在分析印度的农村公社时指出：这种半野蛮半文明的公社，“使人的头脑局限在极小的范围内，成为迷信的驯服工具，成为传统规则的奴隶，表现不出任何伟大的作为和历史首创精神”，“我们不应该忘记：这些田园风味的农村公社不管看起来怎样祥和无害，却始终是东方专制制度的牢固基础”[1]。

民主作为一种国家形态，是商品经济代替自然经济的必然结果。商品经济之所以能够促进民主意识的产生，是因为它本身就具有对民主、自由、平等的客观要求。在商品经济条件下，社会分工代替了自然分工，契约关系代替了宗法关系和人身依附关系，普遍的广泛的社会交往代替了孤立分散和闭关自守。商品经济的基本原则是按照生产商品的社会必要劳动时间进行等价交换。这一原则得以实现的前提，是交换双方的地位平等，他们的等量物化劳动具有同等的权利。可见，商品经济内在地包含着平等的要求。“商品是天然的平等派。”商品生产和交换在全社会范围进行，必须以交换双方人身自由和商品流通自由为条件，需要

[1]《马克思恩格斯全集》(第十二卷)，人民出版社1998年版，第142—143页。

有自主经营、自负盈亏的经营者和一无所有但能支配自己劳动力的自由劳动者。可见，商品经济内在地包含着自由的要求。商品经济这种平等、自由的要求，必然导致政治上平等、自由的呐喊，把摆脱封建桎梏和世袭特权，打破地区封锁和人身依附提上历史日程。政治上平等、自由的呐喊，必然导致对人权的追求，而这正是民主政治的基本内容。由此可见，商品经济内在地包含着民主的要求。马克思指出："平等和自由不仅在以交换价值为基础的交换中受到尊重，而且交换价值的交换是一切平等和自由的生产的、现实的基础。"[1]随着商品经济在社会中逐渐成为普遍的经济形式，平等、自由、民主思想也随之得到广泛传播并逐渐扩展到政治领域，从而成为民主政治的先导。

民主政治与君主政治相对立，是奉行多数人统治的一种政治制度。民主政治具有两重性：一方面，民主政治反映国家的阶级本质，不同阶级统治的国家，民主政治的性质不同，并由此表现出特殊性和差异性；另一方面，民主政治又具有共同性和普遍性，不同的民主政治制度在实现其阶级统治时，必须遵循民主政治的一些基本原则，如多数决定原则、保护公民权利原则、限制公共权力原则、法律面前人人平等原则等。民主政治最初产生于古希腊的城邦国家。资产阶级在反对封建专制统治的过程中，扩大了古代民主政治的基础，确立了以普选制和议会制为中心的资产阶级民主政治制度。社会主义民主政治的本质和核心是人民当家做主，是大多数人享有的最广泛的民主。在民主政治条件下，人们遵循的基本原则是多数裁决，而民众始终是一个稳定的多数。一个政治集团如果能够得到多数民众的支持，不用诉诸暴力就可以上台执政；如果得不到多数民众的支持，即使诉诸暴力也难以上台执政。这就是说，决定能否上台执政的根本因素是民意，而不是暴力。在民主政治条件下，政治竞争犹如市场竞争，一个政治集团不能最大限度地满足选民的需要，其他政治集团就会满足；谁能够最大限度地满足选民的需要，

[1]《马克思恩格斯全集》（第三十卷），人民出版社1995年版，第199页。

选民就会投票“购买”谁的产品。因此，当选执政的政治集团一般来说是最能够适应选民需要的政治集团。由于民主选举中公众的普遍参与和政治竞争的综合作用，由于民主选举使不同政治集团之间围绕政府权力的竞争由公众来进行最后裁决，并由系统的制度规则进行规范和约束，这就从根本上改变了传统政治中竞争只是由少数人在政治暗箱中进行，与社会和公众利益没有直接关联的特质。

法治的政治基础是民主。民主的逻辑内在地要求法治，并决定着法治的运行和效能。法治强调统治者按照人民的意志治理国家，人民运用体现自己意志的法律控制统治者，其实质是民主的制度化、法律化。因此，民主与法治可谓一物两体，从政治上观之为民主，从法律上观之则为法治。二者的主要区别在于，民主更注重权力的来源，而法治更注重权力的制约；民主强调权力的合法性，而法治强调权力的规范性；民主在权力形成过程中占主导地位，而法治在权力行使过程中占主导地位。民主与法治和衷共济，相辅相成。民主是法治的基础，法治是民主的保障。没有民主的依托和支撑，宪法和法律就有可能成为专制和独裁的工具；没有宪法和法律的维护和保障，人民的民主权利就有可能受到践踏。在近代中国，孙中山先生的《临时约法》曾给千百万中国人带来民主与法治的希冀，但当孙中山先生怀着善良的愿望把《临时约法》交给袁世凯，希望他能够以此约束自己，成就共和时，悲剧便发生了。由于没有民主的约束，一部法典最终成了袁世凯黄袍上的点缀。由此可见，离开民主讲法治，法治就会形同虚设，或改变应有的品格，成为欺压人民的工具。

三、从臣民社会到公民社会

从中国传统社会的政治体制看，它是由皇帝、各级官员、各种机构和制度构成的，皇帝位于权力的顶端，居于礼法政刑之上，以下是各级官员，底层是普通民众。在中国传统社会，皇帝统治着全国，地方官员要臣服于皇帝，民众要臣服于地方官员。在家族中，家庭成员要臣服于家长，即儿子要臣服于父亲，妻子要臣服于丈夫。这种人与人之间的关系都是臣服关系、服从关系的社会，就是臣民社会。对此，我们从中国传统社会的宗法制度、等级制度以及与之相联系的三纲五常中可以略见一斑。

宗法制度是由氏族社会父系家长制演变而来的，是王公贵族按血缘关系分配国家权力，以便建立世袭统治的一种制度。其特点是宗族组织和国家组织合二为一，宗法等级和政治等级完全一致。这种制度确立于夏朝，发展于商朝，完备于周朝，影响于后来的各封建王朝，并逐渐建立了由政权、族权、神权、夫权组成的封建宗法制度。中国传统社会的家庭实行宗法家长制，家长在家庭中作为财产的所有者、生产的组织者和消费的分配者，对内处于主宰地位，对外代表整个家庭，由此形成了家庭内部家长与家庭成员之间统治与被统治的关系。在中国传统社会，国家的结构是按照家庭的结构模式建立起来的，国家的结构模式与家庭的结构模式是同构的。君主是一国之主，至高无上，其他社会成员对于君主来说不仅是臣民，而且是子民，必须绝对服从君主的统治。在这种社会条件下，普通社会成员的个人权利微乎其微，几乎完全被淹没于“忠孝节义”的伦理纲常之中，因而没有任何主体地位，有的只是隶属与服从。由于实行宗法家长制，家长的权力高于一切，反映到伦理道德上，就是十分重视孝道，子女对父母的命令只能绝对服从，不能有丝毫的违抗。在国与家同构的情况下，国就是家的放大，君臣关系就是父子关系的延伸。作为一国之君的皇帝居于宗法关系的顶端，臣下必须绝对听命于君主，因而在家尽孝的伦理纲常必然要求在国尽忠，事君如父母，不惜一切地为君主效力，由此达到“忠孝两全”的道德境界。

在中国传统社会，统治阶级在法律上规定的等级差别和特权制度，是用以维护和巩固其统治地位的工具。在等级制度下，人们按其经济、政治地位被划分为不同的等级，等级地位有严格界线，等级之间存在着臣属或依附关系，整个社会形成一个金字塔式的等级阶梯。在中国奴隶社会，等级制度与宗法制度是紧密结合的，宗法制度的基本精神就是以宗子为中心，按照血统关系的远近来区别亲疏贵贱的，从而形成了不可逾越的等级。如中国早在周代，统治阶级内部就划分为诸侯、卿、大夫、士四个等级。在中国封建社会，上自朝廷大臣，下至县府小吏，都是按俸禄权位的不同排列等级的。一些朝代不仅对官宦分等级，对平民也分等级。如唐朝就把平民分为良人与贱民，又把贱民分为部曲、杂户、官户、奴婢等。地主阶级在与奴隶主阶级的夺权斗争中，曾反对过奴隶主阶级的等级制度。但地主阶级在取得政权以后，又建立了新的等级制度。封建社会的等级制度，仍然与宗法制度相结合，只是与奴隶社会的“亲贵合一”原则有所不同，是按秩禄权位的高低，由皇帝臣僚以至大小官吏排列身份等级。如清朝官员就分为正九品、从九品共十八个品级，等级越高享受的特权越大。所谓“刑不上大夫，礼不下庶人”，充分表明了等级制度的特权本质。

作为中国传统社会的主要伦理道德，三纲五常源于先秦儒家的君臣、父子、兄弟、夫妇、朋友五种伦常关系。“三纲”，即“君为臣纲，父为子纲，夫为妻纲”。韩非曾从政治角度论述过“三纲”。他认为：“臣事君，子事父，妻事夫”是天经地义的。三者关系理顺了天下就大治，理不顺天下就大乱。西汉董仲舒用阴阳五行说对“三纲”进行阐述。

他认为，君臣、父子、夫妇符合阴阳之道。君、父、夫为阳，臣、子、妇为阴。阳尊阴卑，阳贵阴贱。作为阳的君、父、夫永远是作为阴的臣、子、妇的主宰，这是天意的体现。“五常”，即“仁、义、礼、智、信”，是处理人与人之间关系的准则。孔颖达将“父义、母慈、兄友、弟恭、子孝”列为“五常”。董仲舒认为“三纲”配以“五常”，用来教化人民，强化统治，能得到天神的保佑。汉唐以降，礼入于律，“三纲五常”思想不仅成为封建宗法伦理的核心，也成为中国封建社会立法、司法的根本指导原则。凡符合“三纲五常”的言行都是合法的，违背“三纲五常”的言行都是法律所制裁的。罪与非罪亦以“三纲五常”为准，并以违反“三纲五常”的程度来确定刑罚的轻重加减。“三纲五常”目的在于建立“贵贱有等，衣服有制，朝廷有位，乡党有序”的封建统治秩序。它用神学目的论肯定阶级统治和等级服从的神圣性与合理性，成为中国封建专制主义统治的基本理论，为历代封建统治阶级所提倡。

与臣民社会相适应，我国古代法律文化重等级、轻平等的特色比较突出。为确保皇权的绝对权威和臣民的绝对服从，封建统治者创制并不断强化一系列等级制度和观念。虽然我国封建法律思想史上也有“法治”这一提法，但同现代法治含义大相径庭，其体现的是“八辟”、“八议”等诸多等级制度，法律实施因社会地位、亲疏远近不同而存在较大差异。这种等级森严的“法治”首先是为了“治民”，其次才是为了“治吏”。封建最高统治者自诩为“天子”，代表上天统治臣民，“君权”是“神授”的，从而为自己的统治蒙上一层神秘的色彩，其目的是为了蒙骗臣民，维护自身统治。既然贵为“天子”，即为“九五之尊”，其身为“金尊玉体”，其语为“金口玉言”，便不能不拥有至高无上的权力。皇权无边，威仪天下，皇帝控制着国家政治、经济、军事、外交等所有领域的大权，可以骄奢淫逸、暴戾成性而不用负任何法律责任，因为皇帝本身就是法律，口含天宪。封建王朝的大臣在滥用权力、残害百姓方面同皇帝类似，但在皇帝面前，他们不过是被玩弄于股掌之间的棋子与工具，一旦皇帝稍有不悦，就会被打得血肉模糊，甚至性命不保。[1]普通百姓位于社会的底层，经常遭受统治者的强取豪夺，上交繁重的苛捐杂税，被统治者视若草芥，生命财产随时都面临被剥夺的危险。民被称之为黔首，排斥在政治等级之外，除了服从统治，没有任何主动性。“君者，民之心也；民者，君之体也。心之所好，体必安之；君之所好，民必从之。”在统治者眼里，民众生来无知无识，就应该做君主的奴仆。卑微的地位导致孱弱的心理，普通民众惧怕得罪统治者，自甘作顺民、草民。在等级森严的封建社会里，不可能有平等可言。[2]

除此之外，我国古代法律文化重义务、轻权利的特色也比较突出。作为一种伦理或法律义务，我国自春秋战国始，一直用“义”来予以表达，至清末才有“义务”概念。《礼记·礼运》用君仁、臣忠、父慈、子孝之类规范“义”。由于儒家“礼治”思想的影响，人们生活在臣属文化中，习惯从宗法家族角度思考个人与社会的关系，社会个体的意识、态度与行为，被置于纲常名教之中，这就决定了我国传统法律义务本位的特征。人被放在“君为臣纲”“父为子纲”“夫为妻纲”网络中的某一特定位置上，处于卑位的人对处于尊位的人承担义务。在血缘宗族中，个人的权利被族权、父权、夫权分割；在血缘宗族外，个人的权利又被王权和官权剥夺，人不仅不能支配自己的财产，而且不能支配自己的身体和意志。在群体本位社会里，身份是有高低贵贱之分的，尊者的权利被放大，卑者的权利被压缩。一部封建法律思想史就是一部规范义务的历史，法令字里行间充斥着义务性的规定，严格禁止和限制臣民从事某些活动，否则将承担严重的后果，从而迫使臣民服从法令安排，不至于威胁统治者的地位。正是由于封建法律义务本位的特征，使民众认为法律就是为了惩罚人而设立的，惧法、畏法、避法，对法律敬而远之，成为

[1] 刘惠君:《论中国近代经济、政治法律及文化转型》，载《社会科学家》，2008年第12期。

[2] 罗先泽、张美萍主编:《社会主义法治文化建设研究》，中国政法大学出版社2016年版，第43—44页。

民众的惯常心理。强调义务，漠视权利，而且将其视为合情合理的传统和习惯，造成民众只知道服从，不知道维权，只知道听命，不知道自主。在这种条件下，要建设现代意义上的法治社会是不可想象的。[1]

马克思曾经指出，在君主专制条件下，不是法律为人而存在，而是人为法律而存在，人是法律规定的存在。“君主政体的原则总的说来就是轻视人，蔑视人，使人不成其为人”，[2]因而它必然表现为对人的自由权利的践踏。在君主专制统治下，人们被群体至贵、群体至上，自我克制、自我忍让的规范约束着。对于民众来说，上有君权专横的王法，下有族权专横的家法，外有刀兵制其身，内有礼教制其心。这种密布的专制网络目的只有一个，就是使人驯服，以巩固封建统治秩序。在“人人平等是因为每一个人什么都不是”[3]这种轻视人，蔑视人，使人不成其为人的社会里，人的潜质受到极大压抑，人的个性受到极大摧残，不仅几乎丧失了维护人的权利的意识和能力，而且几乎丧失了维护人的尊严的意识和能力。虽然封建伦理时常将人推崇到很高的地位，“人与天地参”，但这里的人并非个人，而是个人所归属的群体。群体是个体的代表，个体只是群体的细胞；群体是神圣的、至高无上的，个体是卑贱的、微不足道的；群体的权利是天然合理的、不证自明的，个体的义务是命里注定的、不容推卸的。个体与群体发生冲突的唯一选择就是消融自我，复归群体，“屈民而伸君”。由此使群体成为凌驾于个体之上的人格化的实体，与个体形成对立的关系，并成为束缚个体发展的桎梏。由于个体没有独立性，只能依附于群体，致使人们的主体意识以及与此相联系的民主意识、法治意识长期处于休眠状态。

公民是法律意义上的概念，强调社会成员权利义务的平等性。公民社会是一定历史条件下人与人之间通过各种社会组织等交往形式构成的

[1] 罗先泽、张美萍主编:《社会主义法治文化建设研究》，中国政法大学出版社2016年版，第44—45页。

[2] 《马克思恩格斯全集》(第一卷)，人民出版社1956年版，第411页。

[3] 〔法〕孟德斯鸠:《论法的精神》，张雁深译，商务印书馆1982年版，第76页。

全部社会关系的总和。构成公民社会的各种社会组织独立于国家体系和市场体系之外，是自主的公民之间基于一定交往形式所形成的公共领域。这些公共领域具有公共性、民间性、多元性、开放性等特征。公民社会的本质体现在社会成员的公民身份上，而公民身份的现代意义则主要是通过与臣民身份的比照衬托出来的。换言之，公民在其本质规定上，是与臣民相对应的，公民与臣民是社会存在状态的两极。臣民是君主专制条件下人的不自由、不平等，没有主体性的社会存在状态。它所衬托的是身份差别、社会歧视、依附人格等特征。与臣民人身的不自由、权利义务的不平等以及人格的依附性相反，公民身份正是在这些维度上走向它相反的端点。换言之，公民社会就是以社会成员主体独立、人身自由、权利义务平等为主轴的社会。这是公民社会与臣民社会相区别的内在规定性。公民社会的真谛就是对个人价值的尊重和对个人权利的保障。而任何权利都带有自由的特性，有某种权利就有某种自由。自由意味着在法律的范围内不受人为限制自行其是，自负其责，尽可能地发挥自己的潜力和优长，从而实现人的多样化发展。同时，公民对权利的享有，表明公民是国家和社会的主人，主人与主人之间地位平等，即享有同等的权利，承担同等的义务，任何人都不得享有法外特权。

从历史的角度看，公民社会是法治产生的重要条件。公民社会的形成是法治得以形成和发展的基础，也是法治文化得以形成和发展的基础。在公民社会的发展过程中，与国家的分离和互动造就了私人领域和公共领域、公民权利与公共权力的分化与整合，产生了社会成员对自由与权利的关注，对专制与独裁的警惕，这就必然要求对公共权力加以限制，最终促进了法治与法治文化的形成和发展。作为由公民自发组成，介于公民与国家之间，以自治为基础的公民社会，是一个平等而非等级、自主而非依附、协商而非命令、独立于国家之外又能进入政治过程的社会活动领域。在这个领域中，个体具有人格上的独立自主，不存在人身依附关系，由此孕育产生了对个体权利终极关怀的人文精神，以及自由、平等、人权等法治理念。由此可见，对人的价值的肯定与对人的权利的尊重，是同法治文化的形成和发展紧密联系在一起的。而以人文精神为基础的法治文化的形成和发展，又在一定程度上强化了公众对法治的信仰与追求，从而促进了社会的发展与进步。托克维尔基于对国家与社会关系的深远考察，主张划定“公共生活”与“私人生活”的界限，这就是“给社会权力规定广泛的、明确的、固定的界限，让个人享有一定的权利并保证其不受阻挠地行使这些权利”。在托克维尔看来，如果社会中个人的活力不能得到保障，国家自身的活力最终也将不复存在。“永远记住一个国家当它的每个居民都是软弱的个人的时候，不会长久强大下去，而且绝不会找到能使由一群胆怯和萎靡不振的公民组成的国家变成精力充沛的国家的社会形式和政治组织。”[1]

改革开放以前，中国建立了一种高度统合的社会。其中，社会结构的细胞是单位，相对于以自由的个人为细胞的个体社会来说，就是单位社会。通常个人都从属于单位，成员的生老病死都由单位包办。单位外面是另外的单位，在全部单位的外面，几乎没有不受控制的余地。改革开放以来，随着市场经济的发展、民主政治的推进，逐步摆脱身份束缚的各个社会阶层和个人开始以契约的方式来界定相互之间的关系。农村社队解体后，农民成为村民自治的主体，城市市场发育和人才流动，使单位的人事权开始向单纯的劳资契约转化，个人自由支配的社会空间不断扩大，从而使一个以个人自愿选择和自由流动为特征的个体社会逐步形成。随着人们契约关系的建立和健全，现代社会逐步形成了一种以契约规范人们行为的新型社会结构形式。相对于身份，契约则是指根据各方利益关系和理性原则订立的规范个人和社会行为的协议。契约体现的是一种平等、自由和法治的精神。契约社会的典型特征是法治。在契约社会中，每个人都可以通过自身的努力，在订立和履行契约的过程中实现自由流动。通过契约关系获取所需要的社会关系来改变自身的社会地

[1]〔法〕托克维尔:《论美国的民主》，董果良译，商务印书馆1988年版，第880页。

位，导致潜在的多元利益主体开始孕育，从而实现了从身份社会向契约社会的转型。与此同时，我国城乡涌现出大量社会组织，在经济社会生活中发挥着越来越重要的作用。从某种意义上说，民主法治的发展过程也就是公民社会不断扩大而政治国家不断缩小的过程，就是还政于民的过程。而公民社会的组织化形式——民间组织，是民主法治的必要前提和重要支柱。发达的民间组织有助于推进国家的民主化法治化进程。

中国社会从身份社会向契约社会、从单位社会向个体社会的转型，实质上是人的解放，是用自由流动取代身份限制，用人格平等取代阶层等级，用后天努力取代先天禀赋的社会进步过程。中国开始由单位社会向个体社会转型表明，一个基于市场经济并独立于国家体系之外的公民社会正在崛起。同时应当看到，目前我们只是处于公民社会的入口，与公民社会的成熟状态相比还有很大差距。在实际生活中，我国臣民社会虽然不存在了，但其影响依然存在，在某些领域的表现还相当突出。特权思想和特权现象仍然严重冲击和影响当代社会和现实生活。有的领导干部忘记了全心全意为人民服务的宗旨，一朝权在手，便把令来行，自以为岗位特殊，高人一等，房子越住越豪华，车子越坐越高档，甚至将人民赋予的权力变成了损公肥私、贪赃枉法的工具。这一切都表明，公民社会从诞生到成熟不能不是一个艰难的过程。要确立自由平等、民主法治、制约权力、保障权利等理念，并将其贯彻到法治实践中去，使应然的法不断向实然的法转变，从而使法律面前人人平等的原则转化为现实，使宪法和法律中确立的公民权利得到切实的保障，为每个人的自由全面发展开辟畅通的渠道，为中国特色社会主义法治文化建设创造良好条件，我们还要走很长的路。

四、从人治文化到法治文化

人治文化是指注重统治者个人的道德修养与示范作用，依靠统治者个人贤明来治理国家的文化形态。人治的法度是权术而不是规则，其实质是依靠掌权者的个人意志与权威来治理国家，因而掌权者的个人意志高于一切，权力可以凌驾于法律之上、超越于法律之外，法律即使被制定出来也往往由于不被理睬而变成一纸空文。法治文化作为一种与人治文化相对立的文化形态，是指人们在法治实践中形成的、体现着法治精神和理念、原则和制度、思维方式和行为方式的一种进步文化形态。其实质是人们从内心对法治的认同、崇尚、信守和遵从。

从人治文化与法治文化的区别来看，绝不是任何一个强调法律制度的国家都可称之为法治国家。同是一个法字，其含义却不可通约。在中华传统文化中，并不缺少法，甚至还有显赫一时的法家，并在秦王朝的中国成为政治的主导力量。但这种法家政治却恰恰是最典型的人治、最严酷的专制。法家信奉的是“民固骄于爱而听于威”的政治观点，他们所强调的法治，实际上是严刑峻法，轻罪重罚。在这种法的概念中，民主的内容被剔除了，自由的内容被剔除了，公平的内容被剔除了，正义的内容也被剔除了，剩下的只有赤裸裸的“刑”。作为专制统治者手中的工具，这种法正像其手中的武器一样，是君王的权柄、民众的枷锁。因此，他们所倡导的法与他们所倡导的君权至上是互为表里的，与现代法治精神相去甚远。对此，《管子》中所说的“夫生法者君也，守法者臣也，法于法者民也”可谓一语道破。因此，看一个社会是人治还是法治，不能仅局限于某些词句，而应当从字里行间中透视现实：这种法是谁制定的，这种法是制约谁的。

人治文化作为建立在封建专制制度之上并为封建专制统治服务的思想意识、制度规范和行为方式，其突出特征是依人而治，依靠权力、人情、关系甚至喜怒哀乐来处理政务，心无标准，目无纲纪，想治谁就治谁，想怎么治就怎么治，甚至强取豪夺，草菅人命。人治文化的突出特点是权力至上。我国传统社会权力结构类似于金字塔，一层层、一级级的权力汇聚起来，越往上越集中。位于塔尖的就是皇帝，拥有至高无上的权力，天下之事，无论巨细，皆可随意处置，国中之人，不分老幼，皆可生杀予夺。正因为如此，我国传统社会的皇帝几乎不受任何制约监督，皇权无边，威仪天下，似乎天经地义，仿若天造地设。[1]从历史发展看，各个朝代自开国至中兴，由于统治者接受前朝覆灭的教训，调整政策，与民生息，使经济得以恢复，国势得以增强。而当王朝中期以后，国内外各种矛盾加剧，皇室腐化，君主暗弱，外戚内宦作乱，国势开始衰败，结果都跳不出从夺取政权、暂时昌盛，到官吏腐败、走向灭亡的历史周期律。

我国有两千多年封建社会的历史，人们的人治意识比较浓厚，法治意识比较淡薄。在君主专制统治下，千百年来人们只知有国家，不知有社会；只知有君权，不知有人权；只知有群体，不知有个体；只知有刑法，不知有民法。由此形成了“天无二日，地无二主”的皇权观念、“君君、臣臣、父父、子子”的等级观念、“一人得道，鸡犬升天”的宗法观念、“人存政举，人亡政息”的人治观念、“刑不上大夫，礼不下庶人”的特权观念、“一损皆损，一荣皆荣”的依附心理，这些已成为支配人们思维方式的一整套人治文化并沉淀于整个民族的心理结构之中，成为人治大行其道的深厚的文化基础。同时，中国传统人治文化的基调是主张人性完满与人性本善。从理性上讲，人可以做到全知全能，在认知上毫无缺陷；从德行上讲，人可以做到尽善尽美，在道德上毫无瑕疵。这

[1] 罗先泽、张美萍主编:《社会主义法治文化建设研究》，中国政法大学出版社2016年版，第47页。

为中国传统的圣贤政治、清官政治提供了理论依据。在人们的心目中，为官者只要格物致知，正心诚意，修身齐家，便可治国平天下，根本没有必要讲法治，从而为人治的盛行提供了肥沃的文化土壤。

作为人治文化的具体表现，依附心理是指自己不能主宰自己的命运，甘愿被动地接受他人支配，自己的所得依赖于他人的恩赐的一种人身寄托心理。在现实生活中，依附心理一经产生便会带来一系列消极后果：其一，依附心理必然导致对上司的屈从。把个人的利害得失完全寄托于上司的承认与恩赐，往往导致对上司的拘谨躬亲、唯命是从，甚至养成习惯于讨好献媚的庸俗作风。其二，依附心理必然导致信念的淡薄和原则的丧失。由于对上司的服从不是建立在公序良俗和正常关系的基础之上，而是基于个人利害得失的一种考虑，在遇到矛盾时往往首先权衡人事关系的轻重，即使知道上司的作为违背了常理和法规，也不敢冒犯。其三，依附心理还滋生市侩作风。一些人出于人身寄托的需要，见风使舵，寻求靠山，谁有权就巴结谁，谁有势就投靠谁，以至形成了依附人格。由此可见，依附心理与民主精神、法治观念是背道而驰的，在其身上散发不出丝毫的民主法治气息。

早在延安时期，毛泽东与黄炎培曾有过一次著名的对话。黄炎培问毛泽东，中国共产党如何跳出“其兴也勃焉，其亡也忽焉”的历史周期律。毛泽东回答：“我们已经找到了跳出这个周期率的新路，那就是民主，只有让人民来监督政府，政府才不敢松懈，只有人民起来负责，才不会有人亡政息。”[1]由此可见，我们党较早地意识到发展党内民主和人民民主，加强党内监督和人民监督的重要性。然而，由于权力过分集中，缺乏必要的分权和制约，以致后来出现了个人的权力不受限制，甚至凌驾于领导集体之上的状况，结果仍然未能摆脱这种局面：党和国家政治生活正常与否主要取决于主要领导人的思想作风而不是制度，倘若主要领导人的思想作风好，党和国家的政治生活尚可正常；倘若主要领

[1] 黄炎培：《延安归来》，载《八十年来》，文史资料出版社1982年版，第148页。

导人的思想作风出了问题，就会滋生个人集权和个人专断，使党内民主和人民民主形同虚设，使民主集中制和集体领导制名存实亡。

由于在一个时期内，我们把法律仅仅作为一种工具来对待，忽视法律所蕴含的自由、平等、公正等多种价值，认为法律只是管理社会、借以维护社会秩序的工具，是实现一定社会目标的手段。从历史上看，法律的作用确实表现为一种工具。“治国使众莫如法，禁淫止暴莫如刑”，法律不过是统治阶级维护统治秩序的工具。这种工具性的法律在维护传统社会政治和经济秩序方面发挥了重要作用。即使在当今社会，也需要发挥法律的激励、惩戒、管理等工具功能。然而法律的工具功能，并不能说明法律仅仅是工具。实际上，每一部良好的法律都具有超越工具性的内在特质。无视这种特质，只注重法律的工具性功能，就会自觉不自觉地形成轻视法律、变通法律的工具主义思想与作为。在实际生活中，法律作为社会交往的普遍准则，不仅维护国家的合法权威不受侵犯，而且维护公民的合法权益不受侵犯。从这种意义上说，法律不是任何人、任何集团的工具和手段，相反，它是人类良知的理性体现，是社会正义发出的绝对命令，是社会文明进步的可靠保障，是每个有道德自觉的人所必须遵循的基本准则。

如果把法律仅仅作为一种工具来对待，在一定的条件下很容易滑向法律虚无主义的泥潭。法律虚无主义自古有之，新中国成立后的一个时期内又有新的表现。随着1957年开始的“反右派”斗争扩大化，1958年出现了“大跃进”，1959年又出现了“反右倾”，直至1966年“文化大革命”的全面爆发，这正是法律虚无主义在我国沉渣泛起所导致的严重后果。在此期间，国家的民主法治遭到严重破坏，宪法和法律权威被严重削弱，靠政策治国、运动治国的思想占了主导地位，法律虚无主义弥漫整个中国大地。作为我国法治建设运行状况“晴雨表”的全国人大，在1958年以后即进入了一个较长时间的“休眠期”，其立法工作逐步萎缩直至最终完全停止，开会的日期和程序也变得越来越不正常，即便召开也往往流于形式。经过反复修改的刑法、民法草案中辍，以致历经30年国家连刑法和民法这些基本的法律也告阙如。尽管此前有法可依、有法必依、执法必严、违法必究的原则已被正式提出，但有法不依的现象普遍存在。而伴随着“文化大革命”的全面爆发，不要法治要人治的法律虚无主义更是盛极一时，直至最终把公、检、法砸烂。“文化大革命”期间全国各地受打击迫害的公安干警有34400多人，其中有1200多人被迫害致死，3600多人被打伤致残，中国社会由此陷入了“无法无天”的混乱局面。

我国的“文化大革命”作为由领导者错误发动，被反党集团利用，给党、国家和各族人民带来严重灾难的内乱，使党的组织和国家政权受到极大削弱，民主和法治被肆意践踏，全国陷入严重的政治危机和社会危机。十年间，国民收入损失5000亿元，人民生活水平下降，科学文化教育事业遭到严重摧残，科学技术水平同世界先进国家的差距逐步拉大，历史文化遗产遭到巨大破坏。党和国家领导人受诬陷的有38人，其他中央党政军领导干部、民主党派负责人、各界知名人士受诬陷的有382人，受到诬陷迫害的干部有300多万人，被迫害致死的达6万多人，因大量冤假错案受到诬陷、迫害和株连的达上亿人。反思十年内乱的一个深刻教训，就是我们对建立健全社会主义民主制度和法律制度的重大意义，长期缺乏充分的认识，没有把党内民主和人民民主制度化、法律化，或者虽然制定了法律，也没有应有的权威。在这种情况下，党的全国代表大会和全国人民代表大会这两个党和国家最高权力机关的权力没有实际保障，《党章》和《宪法》没有最高的权威和效力，以至为了政治斗争的需要，可以一夜之间把它废弃。正因为如此，当最高领导人的决策发生重大失误，党和国家就如同失去制动的机车，只能沿着错误的轨道滑下去。正如邓小平精辟指出的那样：对于过去发生的错误，不是说个人没有责任，而是说组织制度、工作制度方面的问题更重要。“这些方面的制度好可以使坏人无法任意横行，制度不好可以使好人无法充分做好事，甚至会走向反面。”[1]因此，只有加强制度建设，才能有效防止历史悲剧重演，避免重大决策失误，保证党和国家长治久安。

在我国社会主义现代化进程中，是抓住历史机遇，叩响法治社会的大门，还是丧失历史机遇，继续徘徊在法治社会的门外？面对这一重大课题，邓小平以深谋远虑的胆识和对党、对人民高度负责的精神做出了符合时代潮流的抉择。早在我国进入改革开放新时期之初，邓小平就依据我国民主法治建设的经验教训深刻指出：“必须使民主制度化、法律化，使这种制度和法律不因领导人的改变而改变，不因领导人的看法和注意力的改变而改变。”[2]随着时间的推移，这一观点又有新的发展。从1988年9月到1989年9月的一年间，邓小平连续四次强调这样的观点：“一个国家的命运建立在一两个人的声望上面，是很不健康的，是很危险的，不出事没问题，一出事就不可收拾。”[3]毫无疑问，我们党和国家的领袖人物由其阅历和业绩所决定，在人民群众中享有崇高的威望，这种威望是治国安邦的重要资源，是驾驭时代的宝贵财富。只要有他们掌舵，社会主义事业就能有效应对各种风险和考验。然而，把党和国家的命运过多地寄托在领袖人物身上又很容易酿成始料不及的苦果，这种苦果在社会主义发展史上屡见不鲜。当领袖人物在位时，由于权力过大，往往形成“得一人则得天下，失一人则失天下”的状况，以致为西方敌对势力实施西化分化的图谋提供可乘之机；当领袖人物离任时，由于权力真空，又会形成“人存政举，人亡政息”的局面，以致为内乱的发生埋下隐患。这表明，保持国家长治久安的根本大计还是要靠法治。

法治的发展既需要一定的法治文化为基础，又为推进法治文化建设提供了基本前提。改革开放以来，我国的法治建设取得了举世瞩目的成就，在全社会持续开展法治教育、强化法治理念，营造了学法、尊法、

[1]《邓小平文选》(第二卷)，人民出版社1994年版，第333页。
[2]《邓小平文选》(第二卷)，人民出版社1994年版，第146页。
[3]《邓小平文选》(第三卷)，人民出版社1994年版，第311页。

守法、用法的文化氛围以及办事依法、遇事找法、解决问题用法、化解矛盾靠法的法治环境。法治在深刻改变中国社会的同时，也日益改变着中国民众的精神面貌，民主、自由、人权、法治、公平、正义等理念，已经逐渐渗入民众的精神血脉；依法执政、依法行政、制约公权、保障人权等以往闻所未闻的概念，已经成为民众普遍知晓的法治常识；知情权、表达权、参与权、监督权等公民权利，已经成为民众积极追求和有效行使的基本权利。同时应当看到，中国缺少法治文化传统，部分社会成员法治意识淡薄，还缺乏对法律权威的价值认同，根深蒂固的人治文化使法治文化建设依然任重道远。钱穆先生曾经说过："一切问题，由文化问题产生。一切问题，由文化问题解决。"[1]因此，全面推进依法治国，建设中国特色社会主义法治体系和法治国家的一个基本前提，就是深入开展法治文化研究，大力推进中国特色社会主义法治文化建设。

[1] 钱穆:《文化学大义》，台湾中正书局1981年版，第3页。

第四章　中国特色社会主义法治文化的现实状况

改革开放以来，我们党高度重视和持续推进法治建设，建立了中国特色社会主义法律体系，确立了依法治国的基本方略，完善了司法机关和司法制度，构筑了法律监督和法律救济系统，在全国范围内开展了法律常识的普及工作。党的十八大以来，我们党对依法治国又做出了一系列重大战略部署，明确了依法治国在国家治理体系中的战略定位，揭示了中国特色社会主义法治道路的核心要义，确立了全面推进依法治国的奋斗目标。这一切，为我国法治文化建设提供了坚实的理论基础和实践基础，指明了正确的前进方向和目标取向。

一、法治文化建设的显著成就

社会主义法治建设与法治文化建设，是相互依存、紧密联系的实践过程。正因为如此，我们党高度重视法治在治国理政中的重要作用，始终把培育法治文化放在党和国家工作大局中来谋划，我国法治建设稳步推进，法治文化建设取得显著成就，整个社会的法律意识和法治观念明显增强。

法治文化基础更加牢固。法治文化是法治实践观念形态的反映与表达，是在适应经济发展和文化繁荣客观需要推动法治不断完善基础上经过长期积淀形成的。改革开放以来，我们党深刻总结我国社会主义法治建设的成功经验和深刻教训，提出为了保障人民民主，必须加强法治，必须使民主制度化、法律化，把依法治国确定为党领导人民治理国家的基本方略，把依法执政确定为党治国理政的基本方式，全面推进社会主义法治建设，为社会主义法治文化理论创新和实践创新提供了丰厚土壤和有利条件。按照通常的说法，市场经济是法治经济，客观上要求运用法律手段来处理各种问题。我国市场经济发展中存在的秩序不规范、规则不统一、竞争不充分等问题，对法治和法治文化建设提出了更加迫切的要求。因此，社会主义市场经济体制的建立为法治文化建设奠定了稳固的经济基础，提供了难得的发展机遇。与此同时，我国公共文化事业建设的政策支持和资金投入力度持续加大，覆盖城乡的公共文化服务设施网络基本建成，基本公共文化服务标准化、均等化水平显著提高。文化事业的快速发展、文化产业的全面繁荣，为法治文化的培育和传播提供了良好的载体和平台。

法治文化地位显著提升。社会主义法治文化建设对整个国家的经济发展、政治进步、文化繁荣、社会和谐、生态文明等具有基础性和根本性的作用，是全面贯彻依法治国方略的内在要求。改革开放以来，随着社会主义市场经济体制的建立、中国特色社会主义法律体系的形成和全面依法治国的推进，人们对法治的关注必然要从法律制度层面深入法治精神内核，从法治体系构建升华到法治文化培育，法治文化建设的重要性和紧迫性得到前所未有的凸显，全社会的法律意识、法治观念显著增强，对社会主义法治文化的认识和理解达到崭新的高度。权力本位的观念逐步消解，权利义务对等的观念深入人心，法律的尊严被越来越多的人所认同，法律的权威被越来越多的人所尊崇。在此基础上，党的十八届四中全会首次在党的文献中提出建设社会主义法治文化，反映了我们党对社会主义法治文化建设的高度重视和战略考量，其目的就是“要充分调动人民群众投身依法治国实践的积极性和主动性，使全体人民都成为社会主义法治忠实崇尚者、自觉遵守者、坚定捍卫者，使尊法、信法、守法、用法、护法成为全体人民的共同追求”。[1]

法治文化研究逐步深化。全面依法治国的不断推进和人们法治意识的逐步增强，必然延伸到文化层面，法治文化建设成为法治国家建设的重大理论和实践问题。无论是实务部门还是学术团体，关于法治文化的研究迅速展开，一系列研究论文相继发表，研究著作陆续出版，取得了可喜的成果。一是法治文化理论研究不断深入。自20世纪80年代中期起，法学界就开始从文化含义、文化属性和文化特征等方面来研究和阐释法治的价值观念、制度规范和行为方式等基本问题。随着我国法治建设的深入发展，关于法治文化建设的研究也不断深化和拓展，不仅阐述了法治文化的本质特征、结构功能、地位作用等理论问题，而且梳理了法治文化建设中的实际问题并提出相应的对策建议。二是法治文化学科体系建设成效明显。法治文化研究的相关成果，对法治文化的基本概念进行了系统深入探讨，勾勒了法治文化的基本框架和符合我国实际的法

[1] 习近平:《加快建设社会主义法治国家》，载《求是》，2015年第1期。

治文化话语体系，为法治文化学科体系建设奠定了坚实的理论基础，也为繁荣社会主义法治文化提供了有力的学理支撑。

法治文化氛围日益浓厚。法治文化建设是一个全社会普遍关注的热点问题。呼唤法治、崇尚法治，全面推进依法治国，已经成为不可逆转的时代潮流。全民普法教育开展以来，各级党委和政府坚持把法治文化建设作为全民普法的重要内容，把法治宣传教育与法治文化建设同步推进，高度重视人民群众的法治意识、法治精神、法治理念和法治信仰的培育，取得了显著成效，把宪法和法律作为根本行为规则和基本行为规则成为全社会的广泛共识。从实际情况看，全民普法教育既是中国历史上、也是人类历史上规模空前和影响深远的法治启蒙运动，是一场先进的思想观念和文明的生活方式的宣传教育运动。在这场运动中，法治所包含的权利义务观念、自由平等观念、民主法治观念、公平正义观念、诚实守信观念等先进的思想观念逐渐深入人心，法治所追求的理性地行使权利、履行义务、解决矛盾纠纷等文明的生活方式正在蔚然成风。与此同时，各地区、各部门充分发挥自身的资源优势，传承优秀法治文化，创新先进法治文化，实践科学法治文化，普及大众法治文化，自觉把培育社会主义法治文化作为社会责任和历史使命。企业法治文化、乡村法治文化、机关法治文化、校园法治文化、社区法治文化、军营法治文化建设如火如荼地在各领域、各层次展开，成为社会主义法治文化的生动实践。

二、法治文化建设的突出问题

法治文化是检验法治建设成效的重要尺度。文化决定法治，有什么样的文化，就会有什么样的法治。法治建设存在的问题，也突出地反映在法治文化上。目前，我国的法治文化仍然是社会主义初级阶段的法治文化，同党和国家事业发展要求相比，同人民群众期待相比，同推进国家治理体系和治理能力现代化目标相比，法治文化建设还存在一些突出的矛盾和问题。

法治文化认知存在误区。如今我们已经形成了中国特色社会主义法律体系，用40年走完了西方法治国家300年的发展历程。但在全社会确立法治意识、法治信仰，培育法治思维、法治方式却不是短时间就能做到的，要使法治的精神层面与制度层面相匹配，还有很长的路要走。从实际情况看，人们对于社会主义法治、社会主义法治文化的认知仍然存在各种误区：一是对法治实质的把握存在偏差。有的人习惯于以人治的眼光看待法治，以人治的思维构建法治，以人治的方式实施法治，还没有走出重权力轻权利、重治民轻治官、重管理轻服务等思维误区，把法治作为对付民众的工具和手段，注重以法治民、以法治众，而不是依法治权、依法治官。二是对法治文化建设的意义认识不足。一些领导干部对法治文化建设的认识肤浅狭隘，人员配备不齐，经费保障不力，工作进展不大，缺乏法治文化建设的共识和责任，存在重视法律规范的刚性约束，忽视法治文化的柔性约束现象；一些单位法治文化建设的内容形式单一，方法手段陈旧，没有把法治文化建设和经济社会发展结合起来，融入丰富生动的社会实践中去，而是漂浮在社会生活的表层，不同程度地影响了法治文化建设的成效。

法治文化建设存在短板。改革开放40年来，我国立法工作取得了巨大成就，国家各项工作基本上做到了有法可依。但实践中仍然存在法律实施机制某些环节的失灵，已制定的一些法律得不到严格执行，执法过程中存在有法不依、执法不严、违法不究等现象。其原因主要不在于法律本身，而在于法治文化建设存在短板。首先，法治文化建设滞后于法律制度建设。在实际生活中，我国逐步完善的法律制度与相对滞后的法治文化建设之间存在着明显的反差，重义务轻权利、重实体轻程序、重政策轻法律的观念依然流行，这些观念与现代法治精神背道而驰，已经成为制约法律制度整体功能发挥的严重障碍。“当社会生活秩序朝着法治化的方向急剧变换时，作为法律运作主体的公民和官员的文化心理结构中仍程度不同地存在着落后的、陈腐的法律观念、价值标准和思维与行为方式。”[1]其次，法治文化建设滞后于网络技术发展。近些年来，由于文字数码化、书籍图像化、阅读网络化，社会文化面临着重大变革。网络技术的快速发展，给法治文化建设带来了机遇。但网络环境的虚拟性、身份的匿名性、参与的开放性等特征，使一些人的私密感和安全感大大增强，以为网络是“法外之地”，网络行为可随心所欲，不受法律约束，甚至肆意挑战法律红线和道德底线，标志着守法光荣、违法可耻的社会氛围尚未完全形成。[2]

法治思维方式存在缺陷。党的十八届四中全会指出：“法律的权威源自人民的内心拥护和真诚信仰。”树立法律信仰，维护法律权威，是法治国家的重要特征，也是建设社会主义法治文化的重要任务。当代中国的法律体系是通过大规模立法的方式建构的，缺乏文化层面的深厚基础。虽然近些年来我国法治文化建设的力度不断加大，但主要以灌输和说教为主，只注重法律条文的阐释，没有深入受众的心理层面，法治思

[1] 张文显:《法哲学范畴研究》，中国政法大学出版社2001年版，第236页。

[2] 罗先泽、张美萍主编:《社会主义法治文化建设研究》，中国政法大学出版社2016年版，第113页。

维、法治方式尚未内化为民众的行动自觉。比如，有法不依、执法不严、违法不究现象比较严重，执法司法不规范、不公正、不透明、不文明现象比较突出，一些领导干部以言代法、以权压法、知法犯法、徇私枉法现象依然存在。一些国家工作人员依法办事观念不强，认为领导批示比红头文件有效，红头文件又比法律条文有效，在遇到本应通过法律途径解决的问题时，习惯于通过请示领导的方式解决。法治工作队伍素质参差不齐，正规化、专业化、职业化水准有待提高，一些人缺乏对法律知识的系统学习，不能按法治思维去思考问题，不能用法治方式去解决问题。这不仅一定程度地消解了法治的权威，而且反映出法治意识、法治精神、法治理念、法治信仰还没有在全社会扎下根来。

法治运行体系存在漏洞。法治实践发展永无止境，完善中国特色社会主义法治体系依然任重道远。首先，在立法层面上，我国现有法律法规全面反映客观规律和人民意愿不够，解决实际问题的效度不足，针对性、操作性不强；立法工作中部门化、地方化倾向较为突出，有的立法实际上成为一种利益博弈。目前我国仍存在市场秩序不规范、市场规则不统一、市场竞争不充分等问题，与立法上的缺陷不无关系。其次，在执法层面上，执法体制权责脱节，合法性、公正性、合理性、权威性等方面的问题仍然存在，执法不力、裁判不公、随意性执法、选择性执法、地方保护主义、部门保护主义等问题比较严重。再次，在司法层面上，司法职权配置不科学，司法保障体制不健全，司法运行机制不完善，一些司法人员作风不正、办案不廉，严重影响了司法的公正。最后，在守法层面上，部分社会成员学法、尊法、守法、用法的意识不强，遇到问题不是找法律解决、找法院裁判，而是找关系疏通、找领导批示、找媒体炒作，信人不信法、信权不信法、信钱不信法的现象比较普遍，法不责众的观念还有一定市场。法治实践中存在的这些问题，一定程度地反映出法治精神的缺失，表明我们还没有形成与完善的法律体系相适应的成熟的法治文化。

三、法治文化建设的制约因素

按照马克思主义的观点，“人们自己创造自己的历史，但是他们并不是随心所欲地创造，并不是在他们自己选定的条件下创造，而是在直接碰到的、既定的、从过去继承下来的条件下创造”。[1]在我国法治建设的进程中，中国传统法律文化的国家本位和义务本位强化了法律工具主义，大规模的群众性政治运动助长了法律虚无主义，高度集中的管理体制对于催生民主、自由、平等、人权等现代法治意识产生不利影响，自上而下的法治建设使不断完善的法律制度与相对滞后的法治文化之间形成明显的落差，以至法律制度至今尚未完全深入人心。事实表明，法治文化的发展受多种因素的制约和影响，是一个自然历史过程与自觉能动过程的统一，不可能一蹴而就。

制约法治文化建设的历史因素。人们的思想观念总是在历史的渊源上浮动的。中国人治积习的形成和延续，有其深刻的历史原因。中国具有源远流长的传统法律文化，但两千多年的封建礼法思想孕育的是人治理念，实行的是皇权至上的专制统治，属于典型的人治社会。在这种传统的人治思想的束缚和影响下，社会主义法治文化的生长和发展不能不在一定程度上受到阻滞。首先，个人主体性的缺位严重阻碍了法治文化的形成。人的主体地位的提升是法治社会生成的基础。中国传统思想文化连同其所依存的经济基础和政治制度，在我国统治了数千年，其影响是根深蒂固的。中国传统社会以自给自足的自然经济为基础，政治上实行高度集权的专制统治，文化上等级观念、特权思想、人治意识大行其道。以君主制和官僚制相结合的社会政治结构孕育了皇权至上、国家本

[1]《马克思恩格斯选集》(第一卷)，人民出版社1995年版，第585页。

位、官贵民贱、重权轻法等人治积习，不可能形成追求民主、自由、公平、正义的主体意识和行为模式。在有着严格等级制度和繁多乡规民约的乡土社会，没有平等交往的社会结构和个体意识，使得以理性独立的个人为生成基础的法治文化难以产生和发展起来。民主革命胜利后，传统社会的经济基础和政治制度已经被废除，其思想文化由于具有相对独立性而未能随即消失。例如，争权夺利、升官发财、拉帮结伙、任人唯亲、裙带关系、人身依附、特权思想、等级观念以及集权主义、官僚主义、形式主义、官本位、家长制、一言堂等都可以在我国政治生活中找到踪影。其次，传统的熟人社会思维方式和行为方式成为法治文化建设的严重心理障碍。法治社会的一个突出特征就是法律能够在社会生活层面成为人们恪守的规则与秩序。在传统的熟人社会里，人们交往只需凭人情、风俗、习惯、道德、伦理等就能调整人与人之间的关系，法律不仅不被接受甚至还被排斥。受这种文化的影响，社会成员法律知识和法律意识普遍缺乏，人们发生纠纷大多不愿通过法律途径解决，找熟人通融说和是常见的处理方式。这种来自熟人社会的思维方式和行为方式，极大地影响了法律的运行，阻塞了法治精神的内化。再次，法律的道德化倾向制约着法治文化的生成。在中国传统社会基础上形成的传统法律文化，以国家权力为本位，以社会伦理为依据，以无讼为价值取向，以惩罚为功能选择，具有明显的法律道德化或道德法律化色彩，其实质是一种人治文化。法即是刑的观念、权大于法的观念、重调解轻诉讼的观念等已深深融入国民的血液和骨髓里，直接影响着法律权威的确立。

制约法治文化建设的现实因素。一个国家文化传统的形成与演变，是社会经济、政治、文化各方面因素在长期的历史进程中相互作用、相互影响的结果，不同于披在心理表层的思想衣装，想保留就能保留，想扔掉就能扔掉。中国人治积习的形成和延续，既有其深刻的历史原因，也有其直接的现实原因。首先，大规模的群众性政治运动助长了法律虚无主义。从新中国成立到改革开放前，一系列大规模的群众性政治运动很大程度上助长了法律虚无主义观念。这一时期的群众运动不仅废弃了中华传统法律文化的优秀成果，而且对自己制定的法律也不予理睬，不仅宪法和法律遭到践踏，甚至连公、检、法机关也被彻底砸烂。这种无视法律、破坏法治的现象，使法律虚无主义成为一种渐行渐强并经年日久的社会思潮，最终使国家的法治进程被打断，社会主义事业也因此遭受重大挫折。其次，高度集中的计划管理体制对于催生现代法治意识产生不利影响。新中国成立后，国家实行高度集中的计划管理体制，这种管理体制使党政不分、政企不分得到强化，以至由党政机关包揽一切、支配一切，经济主体被束缚于国家计划之下，公民个人被束缚于社会组织之中，失去了应有的自主权，致使人们的主体意识、责任意识、效率意识、规则意识难以萌发，更不可能形成自由、平等、权利、义务等现代法治观念。再次，当代中国法治建设文化条件准备不足的缺陷随着时间的推移已逐步显露出来。改革开放以来，社会主义市场经济体制得以确立，民主政治建设取得长足进步，社会主义法律体系基本形成，但由于经济社会转型以及思想意识变迁需要一个过程，传统法律文化在人们头脑中仍然顽固地存在着，严重制约着我国法治建设进程。例如，我国现阶段的法治建设在制度层面已经取得了显著成就，但由于缺乏与之相匹配的法治文化，致使许多法律处于虚置状态。这不是因为我国现行法律缺乏固有的价值，而是因为民众法治文化素养与法治建设需要不相适应。在缺乏现代法治文化启蒙的中国，相当一部分社会成员仍然囿于传统法律文化的束缚。当社会生活秩序朝着法治的方向急剧变化时，以传统法律文化为支撑的行为模式和价值取向却与现代法治的基本精神背道而驰，成为法治建设的阻滞力量。由此可见，尽管法律制度的确立取决于国家的意志，法律制度的贯彻有赖于国家的保障，但这并不意味着国家可以随心所欲地设定法律。“法律从来没有创造传统和习惯的神奇功能，它只是对已有的某些传统和习惯予以肯定，并推动其发展。”[1]如

[1] 张浩主编:《社会主义民主研究》，中国青年出版社1998年版，第235页。

果人们没有法律赖以遵行的意识和习惯，即使国家制定再多的法律也是枉然。因此，在中国这样深受人治文化传统影响的国度，法治建设首先面临的就是文化问题。

四、法治文化建设的对策思路

确定法治文化建设的对策思路，实际上就是对法治文化建设进行顶层设计。中国特色社会主义法治文化研究按照基础研究、应用研究、对策研究的总体思路渐次展开。在基础研究上，按照社会主义法治文化的战略地位、科学内涵、历史演进、基本特征、内容结构、主要功能渐次展开。在应用研究上，按照社会主义法治文化的观念文化层面建设、制度文化层面建设、行为文化层面建设、环境文化层面建设渐次展开。在对策研究上，按照社会主义法治文化的现实状况、制约因素、对策举措、目标取向渐次展开。

法治文化建设对策。事实昭示我们，思想观念只有付诸实践才能发挥作用，只有成为习惯才能牢固确立。因此，中国特色社会主义法治文化研究的重点，在于应用研究。在观念文化层面，加强法治理论研究和法治文艺创作，通过教育引导、舆论宣传、文化熏陶、实践养成、制度保障，营造普遍崇尚法治的社会氛围，这是法治文化建设的基础。在制度文化层面，完善中国特色社会主义法治体系，维护社会主义法治的统一、尊严和权威，这是法治文化建设的关键。在行为文化层面，推进科学立法、严格执法、公正司法、全民守法，彰显以公平正义为核心的法治价值，这是法治文化建设的重点。在环境文化层面，把法治教育纳入精神文明创建内容，坚持法治文化与机关文化、校园文化、企业文化、乡村文化、社区文化等有机结合，健全守法诚信和违法失信奖惩机制，不断提高领导干部、执法人员、全体公民的法治素养，这是法治文化建设的核心。推进社会主义法治文化建设，要善于挖掘古今中外法治文化资源，弘扬中华传统法律文化以法为本、缘法而治、刑无等级、法不阿贵等思想精华；发挥现代信息技术作用，打造技术先进、传输快捷、覆盖广泛的法治文化载体平台；注重法治实践的教育引导作用，使法治文化内化为素质，见诸行动；着眼公民合法权益的维护，让人们从听得懂的良法和看得见的善治中，获得对法律的内心遵从。由此使公众对于法治的认同感和亲切感逐步增强，法治意识和法治素养逐步提升，学法、尊法、守法、用法的要求逐步内化为思想观念，凝聚成价值取向，从而为法治国家的建立奠定坚实的思想文化基础。

法治文化建设思路。建设与法治发展需要相适应的法治文化，使法治文化成为一种社会呼唤、一种主体需求、一种理性行为，要求我们在发展社会主义市场经济、民主政治、公民社会的基础上，不断完善中国特色社会主义法治运行体系、法治目标体系、法治价值体系，正确处理领导与执政、管理与治理、权利与权力、权利与义务、权力与法律、权力与责任的法治关系，自觉坚持人民主权、法律至上、制约权力、保障权利的法治原则，坚定崇尚民主、自由、平等、人权、公正、文明、秩序、效率、和谐、发展的法治价值，在观念层面、制度层面、行为层面、环境层面采取有效举措，通过长期不懈的奋斗，使中国特色社会主义法治文化不断丰富和发展，使全体人民切实增强法治意识，弘扬法治精神，确立法治理念，坚定法治信仰，真正成为社会主义法治的忠实崇尚者、自觉遵守者、坚定捍卫者。治国者必先治于法。意大利经济学家帕累托指出，在任何特定群体中，重要的因子通常只占少数，不重要的因子则占多数，因而只要能控制重要的少数因子就能控制全局。这就要求我们工作中不能胡子眉毛一把抓，而是要抓关键人员、关键岗位、关键环节，通过抓少数带动多数，实现牵一发而动全身。从我国的政治生活实际看，目前有法不依、执法不严、违法不究现象尚未杜绝，随意性执法、选择性执法现象仍然存在，执法司法不规范、不公正、不透明、不文明现象比较突出，以言代法、以权压法、知法犯法、徇私枉法现象时有发生。这些问题大多表现在领导干部身上，因而增强领导干部的法律意识和法治观念，是法治文化建设的重中之重。总之，中国特色社会主义法治文化建设应坚持一切从实际出发，运用系统思维和辩证思维，力求把现状透视、经验借鉴和实践探求有机结合起来，注重站在学术前沿对社会现实提出的问题进行透彻的剖析，在认清问题的实质及缘由的基础上，寻求解决问题的有效对策和举措。

第五章　中国特色社会主义法治文化的基本特征

中国特色社会主义法治文化的基本特征是其内在本质的外在表现，概括地说来，就是思想内容的先进性、存在方式的民族性、借鉴传承的开放性、发展过程的渐进性。科学理解把握这些特征，对于推进中国特色社会主义法治文化建设至关重要。

一、思想内容的先进性

中国特色社会主义法治文化作为法治内容与文化形式完美结合的产物，以中国共产党为领导力量，以中国特色社会主义制度为支撑基础，以中国特色社会主义法治理论为指导思想，以建设中国特色社会主义法治体系和法治国家为奋斗目标，以依法治国为核心内容，以公平正义为价值追求，以法治文化作品和法治文化活动为载体平台，是一种具有深厚的历史积淀、广博的发展渊源、丰富的社会内涵、高尚的精神品位的先进文化形态。作为社会主义法治建设的政治灵魂和文化根基，中国特色社会主义法治文化思想内容的先进性，集中体现在法治指导理论、法治价值取向、法治思维方式、法治行为方式等方面。

中国特色社会主义法治理论作为马克思主义法治理论中国化的最新成果，是中国共产党依据马克思主义法治理论和当代中国法治实践，在传承中华法律文化精华、汲取人类法治文明精髓的基础上，逐步形成的具有中国特色、中国风格、中国气派的社会主义法治理论。中国特色社会主义法治理论凝聚着法治的中国经验，饱含着法治的中国元素，彰显了法治的中国精神，描绘了法治的中国道路，是全面推进依法治国、建设中国特色社会主义法治体系和法治国家的理论基础与行动指南。正因为如此，中国特色社会主义法治理论为中国特色社会主义法治文化注入了先进的思想内涵，是中国特色社会主义法治文化思想内容先进性的内在根据和集中体现。党的十八大以来，以习近平同志为核心的党中央围绕全面依法治国提出了一系列新理念、新思想、新战略，丰富和发展了中国特色社会主义法治理论。其中包括坚持加强党对依法治国的领导；坚持人民主体地位；坚持中国特色社会主义法治道路；坚持建设中国特色社会主义法治体系；坚持依法治国、依法执政、依法行政共同推进，法治国家、法治政府、法治社会一体建设；坚持依宪治国、依宪执政；坚持全面推进科学立法、严格执法、公正司法、全民守法；坚持正确处理政治和法治、改革和法治、依法治国和以德治国、依法治国和依规治党的辩证关系；坚持建设德才兼备的高素质法治工作队伍；坚持抓住领导干部这个关键少数。这些新理念、新思想、新战略，围绕全面推进依法治国的总目标、总方针、总布局、总任务，深刻回答和阐释了我国法治建设的一系列重大理论和实践问题，不仅为中国特色社会主义法治体系和法治国家建设提供了科学的理论指导，而且为中国特色社会主义法治文化建设提供了有力的学理支撑。

中国特色社会主义法治价值取向作为全面推进依法治国的精神内核，以法治为核心和根本，与中国特色社会主义法治发展要求相契合，与中华优秀传统法律文化和人类法治文明优秀成果相承接，既有深厚的传统底蕴，又有鲜明的时代特征，其要旨在于使体现中华优秀传统法律文化和人类法治文明优秀成果的民主、自由、平等、人权、公正、秩序、文明、和谐、效率、发展等价值取向深入人们的心底，积淀为人们的品格素质。就法治与民主的关系而言，民主的基本内涵是人民当家做主，通过法定程序行使管理国家和社会事务的权力，而法治的基本精神正是依照体现人民的意志、反映社会发展规律的法律来治理国家。因此，民主与法治可谓一物两体，从政治上观之为民主，从法律上观之则为法治。就法治与秩序的关系而言，人类社会的演进呈现出多种多样的状态，其最基本的是动荡、混乱、失序和稳定、和谐、有序这两类状态，而稳定、和谐、有序一直是人们向往和追求的理想状态。在法治社会条件下，由于以法律为最高权威来治理国家，各种权力都在法律的轨道上运行，而法律自身具有较强的稳定性和连续性，不因人而异，不随人而变，因而法治社会一般都具有稳定的秩序。就法治与发展的关系而言，发展作为人类社会的永恒主题，从结构来看，是经济、政治、文化、社会和生态全面发展，物质文明、政治文明、精神文明、社会文明和生态文明协调发展，人、社会和自然环境永续发展的统一；从动力来看，是理论创新、制度创新、科技创新和文化创新的统一；从效果来看，是经济效益、社会效益和生态效益的统一。而法治的目的正在于排除人为的、偶然的因素干扰，使人们对国家发展有一个稳定的预期，并根据这种预期合理选择自己的行为，从而实现人尽其力，物得其用，财宏其效，事竟其成。由此可见，中国特色社会主义法治价值取向反映了社会主义法治国家的本质属性和实践要求，构成了中国特色社会主义法治的文化底蕴，对人们的思想观念和行为方式具有稳定而恒久的作用和影响。

法治思维是基于法治固有原则、理念和对法治的信念来认识事物、判断是非、解决问题的思维方式。第一，法治思维是合法思维。这是法治思维的本质特征。法治思维的首要标准在于处理事情、解决问题、做出决定要依据合法性标准，考虑是否符合法律的规定，从而做到于法有据，依法而行。第二，法治思维是规则思维。法律由规则构成，法治是规则之治。因此，法治思维要求围绕法律规则进行思维活动。规则思维以明确的规则作为思维活动的尺度和思维运转的中轴，以公开、明确、普遍、稳定的规则作为判断是非曲直、筹划言行举止的依据。第三，法治思维是程序思维。法律有特定的要求，有严格的机制设置，通常体现在法律既定的程序上。法律不仅要求实体公正，而且要求程序公正，实体公正往往是由程序公正保障的。因此，法治思维要求权力行使依据法定程序进行。第四，法治思维是以权利与义务、权力与责任为分析框架的思维。法律规则以权利与义务、权力与责任为主要内容，对不同的行为施以允许、命令或者禁止。依照法律做出判断就是将行为纳入这一思维框架进行分析，在处理问题时，充分考虑当事人各自拥有什么样的权利或权力，各自担负什么样的义务或责任。法治思维是对人治思维的一种否定。人治思维崇尚贤人政治，过分信赖个人的智慧、能力、美德，凭借个人的愿望和权威治国理政。在人治思维中，权力决定一切，当个人的意愿和利益与法律产生冲突时，不是法大于权，而是权大于法。法治思维则是一种理性思维、科学思维、民主思维，其实质是把对法治的尊崇、对法律的敬畏转化成思维方式和行为方式，做到在法治之下，而不是法治之外，更不是法治之上想问题、办事情、作决策，不断提高以法治思维和法治方式深化改革、推动发展、化解矛盾、维护稳定的能力；其关键是重程序、守规则，依法尊重和保障公民权益。

法治方式是运用法治思维、按照法律规定和法律程序处理事务和解决问题的行为方式。将法律作为处理事务的准绳，尊重法律、崇尚法治，善于运用法律手段解决问题、推进工作，是法治方式的实质。法治方式通常遵循以下步骤：一是看法定权限，授权则为，无权不为；二是看法定程序，按照法定程序逐步实施；三是看法律风险，考虑行为如何才能合理地规避法律风险；四是看法律后果，考察行为会产生何种法律后果、承担何种法律责任。[1]其要旨是处理事务和解决问题力求主体合法、目的合法、权限合法、方式合法、程序合法、内容合法、结果合法。法治思维和法治方式各有侧重又紧密相连。法治思维强调思维方式要符合法治的理念和原则，着眼于思想；法治方式强调行为方式要符合法律规定和法律程序，着眼于行动。法治思维决定和支配法治方式，具备了法治思维，就会自觉运用法治方式认识和解决问题。法治方式是法治思维的具体体现，法治思维只有转化为法治方式、外化为法治行为，才能真正发挥作用。法治思维和法治方式既相互联系又相互促进，共同推进法治实践的发展。坚持法治思维和法治方式，重点在于抓住领导机关和领导干部这个关键少数，要求各级领导机关和领导干部提高运用法治思维和法治方式的能力，善于运用法治思维和法治方式统筹经济社会发展、调节各种利益关系，最大限度激发社会创造活力、消除社会发展

[1] 王宗礼:《四个全面战略布局之全面推进依法治国》，人民出版社2017年版，第234—236页。

阻力；善于运用法治思维和法治方式化解社会矛盾、维护公平正义，最大限度增加和谐因素、减少冲突因素；善于运用法治思维和法治方式立身做人、干事创业，切实按照法定权限和程序行使权力；善于运用法治思维和法治方式维护社会秩序、确保社会稳定，推动形成办事依法、遇事找法、解决问题用法、化解矛盾靠法的良好法治环境。

二、弘扬传承的民族性

任何一个民族的思想文化都是在历史的渊源上浮动的，法治文化也不例外。法治文化建设是一项长期的艰巨的历史任务，既离不开经济社会的发展，也离不开历史遗产的传承。如果说经济社会的发展是法治文化建设之源，那么历史遗产的传承则是法治文化建设之流。我们要使法治文化建设卓有成效，并深刻认识法治文化弘扬传承的民族性，就必须把它放到中国传统法律文化之流中去考察、去探究。

作为中国传统法律文化形态的中国传统法律思想，是指产生于中国历史上的关于法律理论、学说、观点的总和。其中包括各个历史时期所产生的重要学派、思想家、政治家对法律的论述。由于中国历史悠久，法律文化源远流长，史料浩繁，有关法律思想的人物众多，理论观点百花齐放，因而中国传统法律思想的底蕴十分丰厚。中国传统法律思想的发展经历了四个时期：夏商西周神权法和宗法思想占主导地位时期；春秋战国百家争鸣、诸子并立时期；秦汉至明清封建正统法律思想支配时期；近代以来中西法律逐渐融合、封建正统法律思想瓦解时期。发展中国特色社会主义法治文化，要求我们系统考察中国传统法律思想对法律制度的影响，深入挖掘其中蕴涵的具有现代意义的法律文化成果，以便取其精华，为我所用。

中国古代的夏、商、西周时期，属于奴隶社会。启建立夏朝时，奴隶主贵族为了维护自己的统治，在意识形态领域利用君主“受命于天”的神权思想和以亲亲、尊尊为指导的宗法等级原则作为统治工具，声称礼仪、刑杀、征伐等法律活动都是上天意志的体现。随着阶级斗争的激化和凌驾于社会之上的国家的出现，夏、商两朝的统治者以神权思想和宗法等级原则为主宰，把体现奴隶主阶级意志的社会规范美化为神的意志，把对战俘、奴隶和违反社会规范的人的惩罚美化为“天罚神判”，从而形成了所谓的神判法或神权法。到了西周时期，周朝的统治者吸取了商朝末年统治者暴虐无道、招致覆亡的教训，提出了“以德配天”的统治思想，体现在法律上就是采取“明德慎罚”的方针和“德刑并用”的政策，反对专任刑罚、滥杀无辜，从而形成了中国法律思想史上由野蛮走向文明的法律思想。

中国春秋战国时期，即中国奴隶社会向封建社会过渡时期，随着生产力的迅速发展，奴隶起义和国人暴动不断兴起，出现了礼崩乐坏，权力下移，诸侯并立，学术思想“百家争鸣”的局面。在法律思想方面，主要以儒、墨、道、法四家为代表的各家各派各抒己见，纷纷就法律的起源、本质、作用以及法律与时代需求、经济社会、国家政权、伦理道德、风俗习惯、自然环境的关系等基本问题发表见解，其中很多都超越了前人，丰富了古代中国乃至世界法学的宝库。其中，儒家以孔丘、孟轲、荀况为代表，坚持亲亲、尊尊的立法和司法原则，维护“礼治”，鼓吹“德治”，提倡“人治”，继承西周以来的“明德慎罚”思想，主张实行德主刑辅、宽猛相济的政策。这些思想对于秦汉以后的封建社会产生了重要的影响。特别是荀况既“隆礼”又“重法”的主张，使儒家法律思想更适合于封建统治者的需要，对于汉初以后封建正统法律思想的形成和发展起到了决定性的作用。墨家以墨翟为代表，以“兼相爱，交相利”为标榜，要求人与人之间相互尊重财产的所有权，实行等价交换，互惠互利。这些思想反映了当时劳动人民的平等思想及对周礼的批判精神。他们提出的关于要求公正审判、罪刑相称及以利民为指针的经济立法思想等，都不失为古代法律思想中的精粹。道家以老聃、庄周为代表，他们崇尚“天道”，主张效法自然，反对违背自然的一切人为的法律规范。老聃强调统治者必须摒弃各种人为法，采取“与民休息”的无为而治的方针，造就一种“小国寡民”的理想社会，进而摒弃包括法律在内的一切国家机器及其规章制度。道家的后起者庄周，从消极方面发展了老聃的思想，主张绝对无为，否定包括法律在内的一切文化和道德，追求不受任何约束的绝对自由。道家的法律思想中除了法律虚无主义的糟粕之外，也自有其积极的一面。道家关于反对过重的剥削和压迫，要求不过分干预人民生活的主张，曾在战国中后期同法家的某些观点相结合，形成“黄老学派”的法律思想，在汉初和唐初的政治生活中产生了重要的影响。法家先后以李悝、吴起、商鞅、慎到、申不害和韩非为代表。他们和儒家主张“礼治”的观点截然相反，主张以法治国的“法治”，认为国家的治乱兴衰，关键不在君主，而在法律制度的有无与好坏。其理由是：人治是一人之治，治国方略来自个人的内心，“赏罚从君心出”，是“以心裁轻重”，结果必然出现“同功殊赏”和“同罪殊罚”的不良后果；同时，人治也是“圣人之治”，而圣人千年才出现一个，把希望寄托在圣人身上，国家就会长期处于混乱之中。法律是公平、正义的客观标准，是估量人们言行的是非、曲直、功过并据以施行赏罚的尺度和人人都必须遵守的行为规范。法治是“圣法之治”，是众人之治，治国方略来自事物本身的道理，有利于江山社稷的稳固。他们从人性论出发，认为人皆具有好利恶害之心，主张用严刑峻法加强对人民的统治。为了维护和巩固封建统治，他们强调“以刑去刑”，使法律成为封建统治者手中的镇压工具。这些思想中虽有许多精辟的内容，如以法为本、缘法而治、刑无等级、法不阿贵等思想观点，但它的许多糟粕对后世产生了消极的影响。上述四家的学说，在学术思想方面共同铸就了影响深远的百家争鸣时代。

秦王朝建立至1840年鸦片战争爆发的整个封建时期，可分为前后两个阶段：从秦统一中国，经两汉、三国、魏、晋、南北朝至隋、唐、五代，历时约1200年，被称为封建前期阶段。从两宋经元、明两代至清晚期的公元1840年，历时约880年，被称为封建后期阶段。就前一阶段而言，最初建立的是秦王朝。它全面继承了法家思想的传统，把原来的重刑主义推向极端，采取了繁刑重罚的各种措施，不但窒息了诸子百家的思想，而且也妨碍了法家本身思想的发展。继起的西汉王朝，以秦代的速亡为鉴，改弦易辙，以经过改造的先秦“黄老”学派的思想为指导，制定和推行了一整套扫除烦苛，“与民休息”的政策。在法律思想上，汲取黄老、儒家及其他各家思想的精粹，形成了以“文武并用”“德刑相济”“进退循法”和“约法省禁”为主要特点的方针政策，为促成“文景之治”发挥了重要作用。西汉中期以后，随着封建大一统局面的形成和意识形态领域要求统一趋势的出现，在以董仲舒为代表的儒士们的推动下，最高统治集团中逐渐形成了“罢黜百家，独尊儒术”的基本方针，使儒学成为官学，儒家著作被奉为经典，儒家推崇的伦理教条成为规范人们言行的最高准则。体现在法律方面，则是以董仲舒推出的“天人感应”神学目的论为指导，初步形成了以则天顺时、礼律结合、德主刑辅等为主要内容的封建正统法律思想。这个思想体系一经定型，便开始对中国的封建立法和司法发生支配作用。此后经过肇始于西汉中期的引经决狱，风行于东汉以至魏、晋时期的据经解律，直到唐初全面援礼入律这几个阶段，最终完成了中国法律思想儒学化的过程，为作为世界五大法系之一的“中华法系”的形成，奠定了厚实的思想基础。就后一阶段而言，它是中国封建社会由成熟到逐渐式微的时期。在法学领域，封建正统法律思想的内容和体系虽基本完善，但随着整个封建统治走向没落，也逐步暴露了它的腐朽性和反动性。北宋王朝统治时期，阶级矛盾和民族矛盾日趋尖锐，为适应这种需要，思想领域出现了以阐释儒经义理、兼谈性命为主要内容的理学。南宋的朱熹鼓吹“天理”与“人欲”的对立，用他的思辨哲学，把封建正统法律思想加以装点，提出“存天理、灭人欲”以“收拾身心”为宗旨的改革主张。在立法和司法上，他要求“以严为本而以宽济之”。力主恢复肉刑，以残毁罪犯肢体为手段来达到“绝其为乱之本”的目的。明代的王守仁和朱熹“同植纲常，同扶名教”，在政治思想上原无本质的区别，但他把“存天理、灭人欲”改造成“致良知”，要求对所谓“犯罪者”的起义农民实行剿抚兼施，既要求“破山中贼”，更要求“破心中贼”，因而使法律思想的表现形式增添了一层欺骗性。这个时期由于不断发生内忧外患，各种矛盾相互交织，促使一批锐意改革的政治家多次发动和领导了社会政治改革运动。最著名的如范仲淹领导的“庆历新政”、王安石领导的“熙宁变法”、张居正领导的晚明时期的改革等。这些改革在许多方面都冲击了当时的正统法律思想。特别是明、清之际出现的如黄宗羲、顾炎武、王夫之等一批具有进步倾向的思想家，他们主张以民为本，崇尚实际，反对空谈，力求经世致用。在法律思想上主张变“一家之法”为“天下之法”，反对“法祖”，强调“有治法而无治人”，并在保证法律的执行方面提出了一套激进主张，构成了对封建正统法律思想的严峻挑战。

从清代后期1840年鸦片战争爆发，到1949年中华人民共和国成立的100多年间，在帝国主义的侵略下，中国由封建社会逐渐沦为半殖民地半封建社会，中国革命也逐渐由旧民主主义革命发展为新民主主义革命。这种根本性变化也带来了包括法律思想在内的整个意识形态领域的变化。在以“五四运动”为分界的旧新民主主义革命的整个时期里，先后出现了许多政治法律思想流派，其中最著名的有：鸦片战争前后出现的以龚自珍、魏源、林则徐为代表的地主阶级改革派。他们主张抵抗侵略，变法图强，“师夷之长技以制夷”，并尖锐批判封建的严刑酷法，要求改革司法制度。此后，以洪秀全、洪仁玕为代表的农民阶级革命派，用武装起义的行动猛烈冲击封建法律秩序与礼教，要求军政鼎新，度势行法，建立革命的法律秩序。到了19世纪后期，封建官僚集团中以奕訢、曾国藩、李鸿章、左宗棠、张之洞等“洋务派”为代表的一批封疆大吏，标榜所谓“中学为体，西学为用”，主张学习西方的“坚船利炮”，依靠外国援助大办军事工业，并要求“博采东西各国律法”，在不超越封建国家政权架构的前提下改善法度。接着，以康有为、谭嗣同、梁启超、严复等为代表的资产阶级改良派发动了名为“戊戌变法”

的维新运动。这一派主张由统治者自上而下改造封建专制制度，实行君主立宪。他们认为封建法律是以纲常名教为内容的法律，是为封建君主谋一己之利的工具，必须用资产阶级的自由、平等、人权的法律取而代之。20世纪初，以孙中山为领袖，黄兴、章太炎等为代表的资产阶级革命派，成立了中国同盟会。他们将西方的民主、法治观念同中国固有的天下为公的大同、重民等思想结合起来，提出了以三民主义、五权宪法为基本内容的资产阶级共和国方案，把包括法律观念、法律设施在内的政治生活中的一切，全部置于理性的法庭加以审判，尖锐批判封建的等级特权法律，揭露和要求废除野蛮残酷的封建刑罚，制定“在法律面前人人平等”的法律。随着戊戌变法的失败和八国联军的入侵，一方面是以孙中山为首的革命派走上了武装起义的道路，另一方面是清王朝的上层在内外交困的情势下，被迫开展了“修订法律”的活动。在修律过程中，由于指导思想的分歧，出现了礼教派和法理派之间尖锐的思想斗争：前者以张之洞、劳乃宣为代表，以维护宗法家族制度，进而维护整个封建制度为目的，坚持旧律中的“义关伦常”诸内容之不可变更。后者以沈家本等人为代表，以实行资本主义制度为目的，力主改革旧的法律。这两派激烈的斗争，对中国法律思想的转轨起到了促进作用。

中国传统法律文化的发展，成就了中华法系。法系通常是具有共同法律传统的若干国家和地区的法律，是一种超越若干国家和地区的法律现象的总称，是在对各国法律制度的现状和历史渊源进行比较研究的过程中形成的概念。当今对西方乃至世界法律制度影响较大的是大陆法系和英美法系。大陆法系又称民法法系、罗马法系、法典法系，是以罗马法为基础发展起来的法律的总称。大陆法系最先产生于欧洲大陆，以罗马法为渊源，以民法为典型，以法典化的成文法为主要形式。法国和德国是大陆法系的两个典型代表。英美法系又称普通法法系、英国法系，是以英国的普通法为基础、以判例法为主要形式发展起来的法律的总称。英美法系的形成主要是指英国法律制度的形成。美国法律制度虽然源于英国，但在英国法律制度的基础上又有新的发展，与英国法律制度有很大的不同，因而英美法系可分为英国和美国两个支系。中华法系作为世界五大法系之一，是中华民族数千年法律实践的结晶，是中国的封建法律的总称。它以法家思想为指导思想，在总体精神和宏观样式上呈现出多元的特征，主要表现在支配法律实践活动价值基础的二元格局、法律规范内部的多层结构和法律规范与道德规范互依互补的实施路径。这些特征是中国传统社会农耕生产、宗法家族、集权政体三位一体的社会存在所决定的。中国最初的法产生于夏朝，经商朝到西周时期逐渐完备。春秋战国时期通过法律制度的变革，成文法在各国颁布，到秦朝时中华法系已经有了雏形。秦朝的法律制度初步确立了中国传统社会各项法律制度的原则。此后，经过西汉和东汉，以及三国、两晋、南北朝长达八百多年的发展，到隋唐时，法律思想和法律制度都已相当成熟，可谓自成体系。其代表性的法典就是保存至今的《唐律疏议》，这是中华法系完备的标志。唐朝以后，宋、元、明、清各朝都以此为蓝本创制自己的法律制度。到清朝末年，在修律的过程中中华法系宣告解体，同时建立了中国近代法律制度的雏形。中华法系的主要特点有：法律以君主意志为主；礼教是法律的最高原则；刑法发达，民法薄弱；行政与司法合一。

中国传统法律文化中有许多超越时空，具有普遍价值的思想理论。例如，主张“国无常强，无常弱。奉法者强，则国强，奉法者弱，则国弱”；注重法律的良善品质，强调“立善法于天下，则天下治；立善法于一国，则一国治”，“为国也，观俗立法则治，察国事本则宜”，要以人为本，以民为本，社会和合；善于通过法律的人文精神对社会成员的思想观念进行引领与整合，倡导礼法互补、德法并用，规范和维系社会秩序；注重法律的教育功能，主张以法为教，强调法律的任务不仅是“禁暴惩奸”，而且要“弘风阐化”；注重执法者的道德品质以及对国家的责任感和使命感，要求执法者天下为公，光明正大，清正廉洁，执法如山，“法不阿贵，绳不挠曲”；注重法律的综合作用，主张对法律条文和典籍从天理、国法、人情的有机结合上予以注疏，以更好地定分止争、惩恶扬善；注重立法与执法并重，“天下之事，不难于立法，而难于法之必行”；强调通过变法革新解决社会深层次矛盾，保持社会稳定，推动社会发展。自汉武帝“罢黜百家，独尊儒术”后，儒家思想便成为统治者治理国家的指导思想。与此同时“德主刑辅”“礼法合治”的立法、司法原则也随之确立。在中国传统文化中道德对人具有很强的规范作用，在人们对道德广泛共识的前提下，道德成为维持社会稳定的主要手段。相形之下，法律则成为道德的辅助手段，因而道德可以调控的领域远比法律更为宽泛。历史上曾经出现过成康之治、文景之治、贞观之治、康乾之治等盛世局面，一个重要原因就是法律制度和道德规范的不断发展和完善。而我国法治建设所倡导的一些法治思想，如以人为本、法律面前人人平等、依法治国与以德治国相结合等思想，都可以在中华传统法律文化中找到理论渊源。

文化是国家的根基、民族的命脉、人民的精神家园。中国法治建设是在本国特定经济社会条件下进行的，有着特殊的国情，要立足本国传统法律文化遗产与本土资源，在自身法治生活中发现法治进步因素，继承传统法律文化中与法治文化兼容的内容。中国传统法律文化中的确具有较多人治色彩，缺少法治因素，但先贤们也为后世留下了宝贵的精神财富，包括治理经验和具体制度，其中不乏值得我们继承和弘扬的精华。“对一个民族和国家来说，历史和传统是不能抹掉的印记，更是不能被中断或被抛弃的标志。如果不带有偏见，我们可以发现中国传统法律文化中凝聚着人类共同的精神追求，凝聚着有利于人类发展的巨大智慧，因此在现实中我们不难寻找到传统法律文化与现代法律文明的契合点，也不难发现传统法律文化对我们的积极影响。”[1]例如，对传统文化中“以人为本”、“民贵君轻”等民本思想进行转化，在社会主义法

[1] 曾宪义:《法律文化研究》，中国人民大学出版社2008年版，第2页。

治文化中予以定位，使之成为中国法治终极关怀的依据，这种对传统价值观念的重塑和激活便于提升民众对法治文化的接受度。再如，熟人社会、情理社会要求做人做事不仅从理性逻辑的角度考虑，还要从人际关系和具体情境的角度考虑，基于这种理念发展而来的现代法治文化中的调解文化，不仅担负着适用法律解决纠纷的功能，而且还担负着缓解社会矛盾、和谐人际关系、促进社会发展的重任。因此，依法治国，建设社会主义法治国家，要求我们系统考察和深入挖掘中国传统法律思想中的有益成分，以便从中获取精神补益和思想滋养，使其在新的历史条件下不断得到发扬光大。

三、学习借鉴的开放性

中华传统法律文化源远流长、博大精深，历经几千年沉淀，已经在国人的潜意识中深深扎根。自鸦片战争开始，我国的法律制度迈上了“西学东渐”的进程，其中有很多从外部移植的元素。从晚清的修宪到新中国仿效苏联的法律制度，再到改革开放向西方学习借鉴法治经验，中国近代以来的法治进程深深地打着外国的烙印。[1]外国法治文化在中国土壤的生存与发展，必然引起异域文化与本土文化的冲突、碰撞、融合与再造，要求我们既要对外国法治文化有深刻的反思与体察，又要对本土法律文化有深刻的批判与创新，既要坚持一切从国情实际出发，又要对异域法治文化持一种开放的态度，以便进行合乎理性的过滤和筛选。

法治思想作为法治文化形态发源于西方，西方法治思想来源于古希腊，而古希腊法治思想又发端于亚里士多德。亚里士多德的法治思想是西方法治思想的逻辑起点和理论支点。亚里士多德在其名著《政治学》一书中对于“由最好的一人或由最好的法律统治哪一方面较为有利”这种设问，其回答是：“法治应当优于一人之治。”亚里士多德据此对法治做出这样的定义：“法治应该包含两重意义：已成立的法律获得普遍的服从，而大家所服从的法律又应该本身是制订得良好的法律。”[2]古罗马的政治家和法学家西塞罗在其名著《法律篇》中系统地阐述了自然法理论。他不仅界定了自然法，而且把它同理性、正义联系起来，并指出理性与正义均源于自然。他认为，自然法永世长存，万古不变，是绝对

[1] 李德顺主编：《中国特色社会主义法治文化研究》，中国政法大学出版社2016年版，第399页。

[2]〔古希腊〕亚里士多德：《政治学》，吴寿彭译，商务印书馆1965年版，第199页。

正确的；而人定法则有两种情况：凡是符合自然法原则的就是正当的法律，否则就不是法律。在他看来，自然法早在人定法产生以前就已存在，它对整个人类，不分国家、不分时期，都普遍有效，任何人都不得违反、改变或取消这种法律。

法治思想的精神内核在于法的神圣性，法治化过程实际上是一个法的神圣化过程。在亚里士多德之后，法治被人们普遍推崇。罗马法的兴盛和自然法理论的形成，极大地强化了人们对法律的神圣感，人们不再满足于亚里士多德关于法治作为良法被普遍服从的信念，而是更加着眼于思考法律被人们普遍服从的内在依据。人们发现，法律之所以被公众普遍服从，并不是依靠法律的严酷与冷峻，也不是依靠外力的强制与胁迫，而是出自公众对法律的虔诚信仰，出自公众对法律神圣性的认同。而西方中世纪的宗教观念恰恰充当了使人们认同法的神圣性的润滑剂。法的神圣性集中表现为法的至上性。在中世纪，法的至上性观念包括两个方面：其一，如果教皇违犯法律，那就应该废除他；其二，不是国王创制法律，而是法律造就国王。这里实际上涉及一个权力与法律的关系问题，法治要求树立法律的权威和信仰，必然要求权力处于法律的调控之下。有一个例子很能说明问题：英王查理三世要亲自审判案件，大法官科克告诉他，法律没有赋予君主这个权力，君主的权力在法律之下。由此，法治观念在神学的狭缝中得以延续。

到了近代，随着资本主义商品经济的发展，出现了一大批资产阶级思想家，如洛克、卢梭、孟德斯鸠、潘恩和杰斐逊等，他们在批判封建王权专横统治的同时，成就了法治主义，传播了法治思想，促进了资产阶级革命的兴起和资本主义法治的建立。近代西方法治理论的主要内容有三点。一是对法律属性的认识。法治社会中的人为法应当符合自然法，体现自然法中的自由、平等、公正原则。卢梭和孟德斯鸠把法律看作是由事物的性质产生出来的必然联系，把法治看作自由和平等的屏障，认为没有法治就没有自由和平等，就必然导致凭一己的意志为所欲为的专制统治。二是对法律地位的认识。法律是人们行为的准则和尺度，法律至上。洛克指出："法律一经制定，任何人也不能凭自己的权威逃避法律的制裁；也不能以地位优越为借口，放任自己或任何属下胡作非为而要求免受法律的制裁。"[1]三是对法律作用的认识。法律制约国家权力，保障公民权利。近代西方法治思想，大都走过这样一条路径，即以追求法治的实质价值原则为起点，以确立法治的形式程序原则为终点。所谓法治实质价值原则，是指法治所应包含的实体内容和所要达到的价值目标；所谓法治形式程序原则，是指实现法治价值目标应当确立的形式和程序。

西方近代法治的实质价值原则包括民主原则——杰斐逊认为，国家的权力源于宪法，而宪法来自人民的同意和契约。资产阶级在同封建专制主义斗争中，深刻认识到法治必须同民主相结合。启蒙思想家对于民主与法治理论的传播，不仅使民主观念深入人心，而且在政治实践中得到了体现，最终建立了议会制度、选举制度、政党制度等政治制度。人权原则——近代自然法理论中的天赋人权论、社会契约论构成了人权原则的理论基石。根据自然法观念，人生而具有生命权、自由权、财产权，所有这些权利都是不可剥夺、不可转让的。这种天赋人权观念使人们确信保护人权是法治的首要目标，从而确立了近代法治思想的人权原则。18世纪英国的威廉·皮特首相在一次演讲中，曾诠释人身自由及私有财产的神圣不可侵犯性：即使是最贫穷的人，在他的寒舍也敢于对抗国王的权威。风可以吹进这间房子，雨可以打进这间房子，房子甚至在风雨中飘摇战栗，但国王不能随意跨进这间房子。这就是经典的"风能进，雨能进，国王不能进"的政治寓言，体现了法治对于私有财产的尊重和保护。自由原则——启蒙思想家几乎都是自由主义的拥护者，但没有一个人把自由解释成"为所欲为"，他们总是把自由与法律相联系，从霍布斯到洛克，从卢梭到孟德斯鸠都严格遵循着这一思维模

[1]〔英〕洛克:《政府论》，刘晓根译，商务印书馆1965年版，第59页。

式。平等原则——启蒙思想家所倡导的平等，是以承认社会成员之间的自然差别为前提的平等，是机会上的平等、法律上的平等，而不是事实上的平等。这是近代法治思想价值原则的一个重要特征，也是近代法治思想实质价值原则转入形式程序原则的内在依据。

西方近代法治的形式程序原则包括法律至上性原则——法律至上性是指法律在最高和终极的意义上具有规制和裁决人们行为的力量。法律至上并不是要排斥其他社会调整手段的功能和作用，而是说与其他社会调整手段相比，法律是衡量一切行为是非功过的首要和最终的标准。法律至上意味着人们必须而且只能服从法律。潘恩指出："在专制国家中国王就是法律，同样地，在自由国家中法律也应该成为国王，而且不应该有其他的例外。"[1]法律普遍性原则——法律普遍性是指法律中包含着一种普遍性的允许、命令和禁止人们如何行为的规则和标准。在卢梭看来，法律具有两个本质属性：其一，对象普遍性。这是指法律只能调整一般的、抽象的具有普遍意义的行为。卢梭指出，法律可以规定各种特权，但它绝不能把这些特权赋予某一个人，法律可以把公民划分为若干等级，但它绝不能指名把某一个人列入某一个等级。其二，意志普遍性。这是指法律的制定必须反映全体人民的意志。在卢梭看来，既然法律是公意的体现，那么人们服从法律不过是在服从自己而已。正是因为法律具有对象普遍性和意志普遍性的特性，卢梭由此得出结论：无论何人擅自发号施令都不能成为法律，而只能是一道命令，因为那不是主权行为，而只能是行政行为。

在总结法治的历史经验基础上系统阐述法治原则，是现代西方法治思想发展的重要特点。早在19世纪末，英国法学大师戴雪在《英宪精义》一书中就得出这样的结论：法治一词有三项含义，即任何人都不应因做了法律未禁止的事而受罚；任何人都必须遵从普通法，如果违反都必须由普通法院审决；宪法不是一切法律规范的渊源，而是个人权利与

[1]〔美〕托马斯•潘恩：《常识》，何实译，华夏出版社2004年版，第56页。

自由的结果。戴雪在人类法治史上第一次明确提出“法的统治”的概念。在此基础上，美国法学家富勒认为，法治应该包括八项原则：法律的一般性，即法律对人普遍适用，同样情况受同样对待；法律应当公布；法律适用于未来而不能溯及既往；法律应当明确，能够被人理解；法律不应相互矛盾；法律不应要求不可能实现的事情；法律应是稳定的；官方行为和法律应是一致的。英国法学家赖兹在对富勒提出的法治原则进行分析后，概括出以下八项法治原则：所有法律都应当是适用于未来的、公开的和明确的；法律应当相对稳定；特别法必须在一般法的指导下制定；确保独立司法；遵循自然公正原则，对案件实行公开和公平的审理；法院对其他法律原则的实施有审查权，但仅仅是保证其符合法治而已；司法程序应当简便易行；预防犯罪的机构行使自由裁量权时不得滥用法律。这些法治原则是法治本质要求和客观规律的概括和总结，具有普遍的借鉴价值和长远的指导意义。

随着社会的演进，西方现代法治呈现出一系列新的特点：第一，西方现代社会普遍加强了国家对社会生活的干预，国家不再只是担当私有财产守护神这一被动角色，而是积极参与社会财富的再分配，从而强化了行政权力；第二，与福利国家的政策相联系，法律推理日益从以规则和形式为中心转变为以目的和政策为中心，由注重形式公正转变为注重结果公正；第三，增强法官的自由决定权，法官判决不再只是受既定的法律规则的限制，相反，国家越来越多地发布一些不确定规则，从而使执法者有更大的自由决定权和行动变通性；第四，由于社会法的出现，打破了公法和私法的划分界限，私法公法化和公法私法化的现象已经出现；第五，授权立法的作用日益扩大，议会立法的中心地位受到削弱，民法典、刑法典等作为基本立法的作用趋于下降，代之而起的是各种单行法和特别法；第六，随着违宪审查制度的建立和对行政活动监督的加强，一些国家设立了宪法法院或宪法委员会，这一方面有利于加强法治，另一方面又削弱了作为西方法治基石的分权原则；第七，刑法和侵权法中的过错原则在某些领域逐步让位于严格责任制原则，人的行为只要造成了危害性结果，无论主观上是否有过错，都要承担责任；第八，对于法治理论，人们更重视法律外部因素对法律和法律过程的影响，僵化的法条主义和传统的概念法学受到批判。[1]

西方经济政治生活发生的这些变化不能不在法治思想层面产生强烈反响，对近代以来西方法治思想的批评也随之而起。美国当代批判法学派的代表人物昂格尔认为，随着西方社会的福利主义和合作主义倾向的发展，其法律推理也从原来的形式主义向目的正义和实质正义转变。塞尔兹尼克也指出，现代西方国家的法治型法具有法条主义倾向，即“一种依靠法律权威而不利于实际问题解决的倾向”。因此，他们主张法律应当更多地回应社会的需要，即法治型法应当向回应型法发展。回应型法要求超越形式公正走向实质公正，其典型功能是调整而非裁判。它要求把法律判断与道德判断和谐地结合起来，把文明带入公共秩序之中。同时应当看到，西方现代法治思想尽管受到很大冲击，但并没有完全抛弃传统，其法律制度至少在形式上仍然坚持以民主、自由、平等、人权等作为自己的宗旨。所不同的是，近代西方法治思想注重强调形式意义上的法治正义和法律规则的公平，而现代西方法治思想则注重强调实质意义上的法治正义和法律实施结果的效能。从这种意义上说，西方传统法治思想的危机，实质是适应现代社会发展需要而实现自我变革的一种阵痛。换言之，西方现代法治思想的价值追求，正经历着一个从传统形式法治到现代实质正义的转变。

从人类社会发展史看，西方法治文化将法律从封建专制统治和等级特权中解放出来，将法律发展历史引入法治发展道路，并赋予法律以新的理念和观念，开创了人类法律发展的新进程。早在资产阶级革命时期，新兴资产阶级针对封建专制和人治统治就提出了包括法律至上、独立司法、限制君权、保障人权等法治原则。西方资产阶级统治

[1] 朱景文主编:《对西方法律传统的挑战》，中国检察出版社1996年版，第398—399页。

建立以后，又纷纷建立资产阶级法治国家。包括新自然法学派、实证主义法学派和社会法学派在内的当代西方三大法学流派，都将法律置于至高无上的位置，以法律确立的标准为标准、认定的尺度为尺度，都主张国家在立法、执法和司法过程中要体现法治原则，确保公民权利和自由。西方法治文化所倡导的法治原则，不仅对于发展社会主义法治文化产生深刻影响，而且对于丰富社会主义法治原则具有重要的借鉴价值。具体来说，在宪法领域值得借鉴的有人民主权原则、法律至上原则、权力制约原则、人权保障原则等。在行政法领域值得借鉴的有自然公正原则、正当程序原则、行政法治原则等。在刑法领域值得借鉴的有罪刑法定原则、罪刑均衡原则、能力责任原则、个人责任原则、人道主义原则等。在民法领域值得借鉴的有民事主体权利平等原则、财产权不受侵犯原则、诚实信用原则、民事交往行为自由原则、过错责任原则等。在刑事诉讼法领域值得借鉴的有独立司法原则、无罪推定原则、审判公开原则、利益规避原则、被告辩护原则、证据裁判原则、人民陪审原则等。借鉴这些体现人类法治文明发展的一般法律原则为我所用，有利于我们更好地发挥自己的优势，以便在法治国家建设中后来居上。

中国特色社会主义法治文化作为初级阶段的社会主义法治文化，它自身也有一个从不成熟到比较成熟、从不完善到比较完善的演进过程。这一过程离不开对社会实践的总结和提升，离不开对古今中外思想文化的借鉴和交流。没有总结和提升，就没有发展；没有借鉴和交流，就没有创新。因此，中国特色社会主义法治文化不是一个封闭的、孤立的文化体系，而是既积极借鉴中外法治建设历史进程中所积累的宝贵经验，也大胆吸收当代各国法治实践和法治理论研究中的优秀成果。马克思和恩格斯在《共产党宣言》中指出：“过去那种地方的和民族的自给自足和闭关自守状态，被各民族的各方面的互相往来和各方面的互相依赖所代替了。物质的生产是如此，精神的生产也是如此。各民族的精神产品成了公共的财产。”[1]在这方面，马克思主义经典作家为我们树立了光辉榜样。为了创立科学的思想体系，马克思主义经典作家对以往以及同时代的思想文化，包括与自己观点不同的理论学说，都进行了详尽的分析和研究，不但批判地继承了德国古典哲学、英国古典政治经济学和法国空想社会主义以及许多国家的法学、历史学、社会学、人类文化学成就，而且对西方文艺复兴、宗教改革、启蒙运动时代的众多思想家的著作都进行了深入细致的探求，并根据实践和科学的发展，在更高的基础上作了全面系统的总结，从而使马克思主义成为集百花之美、采众家之长而建立起来的人类历史上最辉煌的社会科学殿堂。

当今世界全球化趋势日趋明显，为满足经济发展、科技进步、市场拓展需求，客观上要求我们善于借助国外法治经验，遵循国际习惯做法，以便在较短的时间内实现法治现代化。全球化使得不同法治文化间的交流日益增多，碰撞也日益增多。每一种法治文化都在经历一个面对挑战、扬弃自身，进而实现创造性转换和创新性发展的过程。正是这种交流和碰撞，促进了法治文化的借鉴和融合、丰富和发展。随着中国对外开放进程的不断加快，中国法治文化建设中的西方元素、国际元素也在增多。2014年12月23日，习近平总书记在党的十八届四中全会第二次全体会议上指出：“坚持从我国实际出发，不等于关起门来搞法治。法治是人类文明的重要成果之一，法治的精髓和要旨对于各国国家治理和社会治理具有普遍意义，我们要学习借鉴世界上优秀的法治文明成果。”[2]中华民族是一个兼容并蓄、海纳百川的民族，在漫长的历史进程中，不断学习和转化他人的成果，这才形成我们自己的民族特色。因此，在推进中国特色社会主义法治文化建设中，我们要以科学的态度对待古今中外的各种法治文化，既要继承中国传统法律文化精华，又要借鉴西方法治文化优秀成果，既要坚决抵制落后、腐朽的人治文化，又

[1]《马克思恩格斯选集》(第一卷)，人民出版社1995年版，第276页。

[2] 习近平:《加快建设社会主义法治国家》，载《求是》，2015年第1期。

要积极借鉴先进、科学的法治文化，始终坚持以我为主、为我所用，认真鉴别、合理吸收，以培育与时代发展要求相适应的法治意识、法治理念、法治精神、法治信仰。

改革开放以来，西方法治文化对中国特色社会主义法治文化的影响不断增强，我国立法中的法律移植则更为普遍，很多法律的起草都是综合借鉴许多国家相关规定的产物。我国在立法中借鉴、移植外国法和国际法可分为如下三种情况：一是在经济全球化背景下，借鉴、移植国际标准。目前，中国国家标准总数近3万项，其中采用国际标准的占68%，在金融监管、证券监管、会计、审计等领域正全力与国际接轨。二是在涉外事务立法上，借鉴、移植外国及国际上的相关立法，如刑法、刑事诉讼法、民法通则、民事诉讼法、三资企业法、涉外税法、继承法、海商法、票据法等。三是在涉及国内事务立法上借鉴、移植外国相关立法。在制定和修改刑法时，大量借鉴各国刑事立法的成功经验，“罪刑法定”等原则和“危害国家安全罪”“财产来源不明罪”等均引自国外。刑事诉讼法的无罪推定、庭审方式、辩护制度、强制措施等也都引自国外。民法的公正、平等、自愿、公序良俗等基本原则及制度也来自《德国民法典》《法国民法典》《日本民法典》《瑞士民法典》等。合同法、公司法、劳动法、婚姻法等众多法律的制定也借鉴、移植了国外相关立法。诚然，这种学习借鉴并不是对其进行简单地照搬，而是对其进行科学的分析和扬弃，与本土文化资源相融合，实现法治文化本土化，为社会主义法治建设奠立文化基础。[1]

法治的开放性集中体现在法的国际化与法的本土化过程。法的国际化与法的本土化是法的发展过程中不可分割的两个方面，是世界各国法的现代化过程中的一种普遍现象，也是法的诞生、发展和演变的一个基本规律。法的国际化，是指各国法律在国际范围内相互交流与传播、相

[1] 罗先泽、张美萍主编:《社会主义法治文化建设研究》，中国政法大学出版社2016年版，第141—142页。

互吸收与借鉴，从而使其具有国际化特征的过程和现象。法的本土化，是指一个国家把从国外移植的法律与本国的政治、经济、文化传统以及风俗习惯紧密结合，从而使其具有本土化特征的过程和现象。中国近代所建立的法律体系，无疑是大量移植国外法律的结果。随着国外的一些法律理念、法律制度、法律原则、法律体系及其法律术语涌入中国这块古老的土地，中国的法律发展呈现出一番崭新的图景。实际上，法的国际化与法的本土化是一个事物的两个方面，彼此之间总是相辅相成的。中国近代在大量移植国外法律的同时，法的本土化运动也在悄然展开：一是一些中国传统的法律理念、制度和原则得以保存下来，被吸收进新的法律之中；二是一些中国传统的法律获得了改造，与国外的法律理念、制度和原则相互融合，在新的法律中以新的面貌出现。法的国际化与法的本土化实质是法的普遍性与法的特殊性的具体表现。法作为调整人类行为的基本规范，一方面具有普遍性，具有广泛适用的价值，一个国家的法律包含着各国人民共同探求的要素，各个国家的法律蕴涵着世界法律文明共同的法律准则，法的国际化是各国法律相互融合、相互依存的必然趋势；另一方面法作为在一定国家特殊环境条件下形成并发挥作用的行为规范，又具有特殊性，具有适合于本国国情的独特价值，从国外移植的法律必须与本国的政治、经济、文化、历史传统以及风俗习惯紧密结合，内化为本国法律体系的组成部分，为人们所自觉接受和遵守，才能发挥其内在的价值、功能和社会作用，法的本土化同样是必然趋势。只要存在法治，法的国际化与法的本土化这两个趋势就不会改变，法治的开放性特征就不会消失。

四、发展演化的渐进性

文化来源于生活，在生活中提炼和升华；文化是一个民族的精神皈依，只有当一个民族的生活方式日积月累，积淀为一定的传统和精神特质时，才能称之为文化，成为一个民族精神家园的组成部分。中国特色社会主义法治文化建设，是一项春风化雨、润物无声的工程，需要坚持不懈的努力、持之以恒的积累，不是几条宣言、几个决定就可以大功告成的。法治文化的形成和发展，必然依赖于法治精神在法治实践的方方面面、事事处处的贯彻和体现，因而必然是一个长期的、艰难的、循序渐进的过程。

历史和现实一再表明，从传统人治国家向现代法治国家的转变，不仅是法律制度不断健全的过程，而且是文化观念逐步更新的过程。只有确立与现代法治要求相适应的文化观念，才能形成良好的法治环境和氛围，从而保证法律制度的切实遵守和有效执行。在我国走向现代化的进程中，逐步完善的法律制度与相对滞后的法治文化建设之间存在着明显的反差。法治文化建设的滞后又构成制约法律制度整体功能发挥的严重障碍。造成这种状况的一个重要原因就是人治文化传统的消极影响。历史的辩证法昭示我们，一个民族文化传统的形成和演变，是社会经济、政治、文化等各方面因素在长期的历史进程中相互作用、相互影响的结果，不同于披在心理表层的思想衣装，想保留就能保留，想扔掉就能扔掉。实现人治文化传统转换过程，也是时代需要对社会文化的选择、提炼和再造过程，它有赖于对孕育人治文化的传统社会深层结构的改造，有赖于对与人治文化相联系的传统法律模式的变革，有赖于与现代文明相适应的经济、政治、文化的发展，有赖于对高度集权的经济体制和政治体制改革的深化。如果说人治文化传统的形成是一个自发的过程，那么对它的转换则是一个自觉的过程。但自觉不是随意，它“永远不能超出社会的经济结构以及由经济结构所制约的社会的文化发展”[1]，因而需要更强的定力、更大的耐性。

党的十一届三中全会总结我国社会主义建设的历史经验，提出发展社会主义民主、健全社会主义法制的方针。党的十五大适应改革开放和社会主义现代化建设的需要，将“依法治国”确立为治理国家的基本方略，将“建设社会主义法治国家”确定为社会主义现代化的重要目标，强调依法治国是党领导人民治理国家的基本方略，是发展社会主义市场经济的客观需要，是社会文明进步的重要标志，是国家长治久安的重要保障。九届全国人大二次会议通过宪法修正案，又将“实行依法治国，建设社会主义法治国家”载入《宪法》。党的十六大将社会主义民主更加完善，社会主义法制更加完备，依法治国基本方略得到全面落实，作为全面建设小康社会的重要目标，提出发展社会主义民主政治，最根本的是要把坚持党的领导、人民当家做主和依法治国有机统一起来。党的十七大提出全面落实依法治国基本方略，加快建设社会主义法治国家，并将“科学执政、民主执政、依法执政”载入党章。党的十八大提出“推进科学立法、严格执法、公正司法、全民守法”的总方针，强调要更加注重发挥法治在国家治理和社会管理中的重要作用。党的十九大提出“全面依法治国是中国特色社会主义的本质要求和重要保障。必须把党的领导贯彻落实到依法治国全过程和各方面，坚定不移走中国特色社会主义法治道路，完善以宪法为核心的中国特色社会主义法律体系，建设中国特色社会主义法治体系，建设社会主义法治国家”。

党的十八大以来，以习近平同志为核心的党中央依据马克思主义法治理论和当代中国法治实践，坚持和发展中国特色社会主义法治理论，提出坚定不移走中国特色社会主义法治道路的重要思想，强调坚持

[1]《马克思恩格斯选集》(第三卷)，人民出版社1972年版，第12页。

党的领导、人民当家做主、依法治国的有机统一，为实现中华民族伟大复兴的中国梦提供有力的法治保障；提出依宪治国和依宪执政的重要思想，强调宪法是治国安邦的总章程，具有最高的法律地位、法律权威、法律效力，依法治国首先是依宪治国，依法执政关键是依宪执政，要自觉恪守宪法原则、弘扬宪法精神、履行宪法使命；提出法治建设指导方针和总体布局的重要思想，强调全面推进科学立法、严格执法、公正司法、全民守法，坚持依法治国、依法执政、依法行政共同推进，坚持法治国家、法治政府、法治社会一体建设；提出完善中国特色社会主义法治体系的重要思想，强调形成完备的法律规范体系、高效的法治实施体系、严密的法治监督体系、有力的法治保障体系；提出公正司法的重要思想，强调公正司法是维护社会公平正义的最后一道防线，要依法公正对待人民群众的诉求，努力让人民群众在每一个司法案件中都感受到公平正义；提出党带头遵守宪法和法律的重要思想，强调党领导人民制定执行宪法和法律，党自身必须在宪法和法律范围内活动，真正做到党领导立法、保证执法、支持司法、带头守法，推动形成办事依法、遇事找法、解决问题用法、化解矛盾靠法的良好法治环境。中国特色社会主义法治理论围绕全面推进依法治国的总目标、总方针、总布局、总任务，深刻回答和阐释了我国法治建设的一系列重大理论和实践问题，不仅为全面推进依法治国提供了强大的思想武器，而且为建设中国特色社会主义法治文化提供了科学的理论指导和有力的学理支撑。

法治文化的发展有其内在的客观规律，违背这种客观规律，单凭主观意志行事，结果只能事与愿违。在世界法治化进程中，一些国家虽然可以轻而易举地制定出一套体现法治原则的法律制度，但由于人们的思想观念仍旧停留在传统文化的阴影之中，传统的习惯势力在政治领域中继续保持着主导地位，致使法律制度明文规定的公民权利无法兑现。美国现代化问题专家英格尔斯指出："如果一个国家的人民缺乏一种能赋予这些制度以真实生命的广泛的现代心理基础，如果执行和运用这些现代制度的人自身还没有从心理、思想、态度和行为都经历一个向现代化的转化，失败的畸形发展的悲剧的结局是不可避免的。”[1]英格尔斯的话言之凿凿，可谓振聋发聩，叫人警醒。由此可见，在法治文化领域，尽管权利和义务的确认取决于国家的意志，权利和义务的履行有赖于国家的保障，但这并不意味着国家可以随心所欲地设定权利和义务。因为“法律从来没有创造传统和习惯的神奇功能，它只是对已有的某些传统和习惯予以肯定，并推动其发展”。[2]如果人们没有履行权利和义务的习惯和意识，即使国家设定再多的权利和义务，也只是一纸空文。

实践昭示我们，法治文化的培育是一个由外而内逐步生成的过程，既需要时间沉淀，更需要实践砥砺，必须把它放到中国经济社会不断发展、体制改革不断深化的社会环境之中予以思考，必须把它放到中国文化强国建设的系统工程中予以探讨。从实际情况看，虽然我们已经形成了中国特色社会主义法律体系，用40年走完了西方法治国家300年的发展历程，但在全社会树立法治意识、法治信仰，养成法治思维、法治方式，形成办事依法、遇事找法、解决问题用法、化解矛盾靠法的法治习惯不是短时间所能做到的。我国法治建设在器物层面逐渐完备，但在精神层面还存在较大差距，要达到精神层面与器物层面相匹配的程度，依然任重道远。法治文化是从一定社会经济、政治、文化的历史和现实环境中生长出来的，是经过长期社会化过程积淀下来的，不可能毕其功于一役。同样，中国特色社会主义法治文化蕴含在中国经济社会改革发展的宏观环境之中，体现在全面依法治国的历史进程之中，它的发展和完善也不可能一蹴而就，必将贯穿于社会主义法治建设整个过程的始终。

---

[1]〔美〕英格尔斯:《人的现代化》，殷陆君译，四川人民出版社1984年版，第7页。

[2] 张浩主编:《社会主义民主研究》，中国青年出版社1998年版，第235页。

第六章　中国特色社会主义法治文化的内容结构

中国特色社会主义法治文化包括观念文化、制度文化、行为文化和环境文化四个层面。观念文化，是指公平正义的法治观念；制度文化，是指科学完备的法治制度；行为文化，是指守法用法的法治行为；环境文化，是指学法尊法的法治环境。它们相互联系、相互作用、相互影响，构成一个完整的中国特色社会主义法治文化体系。

一、观念文化——公平正义的法治观念

观念文化包括公民的法治意识、法治精神、法治理念、法治信仰等，也包括公民的法治态度、法治心理、法治取向、法治素养等。在法治文化的观念、制度、行为和环境四个层面中，观念文化是法治文化的核心，是法治文化的灵魂和先导，对整个法治文化有着根本性的影响，决定着法治文化的性质和发展方向。只有把树立法治意识、弘扬法治精神、强化法治理念、培育法治信仰置于法治建设全局的重要位置，持续发力，久久为功，才能使法治在人民心目中生根，在社会运行中生效。

法治意识是指人们关于法治的知识、观念、心理的总称，是法治主体对于法治实践的一种能动反映和内在自觉。法治意识表现为两个方面：一是人们对法律发自内心的认可、崇尚、遵守和服从；二是人们在法治实践活动中形成的相对稳定的规则、程序、责任、诚信等思想意识。法治意识主要包括敬重法律、遵守法律、运用法律、维护法律等意识。敬重法律的意识是指公民在心目中敬畏法律、尊重法律的意识；遵守法律的意识是指公民自觉用法律来约束自己言行的意识；运用法律的意识是指用法治思维认识问题，用法治方式解决问题的意识；维护法律的意识是指勇于捍卫法律的权威和尊严，自觉同违法犯罪行为做斗争的意识。在全社会培育法治意识，就是使体现现代法治文明的规则、程序、责任、诚信等法治精髓深入人们心理结构的底层，积淀为人们的法治心理素质，由此形成正直、公道的法治人格，平和、开明的法治心态，并以稳定的方式表现出来，积极地影响人们的法治行为。实践表明，法治只有成为人们的自觉向往和追求，才会真正内化为规范人们行为的观念和准则；只有全社会都树立起法治意识，使法治植根于头脑

里，落实在行动上，才能为法治建设提供牢固的文化基础和不竭的精神动力。

法治精神是人们对于法治的自觉认同和共鸣，是植根于人们内心的对法律至上等法治原则的坚守，对以人为本等法治价值的追求，对遵纪守法、诚实守信等法治素养的崇尚。法治精神是法治的精神内核，是法治价值的重要体现。其中，法律至上意指宪法和法律在社会规范体系中居于主导地位，任何组织或个人都不能凌驾其上、超乎其外。我国的宪法和法律是在党的领导下，由国家权力机关通过法定程序集中全体人民的意志制定的，充分体现了党的领导、人民当家做主和依法治国的有机统一，是举国上下必须严格遵守的普遍行为规范和共同行为准则。以人为本就是以人为价值核心和社会本位，把人的生存和发展作为最高的价值目标，一切服从于人，一切服务于人。这就要求我们以忠诚之心牢记服务宗旨，以敬畏之心对待手中权力，把最大限度地提高人民的素质与能力，满足人民的需要与愿望，尊重人民的价值与尊严，保障人民的权利与自由，关爱人民的生命与健康，增进人民的幸福与美满作为治国理政的根本价值追求，并把人民是否满意作为衡量经济社会发展程度、衡量公平正义实现程度、衡量各项工作具体成效的最高标准，使推动经济社会发展的过程成为造福人民的过程。遵纪守法就是行使法定权利或权力、履行法定义务或责任的有机统一。在社会主义条件下，法律制度是具体化、条文化、规范化、定型化的人民意志。因此，只要是法律制度的规定，不管是什么人，不管其地位多高、权力多大，都必须毫无例外地一体遵行，任何人不得享有法外特权。诚实守信意指尊重事实、真诚待人、信守承诺、言行一致，既不自欺也不欺人。诚实守信要求公民在工作和生活中不伪装、不欺瞒、不算计、不作弊，胸怀坦荡，开诚布公，使真诚为本、信誉为重成为恒久不变的价值追求。[1]人无诚信不立、家无诚信不和、业无诚信不兴、国无诚信不宁。诚实守信不仅仅是一种道德诉求，更是法治社会的内在要求。

法治理念是人们对法治所持有的思想观念和理想信念的总和，是人们对法治的内在要求、精神实质、基本原则的理性认识和高度概括，是指导立法、执法、司法和守法实践的思想基础和价值取向。法治理念作为法治建设的理论基础和实践向导，是法治理论向法治实践转化的中介与桥梁。它根植于一国法治实践之中，对法治实践起着引领和推动作用。法治理念正确与否，直接影响一国法治事业的兴衰成败。社会主义法治理念是体现社会主义法治内在要求的一系列理想、信念和价值的集合体，是指导和调整社会主义立法、执法、司法、守法和法律监督的方针和原则，是社会主义法治的精髓和要义。如果说法律制度是法治文化的外层结构，那么法治理念就是法治文化的内层结构。两者相比，法治理念处于更为重要的地位，前者具有制度性的工具价值，后者具有信仰性的目的意义：一般来说，准确理解法律不能限于具体条文，而要探究蕴含在具体条文之中的法理，追溯法理背后的法律精神。因为法律条文传递的仅是字面含义，蕴涵在法律条文后面的法理和法律精神，才是支撑法律条文的灵魂。从人类法治文明发展的历程看，一定的法律制度、组织、秩序和模式及其变迁，都可以从法理及其变迁中得到说明。新的历史条件下，构建与中国特色社会主义发展要求相契合，与中华优秀传统文化和人类文明优秀成果相承接，既有深厚的传统底蕴，又有鲜明的

[1] 一位留学生家长曾谈到她在德国经历的一件事情：儿子来德国后的第一次考试是在学校大礼堂进行的，老师在给数百名学生分发完考卷后就离开了。到交卷时老师才回来，并郑重其事地在讲台前宣布答案。学生们则按照老师提供的答案及评分标准给自己打分。之后，老师要求大家把自己的分数在大庭广众之下宣读。学生们一个接着一个地报着自己的分数。90分、60分、30分，居然还有理直气壮地报出10分的。这位家长问儿子邻座的一个女孩，“自己给自己打分”会不会出现误差？想不到这位女孩像看外星人一样不解地望着她说：“为什么呢？难道自己需要欺骗自己吗？”诚信是人的第二生命。一个人只有诚实，才能获得别人的信任；只有守信，才能获得别人的尊重。

时代特征的中国特色社会主义法治理念，是促进社会主义法治建设蓬勃发展的内在要求。中国特色社会主义法治理念作为当代中国社会主义民主与法治实践经验的总结，其内容可以概括为：党的领导、人民民主、依法治国、公平正义、制约公权、保障人权。其中，党的领导是社会主义法治理念的政治内核，人民民主是社会主义法治理念的制度根基，依法治国是社会主义法治理念的第一要义，公平正义是社会主义法治理念的价值取向，制约公权是社会主义法治理念的根本要求，保障人权是社会主义法治理念的基本原则。

法治信仰是指社会成员在对法治理性认识的基础上，从内心深处产生的一种认同、信服、尊重和崇敬的神圣体验，从而形成对法治的一种心悦诚服的信赖感和皈依感，并自觉以法律为行为准则，愿为维护法律权威和尊严而献身的崇高境界。法治之所以被公众普遍服从，并不是依靠法治的严酷与冷峻，也不是依靠法治的强制与胁迫，而是出自公众对法治的虔诚信仰，出自公众对法治的高度认同。不被信仰和认同的法律，即使依靠外在力量使其实现，也与法治精神相去甚远。美国著名法学家伯尔曼有句名言："法律必须被信仰，否则它将形同虚设。"[1]实践表明，一个国家能否实现法治，主要取决于这个国家有无崇尚法治的信仰、厉行法治的信念。法治成功的内在标志，是法律被民众所普遍尊重和信仰。如果一个国家没有法治信仰，一个社会缺乏法治精神，法治就会成为无源之水、无本之木，法虽立而难行。法治国家与民众的思想观念、价值取向、社会心态和行为方式紧密相连。作为法治的精神内核与内在动力，法治信仰是社会成员对法律所蕴含的民主、自由、秩序、公平、正义等精神价值心悦诚服的信奉和不懈追求，是一种在长期的实践中建立起来的心理认同感和信赖感。只有社会成员普遍确立了这种认同感和信赖感，依法治国才能变成生动具体的社会实践，建设法治国家才会具有切实可靠的精神依托。从这种意义上可以说，法治国家能否建

[1]〔美〕伯尔曼:《法律与宗教》，梁治平译，三联书店1991年版，第28页。

成，需要以社会成员是否确立对法治的信仰作为最终判断标准。人们对法治的内心认同、信服、尊重和崇敬，既是一种法治心理、法治观念、法治思想和法治行为的表征，更是一种良好的社会法治环境和法治氛围的再现。

法治观念文化是法治制度文化的理性基础，是法治行为文化的价值准则，是法治环境文化的本质规定，是法治各个环节的灵魂和向导。法治观念文化具体体现在反映社会主义先进文化内在要求的法治意识、法治精神、法治理念、法治信仰之中。法治意识、法治精神、法治理念、法治信仰都是法治文化的应有之义，所不同的是，从法治意识到法治精神，从法治理念到法治信仰，是一个法治文化由浅入深的发展演进过程。法治意识表征着法治在人的内心认知，法治精神表征着法治在人的内心生发，法治理念表征着法治在人的内心确立，法治信仰表征着法治在人的内心扎根。作为一种观念形态，法治观念文化同人是分不开的。人既是文化的创造者，也是文化的承载者。无论是法治意识、法治精神，还是法治理念、法治信仰，都是人的法治意识、法治精神、法治理念、法治信仰。因此，法治文化建设是以人为中心的主体工程，只有一切为了人，一切依靠人，充分发挥人的主观能动性，才能达到预期目的。在当今社会，培育法治观念取决于经济、政治、文化的发展，取决于整个民族文明素质的提升。建立和完善社会主义市场经济，是培育法治观念的经济基础；发展和完善社会主义民主政治，是培育法治观念的政治条件；建立和健全社会主义法律体系，是培育法治观念的必要前提；提高全社会的科学文化水平，是培育法治观念的内在要求；广泛开展法治宣传教育，是培育法治观念的有效举措；建设高素质的执法队伍，是培育法治观念的可靠保证；完善法律援助和司法救助，在每一起案件审理中都能体现公平正义，使公民亲身体会到法治对于自身合法权益的保障，是培育法治观念的关键环节。

二、制度文化——科学完备的法治制度

法律是法治存在和发展的基础，法律和法治又是法治文化存在和发展的基础。没有法律和法治，就谈不上法治文化。而法律作为法治文化的重要组成部分，又直接表现为一系列的法律规范和法律制度。这种由法律规范和法律制度所构成的制度层面的法治文化，包括法律体系、法律部门、法律条文、法律解释等，也包括立法制度、执法制度、司法制度、法律监督制度等。[1]制度文化是法治文化的主干，构成了一个社会法律生活的核心内容，成为法律运行的主要方式，对整个法治文化建设起着重要的支撑作用。而制度文化的要旨，就是科学把握和正确处理权利与义务、权力与责任、权利与法律、权力与法律的关系。

权利与义务的关系。社会主义法治要求制约国家权力，保障公民权利，使公民在法律面前人人平等，在法律之内人人自由。因此，法治是公民权利得以全面实现和切实保障的基本环节，人们正是通过法律的形式，把权利与义务结合起来，把自由与秩序统一起来，在充分享有权利和自由的同时，又切实履行义务和责任。所谓权利，是指对利益占有和自由支配的资格。换言之，权利是以法律认可为保障，以获取利益为目的，以行为自由为特征的一种资格。所谓义务，是指为享有权利必须付出的代价、承担的责任和接受的约束。

在社会主义条件下，人民是国家和社会的主人，享有与主人地位相适应的广泛自由和权利。按照主体划分，公民享有的权利包括个体权利和集体权利两种。前者是指个人享有的生命、人身和政治、经济、社会、文化等方面的权利；后者是指作为个人社会存在方式的集体享有的

[1] 丁文:《对中国特色社会主义法治文化的粗浅认识》，载《中国法治文化》，2016年第7期。

权利，如种族平等权、民族自决权、发展权、环境权等。按照内容划分，公民享有的权利包括公民政治权利和经济、社会、文化权利两大类。前者是指涉及个人的生命、安全、人身自由等方面的权利，如生命权、安全权、人格权、名誉权、思想自由、信仰自由、人身自由、居住自由、迁徙自由、通信自由等以及个人作为国家成员自由平等地参与政治生活方面的权利，如选举权、监督权、罢免权、集会自由、结社自由、言论自由、出版自由等；后者是指个人作为社会成员参与经济、社会、文化生活方面的权利，如财产权、劳动权、休息权以及接受社会保障和文化教育等方面的权利。

在法治社会，权利是神圣的，但不是绝对的，为了他人的权利和公共利益，个人的权利常常要受到限制。我国《宪法》明确规定：任何公民享有宪法和法律规定的权利，同时必须履行宪法和法律规定的义务。公民在行使自由和权利的时候，不得损害国家的、社会的、集体的利益和其他公民的合法的自由和权利。从我国《宪法》看，公民承担的义务主要有：遵守宪法和法律的义务，劳动的义务，接受教育的义务，实行计划生育的义务，抚养教育未成年子女的义务，赡养扶助父母的义务，维护国家统一和民族团结的义务，保守国家秘密、爱护公共财产、遵守劳动纪律、遵守公共秩序、尊重公共道德的义务，维护祖国的安全、荣誉和利益的义务，依照法律服兵役的义务，依照法律纳税的义务等。是否依法行使权利、履行义务，是衡量一个公民是否合格的基本尺度。

宪法和法律对自由和权利的限定，目的正在于保障权利而不是消除权利。因此，社会主义法治既保护公民权利，也规范公民权利，对于公民在国家政治生活中的地位、同这种地位相适应的权利、行使权利应遵循的程序、违反程序应承担的责任，都要通过法律来确认，并通过国家强制力保证实施。在实际生活中，既没有无义务的权利，也没有无权利的义务。如果只有权利而没有义务，那就是特权；如果只有义务而没有权利，那就是奴役。这就要求公民对权利和义务的概念有清晰的认识，知道自己的权利及其正当性、合法性、有限性，自觉在法定的范围内行使自己的权利；对权利与义务的关系有着深刻的领悟，因而向社会提出的要求以承认和尊重他人的同样要求为前提，并准备为此而承担相应的义务；在任何情况下决不逃避和推卸由于自己的过错而应该承担的法律责任和道德责任。

权力与责任的关系。权力关系本质上是一种责任关系。掌权者拥有什么权力，就意味着必须承担什么责任；拥有多大的权力，就意味着必须承担多大的责任。这就是权责一致原则。公共权力是为实现和维护公共利益而设定的，它的存在本身就意味着一种责任；换言之，当一个人被授予了权力，同时也就被赋予了责任。由于权力与责任如影随形，因而无论何种权力主体，无论何种权力行为，只要启动了权力，就应当承担相应的责任。[1]如果掌权者享有权力却不须对权力行为的后果负责，那实际上就等于助长了权力滥用。

民主政治是一种责任政治，它不仅为公职人员的权力提供了合法性依据，而且为公职人员的行为设定了规范性责任。责任作为一个政治概念，具有双重含义：一是指本职范围内的事。公职人员必须自觉履行宪法和法律明确规定的各项职责。这是一种主动责任，公职人员如果没有履行这种职责，即是违法。公职人员必须对公民的正当诉求做出及时的回应。这是一种被动责任，公职人员如果没有对公民的正当诉求做出及时的回应，即是失职。[2]二是指没有做好本职范围内的事而应承担过失的责任。公职人员对权力的不当行使或疏于行使，违反法律法规，侵犯公民的合法权益，必须承担相应的否定性后果，其中包括政治责任和法律责任。

[1] 孙笑侠：《法治国家及其政治构造》，载《法学研究》，1998年第1期。

[2] 黄卫平、汪永成主编：《当代中国政治研究报告》，社会科学文献出版社2004年版，第18—19页。

配置和追究权力行使的责任，目的在于使公职人员认真履行法律赋予的职责，根据法律授予的权限管理国家和社会事务，既不失职，也不越权。在权力运行过程中，权力与责任存在着明显的差异：权力的倾向是扩张性的，而责任的倾向是收缩性的；权力相对于掌权者是主动的，而责任相对于掌权者是被动的。[1]鉴于此，要使公职人员很好地担负起主动责任，就必须按照谁决策谁负责的原则，建立并落实决策责任制，对超越权限、违反程序决策造成重大损失的，要依法追究决策者的责任。要使公职人员很好地担负起被动责任，就必须依法查处各种失职行为，使失职行为者受到应有的制裁。失职行为是以不作为的方式消极对待本应由自己行使的法定权力的行为，其实质是对党和人民的事业缺乏高度的责任心和使命感，使持有的权力与担负的责任相脱节。失职行为主要有两类：一类是过失性质的，如玩忽职守；一类是故意性质的，如不给好处不办事。

保证权力的合理运行，不仅要有配置责任和追究责任的法律，而且要有落实责任和追究责任的机制，即按照权责一致的原则，构建一套严密、分散、多样化的公共治理责任机制。[2]所谓严密，是指责任规定详尽，不留责任空隙，不留规避空间，避免有权无责与有责无权，实现权责对应对等。所谓分散，是指公共治理责任主体的多元化。只有变无限责任为有限责任，才能保证法律责任的真正兑现。这种不将所有鸡蛋放在一个篮子里的落实责任方式，有助于分散公共治理的风险。责任分散以职权分工为前提，需要相应地确立咨询与决定分离、决定与执行分离、执行与监督分离等多种职权分工格局。所谓多样化，一是指责任渊源的多样化，包括法定的或约定的；二是指责任形式的多样化，包括适用于公务人员的行政处分，适用于公共机构的国家赔偿，适用于个人的财产罚、人身罚等；三是指责任实现方式的多样化，包括自动履行或强

[1] 田凯：《论权力及权力控制》，载《教学与研究》，2006年第10期。

[2] 罗豪才、宋功德：《公域之治的转型》，载《中国法学》，2005年第5期。

制执行。由此使责任从法律规定转化为实际状态，使公共权力依法所承担的责任落到实处。

权利与法律的关系。人权是人依其自然属性和社会属性所享有和应当享有的经济、政治、文化、社会等权利与自由的总和。法治要求制约国家权力，保障公民权利，使公民在法律面前人人平等，在法律之内人人自由。因此，法治是人权得以全面实现和切实保障的基本环节。目前我国在人权法律制度建设方面还存在许多薄弱环节，人权保障的立法体制、执法体制、司法体制及监督体制还有待健全；对行使公民权利提供保障方面的法律，对侵犯公民权利提供救济方面的法律还有待完善。实现人权保障的制度化、法律化，要求我们把个人、集体、国家之间的权利义务关系以法律的形式确定下来，把社会生活的各个方面和各个环节都纳入法治的轨道，使国家的治理、社会的运行和人权的维护都能做到有法可依，都能得到制度的规范和法律的保障。

法治蕴含着这样一些基本要求：法律必须经民主的程序产生，反映广大人民的根本利益和共同意志；法律必须限制国家权力，保障公民权利；法律必须对一切正当利益施以平等的保护；法律必须具有一体遵行的崇高权威。由此可见，法治是人类文明发展的内在要求和必然结果，它本身就包含着对人权的保障。一般来说，人权保障通常基于这样的理念：每个人的价值和尊严都是平等的，当一个人遇到障碍无法维护自己的正当权利时，有权获得国家和社会的帮助。我国《宪法》明确规定：“公民在年老、疾病或者丧失劳动能力的情况下，有从国家和社会获得物质帮助的权利。”在实际生活中，人权保障往往是通过社会保障来体现的。社会保障权是指个人处于困境时享有获得国家和社会帮助的权利。社会保障权是一项综合性权利，主要包括失业津贴权、工伤津贴权、老年津贴权、生育津贴权、残疾津贴权、医疗保障权、住房保障权、法律援助权等。人权保障作为法治国家的基本要求，是使公民基本权利由法律条文变成社会现实的必要条件，是防止和补偿权利侵害的重要方式，也是社会主义制度的应有之义。完善社会保障制度的目标是使每一个公民都能成为人权保障制度的主体和受益者。

法治规定了国家权力的界限，也规定了公民权利的界限，当法律统治每一个人，没有超越法律之外的特权时，就是法治。例如，健全公民和组织机构的守法信用记录，完善守法诚信褒奖和违法失信惩戒机制，是法治建设的必然抉择。所谓守信褒奖和失信惩戒机制，是指通过对信用主体诚信或失信行为的记录和发布，运用法律、行政、经济和道德等手段奖励诚信、惩戒失信，从而使诚信者受益、失信者付出相应代价的机制。健全社会信用信息系统，完善企业和个人信用记录，形成完整可查的信用档案，并以此为基础构建信用奖惩机制，有利于培育公众守法意识，保护公民合法权益，在全社会形成守信光荣、失信可耻的良好氛围，客观上要求我们健全信用法规制度，为构建守信褒奖和失信惩戒机制提供制度保障；加强政务信息化建设，为构建守信褒奖和失信惩戒机制提供技术支持；注重信用信息记录、发布和应用，为构建守信褒奖和失信惩戒机制提供信息资源；加快信用信息平台建设，为构建守信褒奖和失信惩戒机制提供物质条件。由此，使人们从听得懂的良法和看得见的善治中，获得对守法的内心遵从。

权力与法律的关系。法律只是权力的佐证，而不是权力的来源。权力作为主体凭借某种资源对客体施加影响、调控和支配的强制力量，是由不同要素构成的，如果将这些要素加以排列，可以形成一个简单的模型，得出一个简单的公式：权力＝支配意志＋强制力量。在这里，强制力量是权力的基础，支配意志是权力的灵魂。强制力量主要指物质财富和以物质财富为后盾的暴力机器，暴力机器不过是物质财富的转化形式。如果强制力量掌握在个人手里，那么与之相适应的支配意志就是个人的意志，由此形成的权力就是专制的权力；如果强制力量掌握在人民手里，那么与之相适应的支配意志就是人民的意志，由此形成的权力就是民主的权力。可见，强制力量在权力中具有决定的意义，谁掌握了强制力量，谁就掌握了权力本身，谁的意志就处于支配地位。

作为社会物质财富的转化形式，国家权力是政治统治和社会管理的一种强制力量，主要包括立法权、行政权和司法权。在实际生活中，国家权力总是与一定的组织机构相联系，离开了一定的组织机构，其存在就失去了凭借，其运行就失去了载体。由于社会领域不断拓展，社会分工日益细密，社会交往逐步扩大，各种权力关系也变得越来越复杂。为了使各种权力关系得以明确，并获得相对的稳定性，机构和职位的设置就必不可少。人们处于一定机构的某个职位上，就意味着掌握一定的权力，就可以合法地行使自己的权力。这种由组织机构赋予的，与特定的职位相联系的权力，就是人们通常所说的职权。职权与公职密切相连，若无公职，则无职权。这同时决定了公职人员对其职权只能行使，而不能占有和处置。公职人员一旦与职务相分离，便不再拥有此项权力。

人类几千年的文明史表明，权力无论是作为政治上的强制力量，还是作为职权上的支配力量，都是一种具有双向发展可能性的双刃剑。它既可以被用于治国安邦，也可以被用于祸国殃民；既可以给人类社会带来巨大的利益，也能够给人类社会造成深重的灾难。因此，权力在实际运行中往往会产生两种截然不同的效果，即正效应和负效应。所谓权力的正效应，就是权力顺应时代的要求和人民的意愿，在正常的轨道上合理运行，推进社会经济政治文化事业的发展。所谓权力的负效应，是指权力偏离正常的运行轨道，对公共目标和公共利益造成危害，阻碍社会经济政治文化事业的发展。权力的负效应又表现为两个方面：一是权力行使者把私人目的渗透到决策过程之中，引起权力的异变；二是权力的行使者把个人的好恶渗透到决策过程之中，导致决策的失误。权力异变和决策失误虽然性质不同，但两者都会对社会发展产生相应的破坏作用，而且这种破坏作用的大小与产生它的权力的大小往往成正比。这在客观上昭示人们运用法律手段制约权力的必要性和重要性。

运用法律手段制约权力，健全法律制度首当其冲。健全法律制度，要旨在于增强法律制度的统一性、完整性、至上性、公正性和稳定性。统一性就是从中央到地方制定的各项法律制度都要以宪法为准则，在法律取向、法律原则、法律规范诸方面保持上下一致，杜绝不法之法和法外之法。完整性就是既重视基本制度又重视具体制度，既重视实体规则又重视程序规则，既重视单项设计又重视整体规划，使各种实体法、程序法、组织法配套完备、具体周密，无缝隙可进、无漏洞可钻。至上性就是凝结着人民意志的宪法和法律高于任何党派、机关、团体和个人的意志，具有至上的效力和最高的权威，任何党派、机关、团体和个人都必须遵守宪法和法律。公正性就是法律建筑在尊重人的价值、尊严和权利，促进社会公平、秩序和文明的基础之上；公民在法律面前人人平等，不因性别、种族、语言和信仰的不同而存在权利和义务的差别；公民的权利和自由非经正当的程序和充足的理由不受剥夺，一切非法的侵害都将得到公正、合理、及时的补偿。稳定性就是法律不依领导人的意志为转移，不随领导人的更替而改变。

法律制度不是政治橱窗中的摆设品。法律只有在现实生活中得到切实贯彻，才能规范社会成员的行为，防止国家机关工作人员滥用权力，维护国家经济、政治、文化和社会生活秩序，保障公民的合法权益。因此，在国家权力机关适时制定完备的法律，使国家的经济、政治、文化和社会生活均有法可依、有章可循的基础上，一切国家机关和武装力量，各政党和各社会团体，各企事业组织都必须在宪法和法律范围内活动，决不允许任何凌驾于宪法和法律之上、超越于宪法和法律之外的特权存在。加强对法律制度执行情况的监督，保证法律制度在实践中得到切实贯彻，使每个人都能学习法律制度、遵守法律制度、执行法律制度、维护法律制度，每个人都能置身于严格的法律制度约束之下；凡是法律制度明文规定的要求，都必须不折不扣地坚决执行，凡是违法违纪的行为，都必须依法依纪严肃追究相关人员的责任。同时，健全责任追究制度，完善责任追究类别、权限和程序规定，对违法违纪行为发现一起查处一起，做到法律制度面前人人平等，执行法律制度没有例外，防止和克服惩治不力、亲疏有别、宽严失度等错误倾向，切实维护法律制度的严肃性和权威性。

三、行为文化——守法用法的法治行为

行为文化包括立法、执法、司法、守法和法律监督等行为，也包括法治习惯、法治功能、法治实效、法治权威、法治秩序和法治状况等内容。[1]“徒法不足以自行”，没有法治实践，法律制度只能停留在纸面上。法治行为文化是法治文化建设的实践基础和实现形式。要把法治思想理论的指引和法律制度规范的要求贯彻落实到每一个社会成员，把法治文化的价值追求和秩序确立体现于每一种法律关系，就必须大力培育以科学立法、严格执法、公正司法和全民守法为主要内容的法治行为文化。

科学立法。所谓科学立法，是指在符合客观规律的前提下，立法机关对必须由法律做出调整的社会关系进行合理的利益分配并形成法律规范的活动。经过长期不懈的努力，我们国家和社会生活总体上实现了国有所本、民有所依。实践是法律的基础，法律要随着实践的发展而发展，客观上要求我们完善立法规划，突出立法重点，坚持立、改、废并举，提高立法科学化、民主化水平，建立健全部门齐全、层次分明、上下连贯、结构严谨、内部和谐、体例科学的法律体系。完善立法工作程序和机制，使法律准确反映经济社会的发展规律，反映法治实践的客观要求，反映人民群众的意志愿望，更好地协调各种利益关系、化解各种利益矛盾。加快重点领域立法工作，抓紧制定和修改同全面深化改革相关的法律，确保重大改革于法有据。从党和国家工作大局出发对待立法工作，破除部门和行业等局部利益对立法工作的干扰。

坚持科学立法的内在要求，首先是科学性。立法是向社会提供制度

[1] 李林:《社会主义法治文化概念的几个问题》，载《国际社会科学杂志》，1998年第2期。

和规则，但制度和规则不是立法机关主观意志的产物，而是对客观规律的认知和宣示。因此，立法过程既是探求经济社会发展规律的过程，也是将这些规律转化为制度和规则的过程。我国立法主要有四种形式。一是立，即制定新的法律。二是改，即修改现行法律，基本形式有三种：修正案形式，宪法和刑法的修改采取这种形式；法律的修订形式，一般用于对法律的大范围修改；修改决定的形式，是目前法律修改的主要形式。三是废，即对已明显不适应经济社会发展需要或已被新法替代的法律予以废止。四是释，即法律解释。只有正确处理原则与细则、实体与程序、部分与整体、制定与执行、稳定与变革的关系，才能确保立法的科学性。其次是民主性。法律是各种利益的调节器。要按照民主性、合法性、公正性的原则设置立法程序，扩大公众参与，倾听公众呼声，满足公众需求，维护公众利益，实现民主的法治化与法治的民主化。[1]再次是统一性。我国的立法是多层级多主体的，既有中央立法，也有地方立法；既有人大立法，也有行政立法。从立法表现形式看，有法律、行政法规、地方性法规等。如此众多的主体，如此众多的规则，立法的统一性和协调性就显得格外重要。这就要求从中央到地方制定的各项法律法规都要以宪法为准则，在法律取向、法律原则、法律规范方面保持上下衔接，左右协调，防止令出多门，各行其是。

严格执法。所谓严格执法，是指行政机关严格依据法律规定和程序开展执法活动。法律的生命在于实施，法律的权威也在于实施。从实际情况看，法律实施环节存在的很多问题，不少是由于执法失之于宽、失

[1] 2001年新《婚姻法》草案公布后所引发的新旧观念碰撞，2005年《物权法》草案公布后所激发的民间议法热潮，2012年《劳动合同法》修正案公布后所收到的55万多条修改意见等，无不成为难忘的公共记忆。为了打造中国版的“社会生活百科全书”，全国人大实行开门立法，《民法总则》草案3次向社会征求意见、2次向全国人大代表征求意见，共收到来自各方面的意见7万多条。2017年3月15日，《民法总则》经十二届全国人大五次会议表决通过，完成了民法典开篇之作，为编纂一部具有中国特色、体现时代精神、反映人民意愿的民法典打下了坚实基础。科学立法和民主立法的“双轮驱动”，使立法能够广泛听取各方面意见，使法律能够凝聚最大社会共识。

之于松，选择性执法、随意执法等问题引起的。一些地方在解决社会矛盾和纠纷过程中，常常采用花钱买平安等权宜之计，不仅不能从根本上解决社会矛盾和纠纷，而且还不断强化“大闹大解决、小闹小解决、不闹不解决”的错误观念。行政机关是实施法律法规的主体，严格依照法定权限和程序履行职责、行使权力，自觉维护公共利益、公民权益和社会秩序，是行政机关的天职。行政机关要秉公执法、唯法是从，既不能以言代法、以权压法，也不能法外开恩、徇私枉法，切实给不法分子以应有震慑，给人民权益以有效保护，在持之以恒的严格执法中确立法律的权威和尊严。加强对执法活动的监督，坚决防止和克服地方保护主义和部门保护主义，坚决防止和克服执法工作中的利益驱动，坚决惩治执法腐败，做到有权必有责、用权受监督、违法必追究，确保人民赋予的权力始终用来为人民谋利益。

坚持严格执法必须做到以下几点。首先，带头遵守法律。在我国的法律体系中，80% 以上的法规是由行政机关执行的，行政机关如果执法犯法，依法治国便无从谈起。其次，严格依法办事。行政机关的执法活动必须合乎执法要求：一是职权法定。对公民来说，法无禁止即可为；对政府来说，法无授权不可为。因此，行政机关的执法权力应由法律明确规定，未经法律授权，不得擅自行政。二是行为规范。严格执法与文明执法并不矛盾，执法人员要尊重当事人，不能把严格理解为严苛，更不能野蛮执法、以暴制暴。三是信守公正。行政机关在执法中应平等对待当事人，做到一视同仁。对当事人采取的措施要与违法情节相适应，避免罚过失当。再次，认真履行职责。对于行政机关而言，职权就是职责，不能随意放弃，放弃职权就是失职，就要追究法律责任。要完善行政执法体制，创新行政执法方式，严格落实行政执法责任制，确保每一部法律法规都得到严格实施，最大限度实现法律效果与社会效果相统一。

公正司法。所谓公正司法，是指司法过程和结果体现公平正义的原则。通常认为，司法权与其他国家权力相比具有以下特点：其一，司法权是判断性权力。司法即裁判，是适用法律处理具体案件的专门活动。它是基于社会纷争和违法犯罪的客观存在而存在的，它的使命就是依据既定标准判断是非曲直。其二，司法权是被动性权力。司法恪守“不告不理”的信条，只对起诉到法院的争议和案件依法处理。其三，司法权是中立性权力。司法就是依法居中裁判，中立性是司法的本质特征。其四，司法权是程序性权力。司法公正首先是程序公正，程序公正是实质公正的法律保证。其五，司法权是自主性权力。法官在审理案件时，立足于自己对事实问题和法律问题的独立判断，只服从法律。其六，司法权是终极性权力。社会纷争在通过其他途径不能得到妥善解决时，可由司法部门最终解决。因此，司法是定分止争、伸张社会公平正义、维护法律尊严和权威的最后一道防线。英国哲学家培根曾经说过，不公正的审判比违法为害更烈，因为违法不过是弄脏了水流，而不公正的审判则是败坏了水源。这在客观上要求我们规范司法行为，严格依照法律行使职权，切实维护法律的尊严和权威，把办理每一起案件都当作维护社会公平正义的具体实践，从实体上、程序上、时效上全面保障司法公正的实现。遵守司法程序，准确适用法律法规，积极回应人民群众对司法公正的关注和期待。提升司法品质，自觉遵守理性、平和、文明、规范的司法准则，严格按照法律规定的程序行使权力，以司法的程序公正确保司法的实体公正。

实现公正司法需要综合施治。一是把维护公平正义作为核心价值追求。司法的使命是解决矛盾和纠纷，其价值追求是实现公平正义。司法不公在侵害当事人权益的同时，更损害了司法权威，损害了人民对公平正义的信心。习近平总书记强调：“努力让人民群众在每一个司法案件中都能感受到公平正义，决不能让不公正的审判伤害人民群众感情、损害人民群众权益。”[1]为此，必须解决损害司法公正和影响司法形象的

[1] 中共中央文献研究室编：《十八大以来重要文献选编》，中央文献出版社2014年版，第91页。

突出问题，对司法腐败和损害群众利益的行为实行零容忍，决不允许滥用权力侵犯群众合法权益，决不允许执法犯法造成冤假错案。二是保障依法独立公正行使司法权。司法权是一项讲究独立思考、理性判断的权力，应独立于诉讼当事人，不受行政机关、社会团体和个人的干涉，不受权力、金钱、人情的干扰，真正做到谁审理、谁裁判、谁负责。切实把好每一起案件的事实关、证据关、程序关、法律适用关，确保办理的每一起案件都事实清楚、证据确凿、适用法律正确、裁判处理公正，让受到侵害的权利得到救济、违法犯罪行为受到制裁。三是坚持以公开促公正、以透明保廉洁，完善公开机制，创新公开方式，畅通公开渠道，建立审判流程公开、裁判文书公开、执行信息公开平台，为推进司法公开创造条件；通过司法公开，有效遏制司法不公、司法腐败等问题，确保司法公正、廉洁、高效。四是强化司法机关内部和外部监督，健全错案防止、纠正和责任追究制度，切实解决立案难、申诉难、执行难问题。

全民守法。所谓全民守法，是指任何组织和个人都必须严格遵守宪法和法律，任何组织和个人的行为都必须符合宪法和法律的规定。全民守法的本质要求是遵守宪法和法律，依照宪法和法律行使权利或权力、履行义务或责任，坚持宪法和法律地位的至上性和适用的平等性，任何组织和个人都不具有超越宪法和法律之上的特权。其中，科学立法是全民守法的法治基础。只有符合客观规律、反映人民意志的立法，才能获得人民群众的普遍认同和自觉遵守。严格执法是全民守法的关键环节。严格执法就是对人民群众根本利益的坚定维护，必然有利于促进全民守法。公正司法是全民守法的可靠保障。公正司法以公平正义为皈依，是对人民群众自觉守法的最好激励。有效普法是全民守法的必由之路。通过深入开展法治宣传教育，弘扬法治精神，培育法治文化，从而使其内化为人民群众的思想观念和行为方式。

实现全民守法，要正确处理法律与道德的关系，做到尊法与崇德相统一。法律和道德都是社会行为规范，守法的最高境界是恪守社会公德、职业道德、家庭美德和个人品德，守法的最低限度是法律的底线不能逾越、道德的底线不能触碰。要正确处理权利与义务的关系，做到维权与护法相统一。在法治国家，保障公民权益是国家的责任，维护自身权益是公民的权利，但公民必须通过合法途径表达利益诉求，运用法律武器维护正当权益，决不允许以违法的方式、破坏秩序的方式、侵害他人权益的方式维护自身权益。在实际生活中，法治的实行总是与人民根本利益的受益相联系，法治的破坏总是与人民根本利益的受损相联系，因而人民不当仅仅是被动的守法者，而当是积极的护法者，在充分运用法律武器维护自身权益的同时，应自觉同一切违反法律、破坏法治的现象做斗争。要正确处理学法与用法的关系，做到知法与守法相统一。凡是法律禁止的，坚决不做；凡是法律倡导的，积极去做，从而成为法治的忠实崇尚者、自觉遵守者、坚定捍卫者，为建设法治国家奠定牢固的社会基础。

人们的法律行为最能体现一个国家的法治文化，也是检验一个国家法治文化发展程度的主要标识。每一个生活在社会当中的人几乎都会发生法律行为。按照与法律接触的频率，可将公民划分为三个群体：法律工作者、国家机关工作人员、普通公民。法律工作者包括立法人员、司法人员和其他法律工作者，如律师、公证员、仲裁员等，法律工作者除了日常生活中的涉法行为之外，由于其从事法律工作，因而他们在工作中的行为绝大多数都属于法律行为；国家机关工作人员主要指法律机关之外的工作人员，从某种意义上讲，国家机关工作人员都是执法人员，都需要按照国家的法律法规来活动，因而他们的执法行为都属于法律行为；普通公民的法律行为是指他们在日常生活和工作中的涉法行为。[1]法治行为文化建设的要旨，就是把纸面上的法转变成行动中的法，使法

[1] 罗先泽、张美萍主编：《社会主义法治文化建设研究》，中国政法大学出版社2016年版，第115页。

治内化于心、外化于行，成为一种生活方式、一种行为习惯。为此，无论是法律工作者，或是国家机关工作人员，还是普通公民，都要树立“有权力就有责任，有权利就有义务”的观念，强化规则意识，倡导契约精神，弘扬公序良俗，严格按照法律规定办事，自觉履行法定义务和社会责任。

四、环境文化——学法尊法的法治环境

环境文化作为法治文化的外在表现，既包括能够营造法治环境的法治文学艺术，也包括能够承载法治文化的法治组织，还包括能够传递法治内涵的设施和法律器物，如法官的法袍、审判的法槌、检察官和律师的着装等，既适应了审判的需要，又展示了法治的功能，充分体现了法意服饰的直观性、象征性、专属性、庄重性、时代性、民族性的文化特征。法治环境文化通过器物外表和象征意义，烘托法治精神，昭示法治内涵，有利于营造法律和法治至高无上的权威感、庄严感和神圣感。[1]

法治文学艺术，包括法治语言、法治文学、法治艺术、法治影视、法治新闻出版等从不同侧面，以不同形式承载着法治文化元素，展示着法治文化精髓。通过文艺工作者的创作和表演，通过新闻工作者的观察和报道，通过文学作品、艺术作品、影视作品的语言设计、心理描写、性格刻画、人物塑造、场景烘托，追溯法治事件的演进过程，辨析法治事件的是非曲直，由此揭示出蕴涵其中的法治要义，使社会主义法治文化得到生动诠释，使人民群众从中深刻感受到法治文化与现实生活、切身利益的密切联系。这种宣传方式不是刻板的空泛的理论说教，而是对社会现实的真实写照，其题材来自社会生活，其内容源于社会生活，其艺术反映社会生活，其作用引导社会生活，对于增强人民群众的法治意识来说，具有明显的传播优势。法官、检察官、律师既是职业法律人，同时也是法治文化的重要载体，他们在法庭上通过适中的语速、平和的语气、专业的语言、简洁清晰的表达、公平公正的裁判，给人们展现出职业法律人的良好形象，

[1] 丁文:《对中国特色社会主义法治文化的粗浅认识》，载《中国法治文化》，2016年第7期。

以此赢得社会对司法的信任。

法治组织既是法治文化的重要载体，又是法治文化建设的重要力量。法治组织是根据法律所规定的不同职能而设立的。不同法治组织的存在，实现了法律活动和法律秩序中权力职能的分工。要使法律规范、法律制度能够在国家的政治生活和社会生活中得到充分实现，就必须建立与之相配套的法治组织。从我国的法治工作体系看，法治组织主要是指从事立法、执法、司法工作的机构。法治组织是国家法治建设的职能部门，推进法治组织建设，就是强化法治组织的立法、执法、司法理念，规范法治组织的立法、执法、司法程序，营造有法可依、有法必依、执法必严、违法必究的法治局面。这在客观上要求法治组织围绕建设社会主义法治国家这个主题，把自身的工作方式、工作程序、工作思路切实放到建设社会主义法治国家这个前提下重新思考、重新架构，通过改革创新，把那些有利于推进法治建设的思想方法和体现公平公正的工作思路发扬光大，对那些不利于公平公正的思想方法、工作流程、职业习惯及时予以改进，使国家法治成效与人民群众的法治期望逐步趋近。通过法治组织的具体工作，让人民群众看到公平公正的法治现实，看到公平公正的法治带来的福祉，是中国特色社会主义法治文化建设的应有之义。

法治设施作为直观法治的特殊形式，是指司法机关为保障司法活动的正常运行而设立或制作的建筑场所、器物、服饰以及其他文化设施。法治设施是借器物、服饰与建筑设计风格以表达法治理念的文化符号，当法治设施被赋予某种象征意义后，便可以借助特定的文字图饰把抽象的法治理念形象化，以彰显法治精神，传播法治理念。法治设施的类别大致可分为建筑设施、器物设施、服饰仪仗和其他文化设施。建筑设施是指专门用来开展司法或其他活动的场所或建筑物，例如办公楼、审判庭、展览馆、纪念碑、法治雕塑、法治广场等。司法机关的建筑设施要力求直观地展示法治的庄重、威严和神圣。器物设施是指为了保障司法活动正常开展而专门制作或配备的器物，例如法槌、警车、强制器械等。服饰仪仗是指为维护法律的尊严、显示法律的神圣而专门制作的服装佩饰和专门进行的仪式，例如法袍、警服、徽章、开庭仪式等。[1]法治设施的设计理念、象征意义及其所昭示的法治权威、所体现的法治精神、所营造的法治氛围，都有利于传播法治理念、强化法治意识，是法治文化最为直观的构成要素。

中国特色社会主义法治文化是多维度、多层面的集合体，具有强大的生命力和感召力。在研究法治文化建设时，应从观念文化、制度文化、行为文化和环境文化四个层面综合考虑，既要防止把社会主义法治文化过于抽象虚化，把法治文化建设仅仅理解为解决法治意识、法治精神、法治理念、法治信仰问题，也要避免把法治文化建设过于形象物化，把法治文化局限于法治宣传活动、法治影视制作、法治文艺演出、法治报刊举办、法治图书出版等具体文化活动。对于推进中国特色社会主义法治文化建设来说，无论是过于抽象还是过于形象的认识，都是对法治文化的片面理解，都难以正确把握法治文化的发展趋势。[2]中国特色社会主义法治文化建设是一项艰巨复杂的系统工程，只有从系统的观点出发，着重在整体与部分、部分与部分、整体与环境的相互联系中把握法治文化建设的系统性质和运动规律，才能达到顺利推进法治文化建设的目的。

[1] 李德顺主编:《中国特色社会主义法治文化研究》，中国政法大学出版社2016年版，第222页。

[2] 丁文:《对中国特色社会主义法治文化的粗浅认识》，载《中国法治文化》，2016年第7期。

第七章　中国特色社会主义法治文化的主要功能

作为一种稳定持久的社会力量，社会主义法治文化对促进社会主义法治建设发挥着重要的支撑作用，是社会主义法治建设的动力源泉。认识中国特色社会主义法治文化的主要功能，对于确立其战略地位，分析其制约因素，明确其路径选择，坚定其目标取向，推动社会主义法治文化建设不断开创新局面，具有重要的理论价值和实践意义。

一、法治文化的引导功能

法治文化的引导功能是作用于法治行为发生之前，通过规定人们必须做什么、应当做什么、允许做什么、禁止做什么，把社会成员的行为引入法治轨道。这是对法治行为模式以及法治行为后果进行综合考察、整体规划的功能。简言之，就是宣示善恶美丑，指导言行举止，评价功过是非，预测利害得失。引导是法治文化发挥作用、彰显价值的重要方式。

宣示善恶美丑。法律反映国家对于人们应当如何行为的意见和态度。这种意见和态度以赞成和许可或反对和禁止的形式昭告天下，向整个社会传达人们可以如何行为或必须如何行为的明确信息。因此，法治具有宣示善恶美丑、致力惩恶扬善的功能。打击贪污受贿、抢劫诈骗、走私贩毒、杀人放火等刑事犯罪，鼓励扶弱济贫、尊老爱幼、见义勇为、廉洁自律等社会美德，就是法治惩恶扬善功能的具体体现。惩恶，就是对违法行为进行惩处，防止违法行为造成更大的危害，同时也警示人们不能逾越法律红线、触碰法律底线，从而维护社会秩序、弘扬社会正气。扬善，就是清晰地告诉人们法治是保障自身权利的有力武器，只要在法治的轨道上行事，有益于社会，无害于他人，就能够确保自身权益不受侵犯、自身利益得以实现。充分发挥法治惩恶扬善的功能，有利于在全社会树立守法者得利、违法者吃亏、犯罪者必惩的价值导向，扶正祛邪，增强社会的凝聚力和向心力。[1]

法治文化具有不断强化国家意见和态度，并将这种意见和态度昭告

[1] 罗先泽、张美萍主编:《社会主义法治文化建设研究》，中国政法大学出版社2016年版，第83页。

天下的作用。这种作用的发挥是基于法治文化的强化原理，主要体现在正强化、负强化和零强化三个方面。正强化主要是指对符合法治要求的行为在全社会进行肯定和鼓励，使之不断巩固和增强。负强化主要是指对违反或背离法治要求的行为在全社会进行否定和惩处，使之逐步削弱或消除。零强化主要是指对某些行为既不予以肯定也不予以否定，而是随其自然的一种中立态度。法治文化通过其强化作用，昭告世人什么是国家赞成的，是应当做的；什么是国家反对的，是不该做的；什么是国家的政策导向、价值取向和发展方向，由此可以从国家的意见和态度中推断什么是明智之举，是可以做的；什么是愚蠢之举，是不能做的。具体来说，负强化体现在否定性法律后果对违法犯罪行为的制裁上，比如，对于触犯刑律的犯罪分子，剥夺其自由权和生命权等；零强化体现在对道德、宗教、习俗调整范围的宽容层面上，就是对那些不属于法律规范调整的社会关系予以默许，做到“法律的归法律，道德的归道德，宗教的归宗教，纪律的归纪律”，多元社会规范并存共处、和谐共生、相辅相成；正强化体现在肯定性法律后果对合法行为的褒奖和鼓励上。从负强化到零强化再到正强化，体现出法治文化从禁止的否定态度到允许的中立态度再到鼓励的肯定态度，最终目的是让尊重和遵守国家法律成为人们的一种习惯和自觉。[1]

指导言行举止。社会主义法治建设是一项崭新的事业，没有现成的经验和模式可供遵循，每推进一步都是一种尝试与探索，都需要科学的、系统的法理来引领和指导。法治文化可以为人们的行为提供一种模式、标准和方向，目的在于对人们的社会行为产生影响，从而将人们的言行举止导向合法的轨道。因此，法治文化是一种具有鲜明价值判断和价值取向的文化形态，具有引领和指导法治国家建设进程的功能作用。在实际生活中，坚持法律面前人人平等，既是一项众所周知的法治原

[1] 罗先泽、张美萍主编：《社会主义法治文化建设研究》，中国政法大学出版社2016年版，第86—87页。

则，同时也包含着上下一体遵行的行为规则。它确认和保护公民在享有权利和履行义务上处于平等的地位，不允许任何人有超越于宪法和法律之上的特权存在。其要旨是：公民平等地享有宪法和法律规定的权利，平等地履行宪法和法律规定的义务；任何人不得凌驾于宪法和法律之上，任何人不得超越于宪法和法律之外；公民在遵守法律上一律平等，公民在适用法律上一律平等；任何人不得强制公民承担法外义务，任何人不得强制公民接受法外处罚。人们正是依据平等这一法治文化要求，将法律面前人人平等的原则转化为具体的行为规则，从而使之易于操作和遵行。

法律作为行为规范，是通过一般原则和具体规则发挥作用的。行为规则是社会秩序和社会规范的重要内容。治理国家、治理社会，必须确立规则、遵守规则。行政法领域的自然公正原则就包含两个最基本的程序规则：一是任何人或团体在行使权力可能使别人受到不利影响时必须听取对方的意见，每一个人都有为自己辩护的权利；二是任何人或团体都不能作为自己案件的法官。其核心思想被凝练为两句法律箴言：任何人在受到不利影响之前都要被听取意见；任何人都不得做自己案件的法官。在行政执法中，这个原则表现为行政机关的决定对当事人有不利影响时，必须听取当事人的意见，不能片面认定事实，剥夺对方的辩护权利。这个听取利害关系人意见的程序反映到具体规则中，就是听证。没有规则不成方圆。法律就是国家最大的规则，规定了每个公民、法人、政党、社团必须遵守的基本行为规范。规则的规范作用和法治文化的教化作用是法治的内在力量，而规则的实际效用又依赖于法治文化的发展繁荣，因为人们的社会行为总是要接受文化的指令。当面对复杂多变的现实时，法治的文化功能就在更深的层次上引导人们把握法治的规则要求，将其内化为理性的行为选择，避免任性对法治的践踏。在当今世界，德国民众和日本民众是最具规则习惯的民众，凡是有明文规定的，都会自觉遵守；凡是有明令禁止的，都不会去触碰。相比之下，我国民众对待规则的态度却令人深感惭愧，“中国式过马路”可以说是我国民众规则意识缺失的典型写照。[1]

评价功过是非。法治文化作为一种特殊的行为规范，具有判断、衡量人们行为是否合法的功能，这与法治文化的引导功能密切相连。既然法治文化具有引导功能，那么它就必然会成为人们行为的评价标准。从法治文化的结构维度考察，法治文化是显型结构与隐型结构的统一。在显型结构层面上表现为良好的法律规则和法律原则、完备的法律制度和法律体系、完善的法律组织和法律设施、严格的执法程序和司法程序等。在隐型结构层面上表现为社会主体民主法治意识、权利义务观念、公平正义精神等。显型结构的法治文化作为一种行为标准和尺度，具有判断、衡量人们行为的作用。法治文化既能判断人们的行为是合法的，还是违法的，还由于法治文化是建立在理性基础之上的，因此也能衡量人们的行为是善良的、正确的，还是邪恶的、错误的，并通过这种评价影响人们的价值观念和是非标准，从而达到引导人们行为的效果。在现实生活中，法治文化经常作为一种社会舆论而出现，能够通过详细陈述经过认真核实的事实真相，如实反映相关人员的实际作为，使各种违法现象完全暴露在光天化日之下，受到鞭挞和抨击；使各种犯罪行为在强大的舆论压力面前，受到警示和震慑，并推动相关部门对揭露出来的问题做出及时处理。

法治文化同道德文化、宗教文化、风俗习惯和社团规章等都具有行为评价作用，但法治文化所做出的评价却有着与众不同的特点。一方面，法治文化的评价具有较强的客观性。法治文化的评价标准主要有合法与违法之分。换言之，什么行为是正当的，什么行为是不正当的，这在法律规范中有明确的规定。同时，法律不是个人意志的产物，而是由众人经过严格的程序制定出来的，因此，法律规范对行为的评价总体上

[1] 张文显:《法治的文化内涵——法治中国的文化建构》，载《吉林大学社会科学学报》，2015年第4期。

说是不会因人而异的。另一方面，法律规范的评价具有普遍的有效性。在同一社会，由于道德观念和价值取向不同，人们对一定行为所做出的评价往往是智者见智、仁者见仁。对于法律规范来说则不同，无论人们的主观愿望如何，只要他们的行为进入了法律行为的范畴，法律规范的评价对他们来说就是有效的，如果不想受到法律的制裁，他们的行为就必须在客观上与法律的评价协调起来。在实际生活中，通常受到法治文化严格熏陶的人，都会自觉防范灯红酒绿的染指、糖衣炮弹的袭击、金钱美色的诱惑、利益集团的围猎，以谨慎之心对待权力，以淡泊之心对待名利，以警惕之心对待诱惑，以谦虚之心对待身份，始终保持崇高信念上的顽强定力、高尚品格上的顽强定力、良好操守上的顽强定力，切实经受住权力、金钱、美色、人情的考验，守住做人、处事、用权、交友的底线。相反，谁目无法纪、为所欲为，等待他们的就是法网，就是铁窗。以史为镜，可以知兴替；以法为镜，可以知荣辱。一些贪官忏悔的眼泪对于自己来说可能为时已晚，但对于仍然掌握重权的领导干部来说，至少可以从中得到这样的教益：从政之路，如履薄冰，稍有不慎，就会坠入万劫不复的深渊。与其悔之于终，不如慎之于初。唯其如此，方可永葆清白，终生无虞。

预测利害得失。法治文化具有预测功能，或者说法治文化具有可预测性的特征，指的是在一定的法治文化氛围下，一个人可以预先估计到人们之间将怎样行为以及行为的后果如何等，从而对自己的行为做出合理的安排。这种预测作用的对象是双方之间的互动行为，包括公民之间、法人之间、国家之间以及公民、法人、国家之间的互动行为。法治文化的规范性和明确性的特点，使人们可以对彼此之间的互动行为进行预测。同时，法规制度的公开性和在一定时期内稳定性的特点，也给人们对未来的行为及其后果进行预测提供了可能。一般而言，它分为两种情况：一是对如何行为的预测。即当事人根据社会法治文化环境预计对方将如何行为，自己将如何采取相应的行为对策。二是对行为的后果进行预测。由于法规制度的存在，人们可以预见到自己的行为是合法的还是违法的，是有效的还是无效的，是会受到法律肯定或保护的，还是会受到法律否定或制裁的。这种预测能够对人们的行为选择进行事先干预，有利于维护社会关系和社会秩序的稳定。[1]

按照马克思主义的观点，“人们为之奋斗的一切，都同他们的利益有关”。[2]利益本身可以诱发犯罪。然而大千世界，万物是相生相克的，正是人们趋利避害的特性，决定了利益机制也能减少人们的犯罪动机，从而遏制犯罪。依法惩治犯罪分子，可以对抱有犯罪动机的人发挥三个方面的威慑作用：使其恐惧名誉地位的丧失，恐惧既得利益的丧失，恐惧人身自由的丧失，由此使人们形成不敢违法的心理约束，以期达到有效遏制犯罪的目的。由于法治和法治文化的存在，使人们可以预见自己的行为将会带来何种法律后果，从而促使其对自己的行为做出合法的安排。[3]不自重者致辱，不自畏者招祸。对于具有预测功能的法治和法治文化来说，这一点并非言之不预，因而要求生活在社会当中的每一个人都必须注重慎行，不该去的地方不去，不该做的事情不做，不该要的好处不要。注重慎独，环境宽松不妄为，于无人处亦检点。注重慎微，勿以恶小而为之，勿以善小而不为。注重慎初，洁身自好，防微杜渐。法治文化通过传播法治知识和法治理念，能够培育人们的法治思维和法治

[1] 罗先泽、张美萍主编:《社会主义法治文化建设研究》，中国政法大学出版社2016年版，第86页。

[2] 《马克思恩格斯全集》(第一卷)，人民出版社1995年版，第187页。

[3] 党的十八大以来，党中央对反腐败国际追逃追赃工作高度重视，要求各有关部门加大交涉力度，不能让国外成为腐败分子的“避罪天堂”，腐败分子即使逃到天涯海角也要追回绳之以法。截至2018年11月30日，天网行动先后从120多个国家和地区追回外逃人员4997人，其中百名红通人员56人，追回赃款105.14亿元人民币。在中央反腐败协调小组的统筹协调下，2016年7月13日，拥有多本护照、潜逃国外长达18年之久的“百名红通人员”朱海平从美国回国投案自首；2016年11月16日，潜逃国外长达13年之久的“百名红通人员”头号嫌犯杨秀珠从美国回国投案自首。这项工作对企图外逃的腐败分子产生极大威慑。据统计，2014年新增外逃人员为101人，2015年降到31人，2016年降到19人，2017年1—5月降到4人，呈现出逐年下降的趋势。

认知能力，使社会成员自觉接受法律之治。法治文化为人们解读法律法规和司法案例，领悟其中所蕴含的行为规范和制度安排提供了知识准备，使社会成员能够了解自己的权利和义务，正确地判断什么行为合法，什么行为违法。法治文化不仅体现在教育方面，即传播法治知识，而且体现在教化方面，即规范自身行为。人们对自身行为的调控，要么出于外在的强制，要么出于内在的自觉。法治文化兼具这两方面的功能，对人们的行为选择具有很强的引导、规范作用，从灵魂深处为人们的行为模式确定基调，使人们尽可能地依法作为。

二、法治文化的教育功能

法治文化作为一种文化资源，在引导人们思想和行为的同时，通过伸张正义、鼓励进步、表彰合法、鞭挞违法，以其内在的力量发挥教育人们树立正确思想意识、价值观念的功能，即通过自身的存在和运作产生广泛的社会影响，促使人们弃恶扬善，正直为人。法治文化这种特定的教育功能，主要通过法律的具体内容显现出来，同时又通过法律的实施过程体现出来。

培养法治主体。法治的关键在于法律的遵行与信守。明代张居正曾言，“天下之事，不难于立法，而难于法之必行”。经验表明，成功的法律实施离不开强制力，但法律的强制力又总是有限的，确保法律的遵行与信守离不开法治文化的支持。这种支持主要体现在对法治主体的培育上。首先，文化是塑造人的重要手段。没有法治文化，就不会有社会成员尊法、守法习惯的养成。法治文化有明确的社会教化作用，决定和支配着社会成员的价值取向和行为方式。法治文化能够把体现在原则和规则中的思想、观念和价值灌输给社会成员，使社会成员在内心确立对法律的信念，从而达到法律的外在规范内在化，进而形成尊重和遵守法律的习惯。其次，文化是人的一种社会化方式。社会化是文化传递与延续的过程，其实质是社会文化包括价值标准、行为规范的内化。法治文化发挥教育功能的过程，就是通过法治实践使法治文化内化为人们的法治素养的过程。再次，文化是社会秩序形成的基础。法治文化对社会秩序的构建起着基础性的作用，并对社会秩序结构模式的选择有着决定性的影响。法治秩序的构建与法治文化的形成是同源同流、密不可分的，要建立一种更加合理的社会秩序，实现法治秩序，有赖于法治文化的充分发展。[1]只有实现传统法律文化的现代化，从经济、政治、文化等各方面促成现代法治文化的形成，才能构建起理想的法治秩序。

法律的生命在于实施，法律的实施在于人。如果说一个公民是一个个体，那么整个国家就是由无数个体所组成的。个体作为社会细胞，在社会活动中必须遵守法律，这是法治国家的基本定律。只有人人都遵守法律，社会秩序才有保证，社会和谐才能实现。正因为如此，培养合格的法治主体是实施依法治国基本方略的前提，也是建设社会主义法治国家的依托。这就要求我们大力推进法治文化建设，积极营造法治文化氛围，并通过发挥法治文化的教育功能，为依法治国和社会主义法治国家建设培养学法、尊法、守法、用法的合格公民。与其他社会规范不同，法律是规定权利和义务的社会规范，以权利和义务为机制，影响和规范人们的行为。正是由于法律是通过规定权利和义务的方式调整人们的行为，因而人们在法律上的地位就体现为一系列法定的权利和义务。如果说遵守法律就是以法律为自己的行为准则，依照法律行使权利、履行义务的活动，那么，一个合格的法治主体就主要表现在对于权利和义务的概念有着清晰的认识，能够深刻懂得自己是摆脱了人身占有关系和人身依附关系的公民，并作为一个具有独立地位、独立意识、独立人格的权利主体加入社会关系之中；能够明确知道主体的本质在于参与，参与国家政治生活和社会公共事务是自己的权利，也是自己的责任；能够全面了解自己享有权利的内容以及行使权利的途径，并尊重他人的同样权利，使自己在行使权利时不损害他人和社会的利益。

提升法治素养。国家的法治化离不开人的法治化。法治的主体是人，任何法律都需要人来贯彻实施。提高公民的法治素养是全面推进依法治国的基石，是有效实施依法治国方略的保证。所谓法治素养，是指一个人掌握和运用法治的能力，它包括三层含义：一是法治知识，这是

[1] 罗先泽、张美萍主编:《社会主义法治文化建设研究》，中国政法大学出版社2016年版，第88页。

法治素养的客观方面；二是法治意识，这是法治素养的主观方面；三是法治信仰，这是法治素养的最高境界。学法知法是法治素养的基础条件，尊法、守法是法治素养的内在要求，用法护法是法治素养的重要标志。在一段时间里，民间对我国的法治现状有这样的调侃，“三个基本法：领导的看法、领导的想法、领导的说法；三个司法原则：大案讲政治、中案讲影响、小案讲法律；三个法治状况：严格立法、随意执法、普遍违法”。对于一些权益受到侵害的公民而言，“信法不如信访，信访不如信网”几乎成了超越法律之上的“规则信仰”。当执法不严、司法不公阻碍于公平正义面前时，当法律武器难以帮助公众排除维权障碍时，从法外寻求救济的情形就很容易发生。因此，切实提升法治素养，必须坚决摈弃以言代法、以权压法、贪赃枉法的痼疾，以实际行动引导民众发自内心认同法律、信仰法律，让法治在民众心目中生根，在社会运行中生效。

全面推进依法治国，有赖于提升全体人民的法治素养；提升全体人民的法治素养，有赖于抓住关键少数，遵循法治专门人才队伍特殊的职业素质、职业能力、职业操守要求，努力提升法治专门人才队伍的法治素养，为依法治国、建设社会主义法治国家提供有力的人才保障。法治专门人才队伍是法治国家建设的重要力量，同时肩负着研究法治理论、弘扬法治精神、创作法治文艺作品等多重使命，是营造全社会法治氛围、培育全民族法治信仰的灵魂工程师。因此，法治专门人才队伍应当是一支政治过硬、业务过硬、责任过硬、纪律过硬、作风过硬的队伍，一支信念坚定、执法为民、敢于担当、清正廉洁的队伍。法治专门人才队伍是否具有较高的政治素养、法律素养、道德素养，对于能否依法治国、建设社会主义法治国家至关重要。只有法治专门人才队伍具有较高的政治素养，坚持党的事业至上、人民利益至上、宪法法律至上，永葆忠于党、忠于国家、忠于人民、忠于法律的政治本色，确保刀把子牢牢掌握在党和人民手中；具有较高的法律素养，信仰法律、坚守法治，铁面无私、秉公执法，努力完成党和人民赋予的各项任务；具有较高的道德素养，模范遵从社会公德、信守职业道德、弘扬家庭美德、修炼个人品德，从而成为公序良俗的引领者、诚实守信的实践者、公平正义的维护者，依法治国，建设社会主义法治国家才会有可靠的依托。

涵育法治心态。作为广大民众面对法治体系所具有的普遍性、代表性的心理特征和心理倾向，良好的法治心态对于保证法治体系的正常运行必不可少。在法治社会条件下，人彻底摆脱了人身占有关系和人身依附关系，赢得了作为人的尊严，拥有自主的地位和独立的人格，能够以自己的本性所固有的方式去生活，积极从事自由自觉的创造活动，从而成为自己的主人。同时，人彻底摆脱了遭受欺压和凌辱的处境，赢得了作为人的权利，有权决定国家拥有哪些权力，这些权力由哪些人行使，行使这些权力应遵循何种规则，违反规则应承担何种责任；有权通过各种途径参与国家经济生活、政治生活、文化生活和社会生活的决策与管理，从而成为国家的主人。在法治社会条件下，人们遵守和执行的法律都是由人们自己参与制定的，都是人们自己意志的反映和利益的体现，因而人们遵守和执行法律的义务乃是基于这样一个事实：这些法律是自己参与制定的，与自己的利益息息相关，因而自己就不言而喻地承担了遵守和执行的义务。

良好法治心态的涵育，离不开良好社会心态这块沃土的滋养。社会心态是指一个国家和社会一定时期内所具有的普遍性、代表性的心理特征和心理倾向，是整个社会的社会感受、社会情绪、社会共识及社会价值观念的总和。社会心态反映着特定历史时期整个社会的风气以及民众的信仰、追求及精神状态，并在一定程度上左右着人们的行为方式。社会心态良好，有助于社会安定有序、人民安居乐业。良好的社会心态有着丰富的内涵。自尊自信是心理健康的重要标志，也是一个人成就事业必须具备的心理特质。理性平和是人对事物的态度体验，反映了人对需求满足感的一种主观特征。积极向上是保持蓬勃朝气、激昂锐气，积极进取、蓬勃向上，努力适应新形势、解决新问题、开创新局面的一种精神状态。良好的社会心态，是涵育良好的法治心态的心理基础。反之，求名之心过盛必作伪，私欲之心过强多偏执，怀有不良心态很容易导致言行举止偏离法治轨道。纵观人类社会发展史，任何社会的改革发展进程，都不可避免会涉及利益调整及利益群体的分化，并通过不断整合而达到新的平衡，我国的改革发展进程也不例外。自尊自信、理性平和、积极向上的社会心态，能够使全体人民牢固树立法律是定分止争的实践理性、法治是化解矛盾的最佳方式等先进理念，通过建立具有整合功能的社会协调机制，调解和平衡贫富关系、劳资关系、城乡关系、区域关系等社会关系，最大限度地包容不同群体的利益诉求，最大限度地减少社会矛盾和利益冲突，使各种利益群体既各尽其能、各得其所而又和睦相处。

营造法治环境。人非草木，孰能无情。正因为人是有感情的，是会被感染的，因而法治文化才能够发挥作用。况且人与人之间的情感还会相互影响、相互感染、相互触动，从而形成一种从众效应，进而决定着人们的行为选择。当一个人的情感得到了群体的认同，就很容易引起情感共鸣，并对其他人的情感产生强烈的感染，甚至由个人的情感转化为群体的情感，从而对群体成员行为产生深刻的影响。法治文化之所以重要，是因为它能够创设一种浸染、弥漫在整个社会之中，强烈影响人的道德情感、价值选择、人格塑造、思维方式、行为习惯的教育环境和组织氛围，对人的成长具有不求而至、不为而成的潜移默化、润物无声的促进作用。清新的法治文化环境，能够使人在不知不觉中，自然而然地受到感染和熏陶。如果整个社会环境都能体现法治的品格，都能给人一种秩序井然的文化享受和催人奋发的心理感受，那么这种环境就会如同一位沉默而具有风范的师长，促使人的信息接受系统保持开放的、亲和的状态，由欣赏而动情，由动情而移性，从而不断增强现实生活中的教育因素，对人的成长进步起到无声的启迪和引导作用。

当今世界，现代化的基本标志就是信息化。所谓信息化，就是利用信息技术，开发信息资源，促进信息交流和知识共享，提高经济增长质量，推动经济社会发展转型的历史进程。信息化是一个国家由物质生产向信息生产、由工业经济向信息经济、由工业社会向信息社会转变的动态的渐进的过程。这个过程表现为信息资源越来越成为整个经济活动的基本资源，信息产业越来越成为整个经济结构的基础产业，信息活动越来越成为经济增长不可或缺的一支重要力量。信息化与法治化紧密相连。一个信息化国家必然是法治化国家，一个信息化强国必然是法治化强国。信息化的数字化、智能化、网络化特征，对整个国家的法治化提出了更高要求。从实际情况看，网络上的信息良莠并存、鱼龙混杂，既有思想健康的红色信息，也有混淆视听的灰色信息，还有粗俗不堪的黄色信息，更有以我为敌的黑色信息。网络空间天朗气清、生态良好，符合人民的根本利益。网络空间乌烟瘴气、生态恶化，违背人民的根本利益。谁都不愿生活在一个充斥着虚假、欺诈、攻击、谩骂、恐怖、色情、暴力的空间。而没有严明的规则之治，就没有清朗的网络空间。网络空间要持续健康发展，必须运用法治思维和法治方式探索构建理性有序、充满活力的网络空间之道，加强网络立法，严格网络执法，引导网民自觉守法，全面推进网络空间法治化，让互联网在法治轨道上健康运行。法治发展行进到哪里，法治文化建设就要跟进到哪里，客观上要求我们强化法治思维和法治方式，重视发挥法治规范引导网络行为的基础作用，依法明确网络行为底线、网络空间红线、网络违法违规高压线，为运营者建网办网提供遵循，为网民上网用网提供规矩，为监管者管网治网提供依据，依靠严密的法治网打造规范的互联网。

三、法治文化的整合功能

整合功能是文化的一种重要功能。法治文化作为一种文化类型，自然具有文化的一般功能。从我国实际情况看，维护社会和谐稳定，实现国家长治久安，是党和人民的根本利益所在。只有实行法治，运用体现人民意志的法治文化整合社会利益、规范社会行为、维护社会秩序，才能从根本上消除内忧外患的困扰，确保社会制度连续，社会关系协调，社会取向一致，社会变革有序。

明确社会发展路径。我国《宪法》以国家根本法的形式，确认了中国共产党领导中国人民进行革命、建设、改革的伟大斗争和根本成就，确立了国家的国体和政体，确定了国家的根本任务、领导核心、指导思想、发展道路、奋斗目标，规定了根本政治制度和基本政治制度，规定了人民主权原则、依法治国原则、制约权力原则、保障权利原则等。其中，人民主权原则、依法治国原则、制约权力原则、保障权利原则是宪法的基本原则，是贯穿宪法制定和实施过程中的基本精神，也是社会主义法治文化的重要体现。对于人民主权原则，我国宪法规定：中华人民共和国的一切权力属于人民。人民行使国家权力的机关是全国人民代表大会和地方各级人民代表大会。人民依照法律规定，通过各种途径和形式，管理国家事务，管理经济和文化事业，管理社会事务。对于依法治国原则，我国《宪法》规定：中华人民共和国实行依法治国，建设社会主义法治国家。一切国家机关和武装力量、各政党和各社会团体、各企事业组织都必须遵守宪法和法律。一切违反宪法和法律的行为，必须予以追究。任何组织或者个人都不得有超越宪法和法律的特权。对于制约权力原则，我国《宪法》规定：中华人民共和国的国家机构实行民主集中制的原则。全国人民代表大会和地方各级人民代表大会都由民主选举产生，对人民负责，受人民监督。国家行政机关、审判机关、检察机关都由人民代表大会产生，对它负责，受它监督。对于保障权利原则，我国宪法规定：国家尊重和保障人权。任何公民享有宪法和法律规定的权利，同时必须履行宪法和法律规定的义务。我国《宪法》反映了我国各族人民共同意志和根本利益，从宏观上明确了我国社会发展路径，是党领导人民治国理政的总依据。

法治文化影响和制约着法治的发展走向。秉承什么样的法治文化，决定了营造什么样的法治社会，引领什么样的法治之路。中国特色社会主义法治文化具有深刻的政治意蕴，科学回答了当代中国法治建设举什么旗、走什么路等根本问题。党的十八届四中全会明确宣示：建设中国特色社会主义法治体系，建设社会主义法治国家，必须坚定不移走中国特色社会主义法治道路。其核心要义和总体框架：一是坚持中国共产党的领导，这是中国特色社会主义法治道路的本质要求。党的领导是中国特色社会主义最本质的特征，是全面推进依法治国最根本的保证，也是社会主义法治与资本主义法治最显著的区别。坚持党的领导、人民当家做主、依法治国的有机统一，把党的领导贯彻到依法治国全方位和全过程，是我国社会主义法治建设的一条基本经验。二是坚持中国特色社会主义制度，这是中国特色社会主义法治道路的制度基础。中国特色社会主义制度是中国共产党把马克思主义基本原理与我国具体实际相结合，在推进社会主义制度自我完善和发展过程中，在我国经济、政治、文化、社会等各个领域逐步形成的一整套相互衔接、相互联系的制度体系，是中国特色社会主义特点和优势的集中体现，是全面推进依法治国的根本制度保障。三是坚持中国特色社会主义法治理论，这是中国特色社会主义法治道路的根本遵循。中国特色社会主义法治理论，是我们党领导人民立足中国法治建设实际，传承中国传统文化精华，借鉴人类法治文明成果，在法治建设的历史进程中艰辛探索的理论成果和经验总结，是全面推进依法治国的理论基础和行动指南。中国特色社会主义法治道路植根中国社会，符合现实国情，反映人民意愿，顺应时代潮流，是实现国家长治久安的必由之路，是创造人民美好生活的必由之路。

平衡社会利益关系。社会主义法治是人民意志的集中体现，是人民利益的根本保障。一方面，社会主义法治是社会关系和社会行为的调节器和平衡器，通过法定的民主程序制定法律，能够最大限度地反映社会利益诉求；另一方面，社会主义法治的基本属性是平等，平等地保护公民合法权益，公正地协调社会利益关系，能够最大限度地达成社会共识。从实际情况看，我国社会转型过程中社会分化引起的社会利益结构的重大变化，产生了诸多社会矛盾和现实问题。为了对深刻变化的社会结构进行新的整合，形成新的稳态，必须充分发挥社会主义法治文化的整合功能，积极探索新的整合方式、整合手段和整合途径。[1]一是统筹协调个人利益和集体利益。统筹协调个人利益和集体利益是增进个人幸福和确保社会正常运行的内在要求。个人利益和集体利益从根本上是一致的。只有实现人民群众的个人利益，才能调动每一个人的积极性，促进整个社会的发展；只有不断夯实壮大集体利益，实现个人利益才会有切实的保障。二是统筹协调局部利益和整体利益。局部利益和整体利益是相对而言的。统筹协调局部利益和整体利益，主要是统筹协调地区利益、部门利益、行业利益与国家利益的关系，使地区利益、部门利益、行业利益与国家利益同步发展。三是统筹协调当前利益和长远利益。既要注重经济社会的当前发展，努力实现维护发展人民群众的现实利益，又要注重经济社会的未来发展，努力实现维护发展人民群众的长远利益。

改革开放以来，我国在坚持按劳分配为主体的基础上，允许和鼓励资本、技术、管理等要素按贡献参与分配，调动了各方面的积极性，推

[1] 罗先泽、张美萍主编:《社会主义法治文化建设研究》，中国政法大学出版社2016年版，第83页。

动了生产力的发展。同时，也带来了收入差距拉大等一些新的问题，要求我们依据全面建成小康社会的目标，调整国民收入分配格局，提高劳动报酬在初次分配中的比重，努力实现劳动报酬增长和劳动生产率提高同步；积极推进分配制度改革，运用体制、机制、政策、税收等手段，采取扩大中等收入、保障过低收入、调控过高收入的措施，实现经济增长最大化与财富分配公平化的统一；完善最低工资和工资支付保障制度，努力缩小城乡、区域、行业收入分配差距；加快保障社会公平的各项制度建设，逐步建立以权利公平、机会公平、规则公平为主要内容的社会公平保障体系。在深化分配制度改革、完善社会保障体系、加大扶贫攻坚力度的基础上，通过法治的方式和法治文化的力量，统筹经济、政治、文化、社会、生态文明建设，统筹东部、中部、西部发展，统筹人口增长、资源开发、环境保护，统筹先富群体、后富群体、未富群体的利益诉求，既有效保护发达地区和先富群体的发展活力，又切实改善贫困地区和未富群体的生活境遇，在把“蛋糕”做大的同时，把“蛋糕”分好，确保发展成果更多更公平地惠及全体人民，让每一个人都能切实享有人生出彩的机会、梦想成真的机会。实践证明，与社会主义分配制度和社会主义保障制度相联系的社会主义法治文化，有利于强化人们对社会主义利益共同体的认知和认同，是平衡社会利益关系的有效机制。

化解社会矛盾纠纷。社会矛盾是普遍存在的，而且往往是一定生产力条件下的生产关系所制约的利益关系的反映，因而社会矛盾说到底都是人们之间的利益矛盾，化解社会矛盾就是要化解人们之间的利益矛盾。从我国实际情况看，利益关系、利益矛盾多种多样，比如，政府和市场的关系，经济和社会的关系，城市和乡村的关系，沿海和内地的关系，生产和消费的关系，人文和自然的关系，国内发展和对外开放的关系，国内大局和国际大局的关系，个人利益和集体利益、局部利益和整体利益、当前利益和长远利益的关系，速度、结构、质量和效益的关系，实体经济和虚拟经济的关系，等等。任何一种关系统筹协调不好，都会影响我国的整体发展，都会影响中国特色社会主义事业的稳步推进。同时，不同社会条件下的利益关系、利益矛盾的性质也有很大区别，处理这些关系和矛盾的方法手段也多种多样。实践证明，法律是定分止争的有效手段。[1]法律明确规定了社会成员的行为和利益边界，是社会利益关系的最大公约数，能够被全体社会成员普遍认同和遵守。在法治轨道上解决矛盾和纠纷，可以避免或减少矛盾激化和社会冲突，确保整个社会和谐有序。

随着中国特色社会主义进入新时代，我国社会主要矛盾已经转化为人民日益增长的美好生活需要和不平衡不充分的发展之间的矛盾。在新的时代条件下，人民美好生活需要日益广泛，不仅对物质文化生活提出了更高要求，而且在民主、法治、公平、正义、安全、环境等方面的要求也日益增长。与之相比较，我国发展不平衡不充分问题更加突显出来。部分中低端产品过剩和中高端产品供给不足并存，公共服务还有不少短板，城乡区域发展差距和居民收入分配差距仍然较大，生态环境问题突出，等等。因各种原因引发的社会矛盾已经成为影响社会稳定的重要因素，要求我们运用法治思维和法治方式化解矛盾纠纷，推动维护稳定工作迈入依法治理的轨道。例如，对于房屋拆迁中发生的矛盾冲突，仅限于对官僚的冷漠和资本的贪婪的舆论谴责是远远不够的，要真正实现社会公平正义，还必须推进拆迁制度的深刻变革，即在法治的框架内寻求合理解决地方政府、开发商、拆迁户等多元主体利益冲突的有效途

[1] 定分止争出自《管子》："法者所以兴功惧暴也，律者所以定分止争也，令者所以令人知事也。"定分即确定名分，止争即止息纷争。法律中常用这个词语表示确定物品的权属。《慎子》中曾用一个例子说明定分止争："一兔走街，百人追之，分未定也；积兔满市，过而不顾，非不欲兔，分定不可争也。"意思是说，一只兔子在街上跑，后面很多人追逐它。但市场上有很多兔子，却没有人去掠取它，是因为前者的权属没有确定，后者的权属已经确定。中国古代法律文献对法律的功能有比较全面的阐述，强调的是定分止争。这个例子表明，诸如野兔之类的物品在名分未定的情况下，即使是圣人也会去追逐它，而在权属已定时，即使是盗贼也不能随意掠取它。由此可见，定分止争是各个时代法律的基本功能。

径。与此同时，运用法治文化的力量推进民事调解，为构建和谐社会创造条件。民事纠纷是社会矛盾的具体体现，社会矛盾解决的效率又决定着社会和谐的质量。从实际情况看，每年平均500万件民事案件都通过诉讼的方式来解决，不仅难以消除社会矛盾，而且有可能诱发更多的不和谐因素。因此，诉讼调解就成了司法工作的重点。近年来，全国民事案件调解结案率超过30%，不仅提高了结案效率，而且实现了案结事了，当事人之间的关系从敌视、对抗转为和睦、友好，社会和谐的根基更加牢固。

凝聚社会最大共识。随着我国经济体制深刻变革、社会结构深刻变动、利益格局深刻调整、思想观念深刻变化，人们思想和行为的独立性、选择性、差异性、多变性明显增强。在利益多元化的今天，我国改革发展既面临攻坚期和深水区的考验，又面临一系列突出矛盾和问题的困扰。例如，发展方式粗放，产业结构失衡，民生保障、生态环境、社会治安等关系群众切身利益的问题较多，形式主义、官僚主义等问题突出，一些领域消极腐败现象易发多发，等等。而无论是处理矛盾，还是解决问题，法治都是社会最大的共识。因为我国的法律是在党的领导下，由国家权力机关通过法定程序集中全体人民的意志制定的，是举国上下必须严格遵守的普遍行为规范和共同行为准则。在当代中国，只有实行法治，才能治国安邦；只有实行法治，才能有效解决改革发展所面临的各种矛盾和问题。在这个过程中，法治文化从内心深处为人们的行为模式确定基调，引导人们按照法治精神对经济、政治、文化以及社会生活中的矛盾和问题做出正确判断，并以其所负载的核心价值、内在精神、基本理念为社会行为提供指导，从而推动社会对这些矛盾和问题的解决，确保经济社会在复杂环境中平稳有序发展。

从现实情况看，社会整合表现为两种形式：一种是认同性整合，一种是互补性整合。认同性整合是建立在共同利益基础之上的整合，是由于社会群体代表着人们的利益而使人们对其产生一致性认同，这种认同促使人们自觉地维护群体的利益，从而使分散的社会成员凝聚成一个联系紧密的社会群体。互补性整合是建立在特殊利益基础之上的整合，是由于社会成员、社会群体之间的异质性和互补性而产生的相互依赖关系，这种依赖关系促使社会成员、社会群体凝聚成一个联系紧密的社会整体。社会主义法治文化能够使各种利益群体按照正常的民主渠道表达自己的意愿，使国家在制定法律和政策时能够充分反映这些意愿，通过扩大国家法律和政策的调控幅度，将不同的利益群体纳入自己的体系之中，从而避免对抗，减少疏离，增进人们对法律制度的认同。法律制度一旦得到社会的普遍认同，就会形成法律权威，形成维护这种权威的群体压力，这种群体压力不仅可以强化人们对法律权威的服从意识，而且还会对那些出于个人原因而无视法律权威的社会成员形成一定的约束力。这实际上是一种认同效应。社会主义法治文化能够使具有不同利益取向的社会群体按照既定的程序参与政治，通过相互沟通，化解利益矛盾，在公平竞争、和平共处的基础上涵化互异因素中的积极成分，由此实现群体上的共存共荣，利益上的互增互补。这实际上是一种互补效应。认同效应与互补效应百虑一致，殊途同归，从不同侧面共同维护着社会的稳定。

四、法治文化的规范功能

法治文化的规范功能，是指通过对法治原则的把握和法律规则的适用，使人们对法治的认知水平得到提升，并逐步从法律条文层面进入内心律令层面，最终形成一种科学立法、严格执法、公正司法、全民守法的行为习惯和行为自觉。在实际生活中，立法机关的立法是否科学、民主，行政机关的执法是否合法、合理，司法机关的审判是否公正、公平，公民的行为是否守法、守规，对于这些具体行为，法治文化不仅为人们提供了一个客观的评价标准，而且为人们提供了一个公正的规范尺度。其中，法治原则作为指导法治建设的基本准则、规范法治行为的基本依据，既反映了一定时代社会中的思想观念和价值取向，又体现着人们通过法治调整社会关系所希望达到的目标和境界。

规范立法行为。立法原则是立法主体据以进行立法活动的重要准绳，是立法指导思想在立法实践中的重要体现。立法原则主要有以下几点。一是宪法原则。宪法是万法之法，是具有最高法律效力的根本法。其他所有法律法规，都要以宪法作为立法依据或基础，不得同宪法相抵触。二是法治原则。其基本要求体现为立法权的存在和行使应有法的根据，立法活动应依法进行，社会组织或成员以立法主体的身份开展活动，其行为应以法为规范，行使法定职权，履行法定职责。三是民主原则。其含义和内容包括：立法主体是广泛的，人民是立法的主体，立法权在根本上属于人民，由人民行使，中央与地方、权力机关与行政机关应有合理的立法权限划分；立法程序是民主的，人民能够通过有效途径参与立法，表达自己的意愿；立法内容以维护人民利益为宗旨，注重确认和保障人民的权利和自由。[1]四是科学原则。以科学的理念绘制立法蓝图，做出立法决策，采取立法举措。建立科学的立法权限划分、立法主体设置和立法运行体制，立法应符合立法规律、符合基本国情，坚持实践探索与理论指导相结合，总结历史与洞察未来相结合，本国特色与时代特征相结合。五是公正原则。公平正义是法律的基本范畴，也是法律的基本价值，没有公平正义就没有法律。因此，法律应当以公平正义的价值理念为其正当性来源，并以实现公平正义为其主要目标，使公平正义在每一部法律、每一款条文中都得到体现。

根据法规制度建设的客观规律和实践经验，规范立法行为必须正确处理以下关系：一是原则与细则的关系。在法规制度建设中，原则与细则密不可分，原则离开细则就难以发挥作用，细则离开原则就会迷失方向。从法规制度建设总体上看，短板主要是细则。因此，法规制度建设必须详尽具体，周密细致，便于把握和操作。二是实体与程序的关系。实体和程序是法规制度的两大要素，如果说实体规则好比设计图纸，它从静态上约束人的行为，那么程序规则好比工艺流程，它从动态上约束人的行为。离开程序规则，实体规则就只能停留在条文上，不可能转化为调整人们日常生活的实际行为准则。三是部分与整体的关系。法规制度建设要达到预期目的，不仅要求单项法规制度内部不留责任空隙、不留规避空间，而且要求各项法规制度之间必须保持上下衔接，左右协调，防止令出多门，各行其是。如果各项法规制度之间矛盾丛生，不成体系，其效果就会大打折扣。四是制定与执行的关系。法规制度是一种以行为为调整对象的规范体系，它通过严密的规则、严格的程序和严明

[1] 劳动教养制度是我国在特殊时期出台的一项行政处罚措施，随着时代的发展，这一制度越来越不适应当今社会，改革劳动教养制度的呼声日益强烈。2007年11月，一份由江平等69位学者联署的《废除劳动教养建议书》指出：劳动教养制度的存废，将是法治中国与人治中国的分水岭，文明中国与野蛮中国的试金石。2011年2月，杭州律师王成将附有1018位公民签名的关于撤销劳动教养行政法规的《主张书》寄往全国人大。2013年12月，十二届全国人大常委会第六次会议表决通过了废止劳动教养法律规定的决定。延续了半个世纪的劳教制度终于退出历史舞台。

的纪律来约束人的行为，任何人都不能凌驾其上、超越其外，任何违规行为都将受到应有的制裁。五是稳定与变革的关系。法规制度要经过一定的机关、通过一定的程序制定和修改，因而具有较强的稳定性。同时，法规制度对时效性也有较高的要求，如果规则滞后社会实践，就难以发挥应有的作用。因此，要着眼时代的发展、环境的变化，对现有的法规制度进行科学审视和系统梳理，当立则立、需改则改、该废则废，以便最大限度地保持法规制度的生机活力。

规范执法行为。执法原则是行政执法必须遵守的准则，违背这些准则，就会导致行政执法行为违法，就要承担相应的法律责任。执法原则主要有以下几点。一是合法性原则。行政执法权的享有和行使必须具有法律依据，不能与法律相违背。按照合法性原则，行政执法活动应做到：第一，行政执法必须具有合法主体资格。法律没有授予执法权，不得从事行政执法活动。第二，行政执法活动必须在法律赋予的职权范围内进行，不得擅自超越权限。第三，行政执法内容必须具有法律依据。执法活动已有法律规定的，应有相应法律条文作依据；国家尚未颁布法律的，应有相关政策作依据，不得违背法律和政策。第四，遵守法定程序。行政执法要自觉遵守法定程序，程序违法将导致执法行为无效。二是适当性原则。行政执法要客观、公正、适度、符合情理。按照合法性原则，行政执法必须依法进行。由于行政事务的多样性和复杂性，法律不可能对所有行政事务都规定得全面、周到、具体、细致，因而法律赋予行政执法机关在执法过程中对某种方式、范围、种类、幅度等一定的选择权，这就是通常所说的自由裁量权。行政机关对自由裁量权不得滥用，必须遵守适当性原则，在执法过程中应权衡多方面的利益因素和情境因素，在严格执行规则的前提下做到公平、公正、合理、适度，避免由于滥用自由裁量权而形成执法轻重不一、标准失范的结果。

合法性原则和适当性原则相辅相成、紧密相连。合法性原则要求的是合法，适当性原则要求的是客观、公正和适度，只有同时遵守这两个原则，才能使执法行为既合法又适当，产生法律效力，达到预期目的。在执法实践中，只有准确把握社会心态、群众情绪，积极主动向当事人说透法理、说明事理、说通情理，做到实事求是、以法为据、以理服人，才能既解开法结，又解开心结，达到定分止争的目的。这就要求我们加快推进执法方式创新，积极推行说服教育、调解疏导、典型示范等柔性执法方式，给行政管理相对人提供法律帮助、政策指导和技术支持，寓执法于服务之中，融处罚于教育之中，克服执法的简单化倾向，严禁暴力执法、野蛮拆迁。近些年来，弹性执法问题备受诟病，其背后则是行政执法部门的自由裁量权过大，为随意性执法、选择性执法提供了条件。同一种市场违法行为，工商部门可以不予处罚、从轻处罚、减轻处罚和从重处罚；同样是环境违法，处罚2万元至20万元，最低和最高之间相差10倍。为了消除人为因素造成的自由裁量的随意性，党的十八届四中全会强调，建立健全行政裁量权基准制度，细化、量化行政裁量标准，规范裁量范围、种类、幅度。建立健全行政裁量权基准制度，是坚持严格规范公正文明执法，促使模糊规定明确化、宽泛幅度具体化、执法标准客观化的必然要求，是明晰行政许可、行政处罚、行政强制、行政征收、行政检查等执法行为裁量标准的有效途径，是确定不同部门、不同岗位执法人员执法责任和责任追究的重要保障，有利于避免执法的随意性，确保行政裁量的公平公正。

规范司法行为。按照我国的《宪法》和法律，司法机关的组织与活动必须遵循一定的原则，这些原则是司法工作特殊性和规律性的具体体现：一是司法统一原则。统一行使司法权——我国的审判权、检察权、侦查权、司法行政权由人民法院、人民检察院、公安机关、司法行政机关分别依法行使，其他任何机关、团体和个人都无权行使这些权力。统一适用法律——国家统一适用法律，任何公民如有违法犯罪行为，都无权逃避和抗拒司法机关的依法制裁。统一司法体制——人民法院和人民检察院直接向国家权力机关负责并报告工作，公安机关和司法行政机关通过政府向国家权力机关负责并报告工作。二是司法机关分工负责，互相配合，互相制约的原则。人民法院、人民检察院、公安机关和司法行政机关在分工负责的前提下，在互相配合、互相协作的基础上，互相制约、互相监督，保证国家法律正确实施。三是对公民适用法律一律平等的原则。对任何公民的合法权益，一律依法予以保护；对于任何公民的违法犯罪行为，一律依法给予应得的惩罚。四是以事实为依据，以法律为准绳的原则。司法机关必须以确凿的证据和客观的事实行使自己的司法权，必须切实以国家法律为标准处理案件。五是独立行使审判权、检察权的原则。人民法院、人民检察院行使审判权、检察权，任何行政机关、社会团体和个人都无权干涉。六是便利公民诉讼的原则。司法机构的设置要便利公民，诉讼法规要通俗易懂，诉讼手续要简便易行。贯彻我国司法机关组织与活动的基本原则，目的在于保障独立司法，防止司法腐败，提高司法质量，实现司法公正。

司法是保护公民权利，维护社会公平正义，惩治违法犯罪的重要力量。公正司法在消除社会不公方面扮演着重要角色，是伸张社会公平正义的最后一道防线。在民众的心目中，法就是天。如果这道防线失守，受伤的将不只是公正，客观上要求司法机关肩负起维护社会公平正义的神圣职责，始终坚持司法为民、公正司法，严肃认真对待每一起案件，使受到侵害的权利依法得到保护和救济，使违法犯罪行为依法受到惩处和制裁，靠一个个具体案件的公正审判，提升司法公信力，维护司法权威性，切实让人民群众在每一起司法案件中都能感受到公平正义。实现司法公正关键在于制度，通过制度排除导致司法不公的各种因素，切实保障公正的法律达到公正的司法结果，以司法公正推进社会公正。司法制度很多，但最根本的是两个：一个是独立审判制度，一个是公开审判制度。所谓独立审判，是指审判活动依法独立进行，不受任何干涉。其目的是让审理者裁判，由裁判者负责。[1]所谓公开审判，是指审判活动除涉及国家秘密、个人隐私和未成年人犯罪的案件之外，一律公开进行。其目的是让司法权力在阳光下运行。没有独立，审判活动受到人情、关系、金钱的干扰，就不可能有司法公正；没有公开，司法活动秘密进行，不受社会监督，也不可能有司法公正。因此，独立与公开是对立统一的关系。独立就是不受干扰，但不是独断专行、恣意妄为，为此就必须公开审判，从立案到审理，从听证到认证，从判决到文书都要公开，使独立的司法活动接受社会的监督。由此将法院的审判活动置于当事人、律师和公众的监督之下，以法官展现在当事人、律师和公众面前的形象以及公正的裁判结果，赢得社会对司法的信任。

规范守法行为。守法是法律运行的良性状态，是法律实施的基本形式。一个国家制定法律的目的，就是运用法律对社会进行调整，以维护一定的社会关系和社会秩序，因此，任何法律一经制定，就必须付诸实施。如果制定了法律，却不能在社会生活中得到遵守和执行，那么就失去了立法的目的和意义，就失去了法律的尊严和权威。守法是国家机关、社会组织和公民以法律为自己的行为准则，依照法律行使权利或权力、履行义务或责任的活动。在我国，所有的个人或组织都是守法的主体，都要遵守宪法和法律，都要在宪法和法律范围内活动。遵守法律实际上就是遵守法律所规定的行为规范。国家机关、社会组织和公民个人要遵守法律，就必须在具体的法律关系中行使权利或权力、履行义务或责任。守法的具体要求：具有良好的法律意识，这是守法的前提；按照法律规范规定的行为模式认真行使权利或权力、履行义务或责任，这是

[1] 2014年12月，内蒙古呼格吉勒图强奸杀人案再审宣判，沉冤18年的呼格吉勒图被宣判无罪，公检法27名办案人员被追责。然而，这份追责名单上的人员，没有一个被追究法律责任。这是因为长期以来，司法权力运行机制行政化，办案的法官、检察官对案件没有最终决定权，而是要报上级领导层层审批、集体决定。针对这种“审者不判、判者不审”的顽疾，司法责任制改革对症下药，明确要求法官、检察官要对案件质量终身负责。落实司法责任制，就是要让审理者裁判，由裁判者负责。司法责任制落实后，权力到位，责任到人，其目的是以责任倒逼公正、保障公平。

守法的实质；发生违反法律的行为或后果时，主动承担法律责任，这是守法的底线。只有普遍守法，反映在法律当中的人民意志和利益才能得以实现，依法治国的目标才能变为现实。

守法作为国家机关、社会组织和社会成员的一种有目的有意识的活动，需要具备一定的条件，这些条件关系到社会关系主体能否自觉遵守法律的各项规定。一是良好的法律。只有能够全面正确地反映和满足社会各种需要的法律，才能成为社会所普遍认可的良法。良法应当具备两方面的要求：法的内容应体现民主价值、自由价值、平等价值、公正价值、效益价值等价值要求；法的形式应具备概念明确、规范具体、结构严谨、内部和谐、体例科学等技术要求。二是良好的法律环境。要保证法律能够得到自觉遵守，还必须具备良好的法律环境。法律环境是与法律有关的各种环境因素，即影响法律存在和发展的各种社会条件，如经济环境、政治环境、文化环境、社会道德风尚等，这些社会环境因素也是制约和影响遵守法律必不可少的条件。在一个国家中，如果各种社会力量相对平衡，政通人和，国泰民安，法律就会具有较高的权威，人们就会自觉遵守法律。三是良好的法律意识。法律要在社会生活中得到遵守，除了法律本身的内容和形式外，还取决于社会关系主体的法律意识。不同的法律意识会形成不同的善恶、是非、荣辱标准，对符合或违反法律的行为会给予不同的评价，从而使人们实施不同的行为。守法主体良好的法律意识是守法的前提条件，对守法行为产生潜移默化的支配和影响。

第八章　中国特色社会主义法治文化的建设举措

中国特色社会主义法治文化建设是一项艰巨复杂的系统工程，要求我们在发展市场经济、完善民主政治、培育公民社会的同时，在观念、制度、行为、环境等各个层面采取一系列科学的对策举措，使全体人民在润物无声中净化心灵，在耳濡目染中提升境界，在潜移默化中陶冶情操，使科学立法、严格执法、公正司法、全民守法得到全体人民的普遍认同，成为全体人民的自觉行动。

一、观念层面的建设举措

要把法治教育纳入精神文明创建内容，增强全社会学法、尊法、守法、用法意识，是党的十八届四中全会提出的明确要求。其目的是营造普遍崇尚法治的社会氛围，把法治变为民众的一种认知方式和生活方式，以增强法治意识，弘扬法治精神，确立法治理念，坚定法治信仰，崇尚法治价值，提高法治素养。

清除封建主义人治糟粕。在中国传统社会，自然经济和等级制度始终居于社会的主导地位，与维护君主专制统治的法律一脉相承，使得中国传统法律制度呈现出明显的人治特点。一是法自君出。从传统社会的政治体制看，皇帝至尊，皇权至上，包括法律的制定、颁行都要受之皇命。历代法律都以皇帝个人意志的形式表现出来，历代帝王都凌驾于法律之上。二是寓礼于法。在中国传统法律制度中，礼占有重要位置，既是道德规范，又是法律规范。德主刑辅、礼法并用成为法律制度的基本原则。三是重狱轻讼。中国传统法律制度作为以刑罚为手段强制推行的义务规范，只是驾驭臣下、号令百姓的工具，其目的是为了强化君主专制统治，而不是为了维护和保障个人权利。中国民众对法律敬而远之，与中国传统法律制度背离人性、践踏人性的规定密切相关。清除封建主义人治糟粕的过程，也是传统法律文化现代化的过程。通过这一过程，使国家的法律制度和蕴含其中的法律价值以及人们的法律意识实现从义务本位到权利本位、从权力至上到法律至上的根本转变，从而使其更加适应现代社会发展的需要，并能够充分体现现代社会的各种价值目标和价值追求。[1]

汲取资本主义法治精华。社会主义法律制度是在深刻反思人类历史上各种类型法律制度，特别是资本主义法律制度的基础上不断发展完善的。社会主义法律制度要体现人类最高的法律文化成就，就必须努力汲取资本主义法治精华。这些精华表现为：以宪法和法律规定国家机关之间的沟通方式和制约关系，各自权限和运行轨道，以及各自的责任和内部关系；以法律防止国家机关滥用权力，超越权限，侵犯公民权利行为；在法律面前人人平等，在法律之内人人自由，“自由只能为了自由的缘故而被限制”；[2]无论是普通公民还是政府官员，都不允许有超越于法律之上、游弋于法律之外的特权存在，等等。清朝末年的修律大臣沈家本主张参考古今，博辑中外，即不薄古也不泥古，既不媚外也不排外，力求不分古今中外，择善而从。他认为：“我法之不善者当去之，当去而不去，是之为悖；彼法之善者当取之，当取而不取，是之为愚。”这种观点值得称道。美国著名政论家弗里德曼在探讨美国强大的原因时指出：美利坚民族对法治的信仰是美国强大的关键。美国成功的秘密不在于华尔街，也不在于硅谷；不在于言论自由，也不在于经济自

[1] 古往今来，所有国家都面临着如何处理官与民的关系问题，并在处理这一关系中形成比较稳定的思想观念，官本位就是其中的一种带有浓厚的封建色彩的思想观念。在实际生活中，所谓“官”，是指掌权者。所谓“本”，是指本源、根本、本质。所谓“位”，是指地位。官本位就是以官为本，官是一切事物的尺度，是一切活动的依据。在处理官与民的关系上，官为主，民为仆，官为尊，民为卑，一切话只有当官的说了才是真理，一切事只有当官的做了才是合理，把官作为衡量人生价值的主要标准，把做官作为人生活动的根本目的和价值追求。作为一种历史沉疴，官本位的形成有其深刻的社会根源。纵观中国历史，封建社会很早就建立了一套“等级森严、尊卑有序”的官位、官权、官员“三位一体”的官僚制度。在这种制度下，与通过创造活动来寻求财富积累的机会相比，政治权力能够更容易地获取财富。“三年清知府，十万雪花银”就是最好的写照。中国“升官发财”和“争权夺利”的成语，反映了权力和财富之间的内在联系。在“高官厚禄”的社会导向作用下，士人寒窗苦读的终极目标不是为了探求真理，而是“学而优则仕”。读书就是为了做官，做了官就什么都有了，正所谓“书中自有黄金屋，书中自有千钟粟，书中自有颜如玉”。由于官与权是统一的，有官才有权，因而官本位实质上就是权本位，表现为一种对权力的向往、追求乃至崇拜的社会心理。

[2] 〔美〕罗尔斯：《正义论》，何怀宏等译，中国社会科学出版社1988年版，第292页。

由，真正的秘密在于长盛不衰的法治。正是这种法治使每一个人可以充分发展而不论是谁在掌权。毫无疑问，美国的法治我们是不能照搬的，但美利坚民族崇尚法治的精神，却不能不使我们肃然起敬。中华民族一旦有了这种崇尚法治的精神，何患法治不能确立，何患建设法治国家的目标不能实现。

强化社会主义法治教育。深入开展法治教育，把法治教育纳入国民教育体系，使之成为一种全民性教育、全程性教育和全域性教育，贯穿于基础教育、高等教育、职业教育、成人教育等不同阶段、不同类型的教育之中，全面涵盖各地区和各行业。具体做法：一是宣讲辅导灌输。充分利用法治教育主阵地，用案例说话、用数字说话、用典型说话，把概念讲准、内容讲明、逻辑讲清、实质讲透。二是通俗读物诠释。编写法治通俗教材，用生动的语言讲清深邃的法理，用形象的事物表达抽象的逻辑，以此解读法治理论观点，领会法治精神实质。三是信息媒体传播。用好网络、电视、广播、报刊等学习平台，开发学习软件、制作视听动漫，增加法治学习宣传的信息含量。四是社会课堂启迪。通过庭审见学、社会调查等形式，充分利用各种教育资源，启迪民众的思想认识，强化民众的感知认同。在全民普及宪法教育的基础上，各行各业要根据各自的工作性质和特点，着重学好相关的部门法。充分发挥大众传媒的宣传教育功能，在强大的舆论力量作用下，使全社会形成一种学法、尊法、守法、用法的良好氛围，使权利义务观念、自由平等观念、遵纪守法观念、制约监督观念家喻户晓，深入人心，得到人们的普遍认同和接受，以便为法治国家建设奠定坚实的思想文化基础。

二、制度层面的建设举措

按照马克思主义观点，人的认识始终具有双向性。在实际生活中，人的认识既有正确反映客观事物的可能，也有歪曲反映客观事物的可能。认识的道路曲折复杂，甚至可以说有许多道路通向谬误，却只有一条道路通向真理，正如片面性可以有多种，全面性只能有一种一样。而事实昭示我们，认识上的重大失误如果得不到及时纠正，往往会成为路线、方针、政策上的重大失误的先导。在这种情况下，不管掌权者的主观动机何等良苦，都会给社会主义事业带来严重的后果。诚如列宁所说，仅仅依靠领导者的“信念、忠诚和其他优秀的精神品质，这在政治上是完全不严肃的”。[1]因而国家机关及其工作人员要真正把人民利益作为自己全部活动的基点和归宿，就必须严格依法办事、依法用权，自觉接受法律制度的规范和约束。

权力行使具有统一的规范。作为制度层面法治文化的核心内容，法律规范将一个社会中占主导地位的法治精神和法治理念用法律的形式反映和表现出来，规定和制约着社会成员的行为取向，成为一种为社会成员普遍遵守的行为模式和准则。法律规范规定了一个社会的各种经济制度、政治制度、文化制度乃至法律制度，规定了法律组织以及法律设施的设置和建造，规定了法律创制的各种规则和法律运行的各种程序等，是各种法律制度的规范化表现形式，是一个社会法治精神和法治理念的集中体现和承载。[2]由于法治的实质在于运用法律制度来规范和约束权

[1] 《列宁选集》(第四卷)，人民出版社1995年版，第679页。

[2] 罗先泽、张美萍主编:《社会主义法治文化建设研究》，中国政法大学出版社2016年版，第71页。

力，客观上要求我们紧紧围绕加强对权力的制约和监督这个核心，抓住腐败现象易发多发这个关键环节，以教育、监督、预防、惩处等制度为主体，切实加强有效惩治和预防腐败的法律制度建设，使各项法律制度在空间上并存，在环节上紧扣，在功能上互补，使法律制度的整体效能得到充分发挥。

无数事实昭示人们："一切有权力的人都容易滥用权力，这是万古不易的一条经验。"[1]要有效地遏制权力的滥用，就必须通过宪法和法律对权力的等级、范围、效力，行使的程序、规则、责任等做出明确规定，并从体制上保证其有效实施，以便使掌权者办事具有统一的规范、既定的程序和明确的责任，从而减少权力行使的盲目性和随意性，切实堵塞各种漏洞，确保权力在法治的轨道上合理运行。我国《宪法》明文规定：一切国家机关和武装力量、各政党和各社会团体、各企事业组织都必须遵守宪法和法律。任何组织或个人都不得有超越宪法和法律的特权。一切违反宪法和法律的行为，都必须予以追究。由此可见，宪法和法律的存在本身就是对权力的一种制约。它要求一切国家机关及其工作人员都必须严格按照宪法和法律的规定，在法定职权范围内充分履行管理国家和社会事务的职能，做到既不失职，也不越权，更不能侵犯公民的合法权益。如果权力的运行无一定规则、无一定章法，一件事可以办也可以不办，可以这样办也可以那样办，能否办理、如何办理全凭个人一句话，就为一些人徇私舞弊提供了可能。

加强法律制度建设，要求我们建立健全防止利益冲突制度，着力解决公共资源配置、公共资产交易、公共产品生产等领域中利益冲突问题；建立健全公职人员行为限制和领导干部亲属经商、担任公职、出国定居等相关制度规定，防止领导干部利用公共权力或自身影响为亲属和其他特定关系人谋取私利；建立健全严格的财务预算、核准和审计制度，深化公务接待、公务出访、公务用车等职务消费制度改革，规范

[1]〔法〕孟德斯鸠：《论法的精神》，张雁深译，商务印书馆1961年版，第154页。

并严格执行领导干部工作生活保障制度；建立健全领导干部个人重大事项报告制度、公职人员财产申报制度、金融账户实名制度、政务公开制度、信访举报制度、离任审计制度、责任追究制度，有效防治以权谋私等腐败行为；建立健全任期目标制度、实绩考核制度、升降奖惩制度，为领导干部健康成长提供正确的导向和适度的动力；建立健全资金监控、行为规范、权力制约方面的制度，形成决策、执行、监督职能相对分离的体制，切实改变财务一支笔、用人一言堂、权力一把抓的状况。同时，加强对法律制度执行情况的监督检查，做到令行禁止、违者必究，切实维护法律制度的严肃性和权威性；对违法违纪者，以谈话警示、书面检讨、通报批评、调离岗位、责令辞职、纪律处分、依法查办等方式予以追究。

新的历史条件下，把信息化、网络化、数字化等现代科技手段融入制度执行之中，可以监控按制度办事的全过程，缩小制度设计与执行之间的差距，在客观反映制度执行情况的同时，放大制度的功能和效力。一是用科技手段弥补制度漏洞。把科学技术引入制度设计环节，用科学的理念和方法安排制度供给，尽可能减少制度执行的阻力；把制度的要求体现到信息程序之中，科学分解和配置权力，使制度建设更加科学严密，保证制度执行到位。二是用科技手段监控权力运行。充分运用信息技术在线运行、同步传输、全程留痕、实时监控等功能，将制度运行置于有效监督之下，重点监控行政执法行为，使权力在阳光下操作、资金在网络上监管、风险在流程内控制、资源在市场中配置。三是用科技手段规范办事程序。推进电子政务建设，把行政审批、政府采购、公共资源交易、服务群众窗口等重点领域和关键环节纳入电子监察范围，使各种制度、各项程序规定有令必行、有禁必止。

权力行使具有既定的程序。所谓程序就是操作规程和时序。构成程序的基本要素包括行为的步骤和方式以及实现这些步骤和方式的时限和顺序。一般来说，权力的合法性意味着权力的正当性。[1]权力的正当性包括四层含义：一是权力存在理由的正当性，二是权力主体资格的正当性，三是权力运行程序的正当性，四是权力治理活动的正当性。可见，程序是构成权力合法性的重要方面。在通常情况下，立法程序包括提案程序、审议程序、表决程序和公布程序。司法审判程序包括起诉、立案、开庭、答辩、合议、宣判、执行等程序。行政程序则是由行政机关做出行政行为的步骤、方式和时限、顺序构成的行为过程。步骤是实现程序的若干必经阶段，方式是实施行为的方式方法，两者构成程序的空间表现形式。同时，实现程序还需要有一定的时限，需要有一定的顺序。时限和顺序构成程序的时间表现形式。行政程序就是以上述步骤、方式、时限、顺序为要素构成的行政行为过程，是空间形式和时间形式的统一。

从某种意义上说，法治就是程序之治，依法办事就是依照程序办事。正是基于程序之治的观念，奥地利法学家凯尔森试图把一切法律现象都还原为程序法。美国哲学家罗尔斯把法治归结于程序正义，指出法治取决于一定形式的正当过程，正当过程又主要通过程序来体现。美国程序法学派提出程序法治的概念，认为法治的精髓在于程序，由于司法是基于自然正义而形成的一套民主、公正、理智的程序，因而司法更能代表法治。程序是规范约束权力、防止权力任性的一大发明。因此，把权力关进制度的笼子，首先是把权力关进程序的笼子，包括决策程序、执行程序、监督程序等，一方面，使其具有职能上的法定性、正当性、有效性，避免权力过度膨胀和滥用；另一方面，使其按照既定的权限和程序启动，并以民众看得见的方式行使，以提高权力运行的公信力。为此，一要确保程序公正合理。程序要符合民主、科学、公正、合理的原则。换言之，就是要设计出民主的程序、科学的程序、公正的程序、合理的程序，做到程序民主、程序科

[1] 陈驰等著:《宪政文明：全面建设小康社会的必然选择》，法律出版社2004年版，第115页。

学、程序公正、程序合理。二要确保程序有效实施。有了公正合理的程序，就要严格遵照执行。这是衡量一个国家法治文明、司法公正、诉讼民主、人权保障程度的重要标志。[1]

如果说实体是内容，程序是形式，那么程序是为实体服务的。同时，程序本身自有其内在的价值。例如，在做出对公民权利不利影响的决定前听取利害关系人的意见，体现了对公民权利的尊重；禁止以任何形式的暴力获取证据，体现了人道主义精神对公民尊严的维护；重大决策做出前听取专家的意见，体现了程序的理性；在规定的时限内对公民做出答复，体现了行政效率的要求，等等。程序具有规范公共权力，维护社会正义的功能。在实际生活中，实体的正义通常要靠程序的正义来保证。以分配蛋糕为例，并不是蛋糕分配得绝对平均才符合正义，只要由切蛋糕的人最后领取自己的一份，即可认为这种分配符合正义。因此，在公共项目的实施具有竞争性和选择性的情况下，由于其存在巨大的利益差别，不存在绝对的优先标准，因而仅靠实体性规则还不能完全解决腐败问题。此时，程序规则对于防止腐败来说必不可少。这就是说，对于配置公共资源这类公共决策，不应交给某个官员，而应交给某个机构，按照一定的民主投票程序、拍卖招标程序来决定。这样一来，要做成腐败交易就必须买通多数，从而使腐败的成本和风险大大增加。这是民主机制对于腐败的遏制作用之所在。[2]

权力行使具有明确的责任。领导就是责任，责任就要担当；敢于担当是领导干部的基本素质和职责要求。有多大的担当才能干多大的事业，尽多大的责任才会有多大的成就。担当精神体现着领导干部的党性和觉悟，体现着领导干部的胸怀和气魄，决定着领导干部职责的履行、作用的发挥、贡献的大小。对领导干部来说，责任无处不在，担当义不

---

[1] 张文显:《法治的文化内涵——法治中国的文化建构》，载《吉林大学社会科学学报》，2015年第4期。

[2] 王明高等著:《中国新世纪惩治腐败对策研究》，湖南人民出版社2002年版，第211—212页。

容辞。党和人民把领导干部放在工作岗位上，就必须做到守土有责、守土尽责，面对问题就要敢于担责、负责，出了差错还要严肃问责、追责。实践表明，担当精神的背后是品格，是境界，是能力。在推进中国特色社会主义伟大事业、实现中华民族伟大复兴的进程中，领导干部要有宽广的眼界和博大的胸襟，弘扬敢于担当的精神，锻造敢于担当的品格。只有在实际工作中注重理论学习、思想修养、素质提升、意志磨砺，才能有敢于担当的政治定力，敢于担当的理论素养，敢于担当的无私情怀，敢于担当的浩然正气，敢于担当的过硬本领。

问责制是国家机关工作人员未履行自己的职责或者在履行自己职责的过程中滥用权力、违反规定的职责和义务时，由特定主体追究其责任，令其承担某种后果的一种责任追究制度。2009年6月30日，中共中央办公厅、国务院办公厅印发了关于实行党政领导干部问责的暂行规定，其中有下列情形之一的，对党政领导干部实行问责：一是决策严重失误，造成重大损失或者恶劣影响的；二是因工作失职，致使本地区、本部门、本系统或者本单位发生特别重大事故、事件、案件，或者在较短时间内连续发生重大事件、事故、案件，造成重大损失或者恶劣影响的；三是政府职能部门管理、监督不力，在其职责范围内发生特别重大事故、事件、案件，或者在较短时间内连续发生重大事故、事件、案件，造成重大损失或者恶劣影响的；四是在行政活动中滥用职权，强令、授意实施违法行政行为，或者不作为，引发群体性事件或者其他重大事件的；五是对群体性、突发性事件处置失当，导致事态恶化，造成恶劣影响的；六是违反干部选拔任用工作有关规定，导致用人失察、失误，造成恶劣影响的；七是其他失职行为给国家利益、人民生命财产、公共财产造成重大损失或者恶劣影响的。实行问责制，需要以健全的问责机制为基础，通过立法确保党政领导干部的权力始终处于一种责任状态，使任何权力行为都不能逃避法定责任机制的监控。

从问责制实行的情况看，其特点是谁的责任谁承担，重点追究负有直接领导责任者的责任，要旨在于赏罚分明。其原则是坚持公开透明的原则，坚持权力与责任对应对等的原则，坚持政治和道义层面的问责与法律和纪律层面的问责相互衔接的原则。领导干部受到问责，同时需要追究纪律责任的，依照有关规定给予党纪政纪处分；涉嫌犯罪的，移送司法机关依法处理。其举措是以立法的形式细化党政领导干部的权责，不仅列出明细的权力清单，同时开出明确的责任清单，以此将问责主体、问责程序以及责任实现的方式等纳入法治轨道，切实防止问责制流于形式。目前问责制仅限于经济政治生活中的某些领域，如重大事故、重大案件等，而对于诸如公共设施、交通拥堵、噪声污染、便民服务等事关群众切身利益层面的问题却很少有人问津。在现实生活中，一些领导热衷于大场面、习惯于大手笔，群众的喜怒哀乐、生活疾苦摆不上案头、上不了心头。发生重大事故、重大案件需要问责，对于群众身边的琐事不作为，同样不能逃避应承担的责任。只有让那些漠视群众利益的人自食其果，让那些习惯于颐指气使的人感觉到有压力，才能将建设服务型党政机关落实到位。

党的十八届四中全会明确提出，建立重大决策终身责任追究制度及责任倒查机制。终身追责就像一个紧箍牢牢地套在各级领导干部的头上，既跑不了庙也跑不了和尚，对祁连山国家级自然保护区生态环境问题处置就是例证。巍巍祁连山，横亘河西走廊南侧，逶迤千里，是我国西部一条重要的生态屏障，黄河流域重要的水源补给地。1988年，国务院批准设立甘肃祁连山国家级自然保护区。然而长期以来，由于保护区所在地方各级政府违法决策、违规审批、监管失职，造成祁连山局部生态遭到严重破坏，自然保护区满目疮痍。2017年7月20日，中共中央办公厅、国务院办公厅就甘肃祁连山国家级自然保护区生态环境问题发出通报，甘肃省3名现任或前任副省长被问责，省国土资源厅厅长、祁连山保护区管理局局长等4人被撤职，成为重大决策终身责任追究制度的典型案例。实践表明，建立健全问责制，规范问责的主体和客体、职责和权限、程序和方法，切实解决由谁问、向谁问、问什么、怎么问等问题，是保证国家机关工作人员依法办事、尽职尽责，防止以权谋私、徇私枉法的一种强有力的制约手段。

三、行为层面的建设举措

对法治的信仰不是凭空产生的，让人民群众信仰法治，首先要让他们真切感受到法律能够有效地发挥作用，信仰法治能够给他们带来实实在在的好处。当人们从一个个法治实践中获得实际帮助，法治信仰自然就会在人们心中确立起来。因此，推进中国特色社会主义法治文化建设，必须突出实践特色，把科学立法、严格执法、公正司法、全民守法切实贯穿到实际生活中去，使以公平正义为核心的法治价值得到充分展示。

增强领导干部遵守法规的自觉性和自律性。领导干部既是法律制度的制定者，又是法律制度的执行者和执行情况的监督者，其如何认识和处理权力与法律、指令与法令的关系，直接关系到一个地区、一个部门、一个单位法治权威的确立、法治秩序的形成、法治建设的成效。目前，虽然没有哪个领导干部公然反对奉公守法、依法办事，但在灵魂深处将法律置于可有可无的地位却大有人在。他们轻视法律的观念有意无意地支配着自己的行为，也有形无形地影响着周围的群众。因此，领导干部必须牢固树立“法规制度是实施管理的基本依据，依法办事是开展工作的基本方式，尊法、守法是领导干部的基本素质，执法用法是领导干部的基本职责”等观念，无论是决策还是执行，无论是协调利益关系还是解决矛盾纠纷，都应审视权限的合法性、内容的合法性、手段的合法性及程序的合法性，牢记法律红线不可逾越、法律底线不可触碰，严格按法律规范约束自己、教育管理部属、协调上下关系、处理内外矛盾，自觉做到恪守原则不动摇，实施法规不走样，履行程序不变通，真正成为学习法规制度的榜样、遵守法规制度的表率、执行法规制度的典范。只有领导干部以身作则、率先垂范，自觉同一切以言代法、以权压法、徇私枉法的行为做斗争，并做到一级抓一级、一级带一级，才能使遵纪守法在整个社会蔚然成风。

增强执法人员遵守法规的自觉性和自律性。国家机关的工作人员直接负责法律的实施，这种工作性质决定其必须具有更高的法治素养，坚持党的事业至上、人民利益至上、宪法法律至上，永葆忠于党、忠于国家、忠于人民、忠于法律的政治本色，成为信念坚定、执法为民、忠诚使命、清正廉洁的典范。立法人员必须尊重规律、崇尚民主，集思广益、凝聚共识。行政人员必须忠于职守、秉公用权，克己奉公、勇于担当。司法人员必须信守法治、铁面无私，正直公道、居中裁判。如果执法人员言在法中，行在法外，我行我素，随意变通，就难以做到执法必严，违法必究，国家法律就会变得形同虚设，依法治国就无从落实。因此，执法人员必须切实加强法治文化修养，不断提高立法、执法、司法水平，使法律至上、唯法是从，不偏不倚、不枉不纵，执法如山、公平如秤成为每个人的自觉行动，以便有效抵制权势、金钱、人情、关系的干扰，严格按照宪法和法律行使自己的职权，切实维护宪法和法律的权威和尊严，做到不以资历深而姑息，不以职位高而免责，不以违者众而放任。如果执法人员能够恪尽职守、依法办事，从而建立起公正严明的法律秩序，就能充分显示社会主义法治的力量与权威，使人民群众能够从听得懂的良法和看得见的善治中，获得对法律制度的普遍认同和遵守，并经过长期实践积淀为稳定的思想观念和行为方式。

增强人民群众遵守法规的自觉性和自律性。人民群众作为法治建设的主体，其法治素养是整个国家法治素养的基础，人民群众法治素养提高了，整个国家法治建设就有了可靠的依托。因此，要加强思想引导、舆论启迪、文化熏陶、实践砥砺、制度保障，把宪法和法律交给群众，让群众从自我做起，从现在做起，从点滴做起，认真学习法规制度，自觉遵守法规制度，切实维护法规制度。要坚持法治文化与机关文化、校园文化、企业文化、村镇文化、社区文化、军营文化有机结合，发挥市民公约、乡规民约、行业规章、团体章程等社会规范的作用，使各行业、各领域的从业人员在自我约束和自我管理中，逐步确立法律意识和法治观念。要善于挖掘古今中外法治文化资源，发挥现代信息技术手段作用，打造技术先进、传输快捷、覆盖广泛的法治文化载体平台，通过长期不懈的引导、启迪和熏陶，使遵守法规成为人们的一种行为习惯、一种生活方式。实践表明，法律意识和法治观念只有付诸实践才能发挥作用，只有成为习惯才能牢固确立。深入推进法治文化建设，必须突出实践特色和时代特色，使之贯穿于每个人工作、学习、生活的全过程，通过强化规则意识，倡导契约精神，弘扬公序良俗，使法治文化内化为人民群众的素质，见之于人民群众的行动。

四、环境层面的建设举措

法治建设的根基深扎在亿万人民的心中，依赖于每个人为之添砖加瓦。卢梭曾经说过："一切法律之中最重要的法律，既不是铭刻在大理石上，也不是铭刻在铜表上，而是铭刻在公民的内心里，它形成了国家的真正宪法。"[1]社会主义法治文化同社会主义先进文化一样，永远是社会的、大众的、开放的，离开人民群众的广泛参与就不可能有旺盛的生命力。建设社会主义法治文化，必须牢牢把握文化建设的群众性这一特点，丰富法治文化建设载体，完善法治文化建设阵地，拓宽人民群众参与法治文化建设的途径，努力营造学法、尊法、守法、用法的良好氛围。

建好法治文化公共设施。以构建全面覆盖的法治文化传播格局为目标，加大法治主题公园、文化广场、街区、展馆、农家书屋等法治文化设施建设力度，充分利用有线电视、网络通信、城市大型电子屏、法治宣传栏等大众传播平台，推动法治文化与社会文化有机融合、法治文化设施与公共文化设施功能互补。运用现代传播手段，开设群众意见专栏，开通群众联络信箱，努力为人民群众监督法治运行、参与法治建设打造更多的桥梁纽带。要把法治文化融入社区文化、村镇文化、企业文化、校园文化之中，着力打造法治文化建设品牌，不断增强法治文化对人民群众的吸引力、感染力。充分利用时空条件，创新法治色彩浓郁的社区文化，建立与环境相融合的法治文化园林、法治文化长廊、法治文化橱窗、法治主题雕塑等法治景观，使人们在日复一日的视觉冲击下打牢法治文化的深刻烙印。有效借助图书、报刊、广播、电视、网络、手

[1]〔法〕卢梭：《社会契约论》，何兆武译，商务印书馆1980年版，第73页。

机等信息传媒，注入网络动漫、微信短信等时代元素，构建六位一体的法治文化宣传教育格局，以精准滴灌和春风化雨的形式，将法治文化送入街头巷尾、百姓人家。经过多管齐下的法治文化建设，使法律至上、依法办事的思想观念在全社会蔚然成风，使社会主义法治文化在全体人民中间落地生根。

创新法治文化传播方式。按照群众参与、注重经常、突出特色、提高品位的要求，开展法治文化示范单位创建活动，以其特有的导向、示范、带动作用，达到点上开花、面上结果的功效。发挥专业文化团体、业余文艺团体作用，把法治文化与先进文化有机融为一体，贴近社会实践，贴近群众生活，积极开展法治题材文艺作品创作，打造更多凸显法治元素、彰显法治内涵的法治文化品牌和法治文化力作，让法治文化融入主流文化之中，以丰富生动的法治文化作品吸引人、感染人、教育人，不断提升人民群众的法治文化素养。采取以案说法、就事论法、图文解法等方法，创建具有系统性、立体化、多层面、全覆盖的法治事件解读、法治新闻评选以及法律图书阅读、法律知识竞赛、法治文化论坛等系列法治文化活动，为人们提供法治文化的精神套餐。充分尊重人民群众在法治文化建设中的主体地位和首创精神，积极搭建公益性法治文化活动平台，依托重大节庆和民间文化资源，广泛开展群众喜闻乐见、便于参加的法治文化活动，引导群众在法治文化活动中自我表现、自我教育、自我服务。精心培育植根群众、服务群众的法治文化载体，及时总结来自群众、生动鲜活的法治文化创新经验，有效整合新闻出版、广播影视、文学艺术和普法教育等社会资源，不断拓宽法治文化传播渠道，丰富法治文化传播形式，努力增强法治文化的时代性、鲜活性、生动性。

拓展法治文化教育阵地。围绕法治建设这条主线，把法治教育阵地向实践延伸，向岗位拓展，努力构建人人受教育、处处受熏陶的长效机制。充分挖掘和整合各种教育资源，依托互联网，紧扣法治主题设置专栏，紧跟形势任务更新网页，紧贴社会实际扩充内容，适时开通法治论坛、法治文化作品鉴赏等栏目，积极开展格调高雅、时尚新颖的网上法治文化活动。加强新媒体新技术在普法中的应用。在新媒体时代，信息传播格局、社会舆论生态、公众参与方式都发生了重大改变，法治建设面临空前开放、高度透明、全时跟踪的舆论环境。面对时代的挑战，法治建设必须适时更新观念，积极主动作为，按照新媒体的工作模式转变普法工作思路，由单向发布、被动回应向双向交流、主动引导转变，着力打造一批具有较强影响力的普法官方微博、普法官方微信、普法社交平台，形成以政府网站、新闻网站、普法网站为骨干，商业网站相配合，各类网站共同参与，广泛深入开展法治宣传教育的生动局面；潜心研究和创作适合新媒体宣传的精品力作，采取视频、文字、漫画、公益广告等多种形式普法，开展庭审微博直播、庭审网络视频直播，以大众易于接受的方式进行信息传播；注重新媒体的宣传效果，彰显普法产品的时代性，提升普法产品的便携度，增强普法产品的吸引力，让人民群众在潜移默化、润物无声中受到法治文化熏陶。

第九章　中国特色社会主义法治文化的坚实基础

按照马克思主义观点，意识在任何时候都只能是被意识到了的存在。这就意味着影响和决定法治文化建设的不仅仅是法律制度本身，更重要的是现实生活中的法治实践。良好的法律秩序和社会环境能够使人们从听得懂的良法和看得见的善治中，获得对法治的自觉信奉和遵从。正因为如此，以构建中国特色社会主义法治体系为主题的法治实践，对法治文化的形成和发展具有重大的作用和影响，是中国特色社会主义法治文化建设的坚实基础。中国特色社会主义法治体系结构上包括国家法治体系、党内法治体系、军事法治体系；内容上包括法律规范体系、法治实施体系、法治监督体系、法治保障体系。国家法治体系、党内法治体系、军事法治体系三者具有目标的一致性、位阶的层次性、成效的相关性、作用的能动性，是构建中国特色社会主义法治体系的三大支柱。

一、国家法治体系

国家法治体系作为中国特色社会主义法治体系的主要组成部分，是在形成完善的法律体系、文明的法律机构、素质优良的法律专业队伍的基础上，由法律制度、法律运行、法律实现等诸多要素综合作用所形成的实践体系，也是一个内容丰富、结构复杂、功能综合、规模庞大的系统工程。法治体系与法律体系不同，法律体系是法律的规范体系，法治体系则是法律的运行体系。因此，法治体系不是一个静态的存在，而是一个动态的过程，通常包括立法、执法、司法、守法、护法等诸多环节。[1]

国家法律规范体系。“法律是治国之重器，良法是善治之前提。”[2]其基本特征：一是规范性。法律是一种以行为为调整对象的规范体系，通过严密的规则、严格的程序和严明的裁决来规范人们的行为。[3]二是明确性。法律内容具体，形式统一，表述严谨，对于人们应享有的权利和应履行的义务都有明确的规定，便于人们以此为据调整自己的行为。三是普遍性。法律所提供的行为模式对所有公民普遍适用，在法律面前人人平等，任何人都不得享有凌驾其上、超越其外

[1] 江必新:《怎样建设中国特色社会主义法治体系》，载《光明日报》，2014年11月1日。

[2] 《〈中共中央关于全面推进依法治国若干重大问题的决定〉辅导读本》，人民出版社2014年版，第8页。

[3] 法律规范由行为模式和法律后果两个部分构成。行为模式是指法律为人们的行为所提供的标准，通常分为三种情况：可以这样行为，称为授权性规范；必须这样行为，称为命令性规范；不许这样行为，称为禁止性规范。法律后果是指人们具有法律意义的行为在法律上所应承受的结果。通常分为两种情况：一种是肯定性法律后果，指行为人按照法律规范的行为模式的要求行为，从而导致的一种积极的结果。另一种是否定性法律后果，指行为人违反法律规范的行为模式的要求行为，从而导致的一种消极的结果。

的特权。四是强制性。法律是由国家制定或认可的行为规范，其中国家制定形成的是成文法，国家认可形成的是习惯法。由于法律体现的是一种国家意志，其实施就由国家强制力来保障。因此，法律一经制定和实施，受其调整的任何人都必须毫无例外地一体遵行，任何违法行为都将受到应有的追究和制裁。五是权威性。法律是人民意志的凝结，高于任何党派、机关、团体和个人的意志，具有最高的权威和至上的效力。六是稳定性。法律要经过一定的机关、通过一定的程序制定和修改，不依领导人的意志为转移，不随领导人的更替而改变，因而具有较高的稳定性和连续性。

法律规范体系是由一国现行的全部法律规范按照一定的结构和层次组织起来的统一整体。经过长期不懈的努力，目前我国已制定现行宪法和有效法律258部、行政法规近800部、地方性法规约10000部，一个集中体现中国特色社会主义的本质要求，体现改革开放和社会主义现代化建设的时代要求，体现结构统一和层次分明的国情要求，体现继承中国传统法律文化优秀成果和借鉴人类法治文明优秀成果的文化要求，体现动态、开放、与时俱进的发展要求，以宪法为统帅，以刑事、民事、行政等实体法和刑事诉讼、民事诉讼、行政诉讼等程序法为主干，由法律、行政法规、地方性法规等多个层次法律规范构成的中国特色社会主义法律体系已经形成，国家经济建设、政治建设、文化建设、社会建设、生态文明建设的各个方面基本实现了有法可依。这是我国社会主义法治建设的一个重要里程碑。法律规范体系作为法治实践的产物，不可能一劳永逸，要随着法治实践的发展而发展，客观上要求我们加强立法规划，加快重点领域立法工作，适时制定和修改同全面深化改革相关的法律，做到立法先行，确保重大改革于法有据；健全立法程序，恪守以人为本、立法为民理念，提高立法科学化、民主化水平，使法律准确反映社会发展规律、反映法治实践要求、反映人民意志愿望，更好地协调各种利益关系、化解各种利益矛盾；提高立法质量，增强法律法规的及时性、系统性、针对性、有效性，使现有的法律体系结构更加完整、内部更加和谐、体例更加科学、规范更加严密。

国家法治实施体系。法治实施是通过一定的方式使法律规范在社会生活中得以贯彻和实现的活动。法律作为一种行为规范，制定后只是一种书面上的法律，处于应然状态。法律只有通过实施，才能从书面上的法律变成行动中的法律，从抽象的行为模式变成具体的行为方式，从应然状态变成实然状态。因此，法律的生命力和权威性在于实施。“如果有了法律而不实施、束之高阁，或者实施不力、做表面文章，那制定再多法律也无济于事。”[1]法治实施的目的，就是通过不偏不倚、不枉不纵的严格执法、公正司法，引导、规范和调整人们的行为，保护和发展有利于统治阶级的社会关系和社会秩序。法治实施体系是法治的核心，对于全面推进依法治国，建设中国特色社会主义法治体系和法治国家至关重要。所谓法治实施体系，就是贯彻和实现法律规范的体系，即法律执行和法律适用的体系。

法律执行广义指国家行政机关、司法机关及其公职人员依照法定职权和程序贯彻实施法律的活动；狭义指国家行政机关及其公职人员在法定职权范围内依照法定程序贯彻和实施法律的活动。法律适用广义指国家机关及其公职人员、社会团体和公民实现法律规范的活动；狭义指国家机关及其公职人员在职权范围内把法律规范应用于具体事项的活动，通常特指司法机关及司法人员依照法定方式把法律规范应用于具体案件的活动。从我国的法治实践看，目前中国特色社会主义法律体系已经形成，我国法治建设中存在的主要问题已不是无法可依，而是有法不依、执法不严、违法不究，法律缺乏必要的权威，得不到应有的尊重和有效的执行。健全完善法治实施体系，切实解决执法不严、司法不公等突出问题，保证宪法和法律得到统一、严格、公

[1] 习近平:《关于〈中共中央关于全面推进依法治国若干重大问题的决定〉的说明》，载《人民日报》，2014年10月29日。

正的实施，已经成为全面推进依法治国，加快建设社会主义法治国家的关键。行政机关和司法机关是实施法律法规的主体，严格依照法定权限和程序履行职责、行使权力，自觉维护公共利益、公民权益和社会秩序，是行政机关和司法机关的天职。因此，行政机关要秉公执法、唯法是从，既不能以言代法、以权压法，也不能法外开恩、徇私枉法，切实给不法分子以应有震慑，给人民权益以有效保护，在持之以恒的严格执法中确立法律的尊严和权威。司法机关要规范司法行为，严格依照法律行使职权，把办理每一起案件都当作维护社会公平正义的具体实践，“让人民群众切实感受到公平正义就在身边”[1]；遵守司法程序，准确适用法律法规，积极回应人民群众对司法公正的关注和期待，以司法的程序公正确保司法的实体公正；提升司法品质，自觉遵守理性、平和、文明、规范的司法准则，从实体上、程序上、时效上全面保障司法公正的实现。公正是公信的基础，而公信则是确立法律尊严和权威的前提。只有健全完善法治实施体系，确保法律严格公正实施，做到严格执法、公正司法，才能确立法律的尊严和权威，使依法治国基本方略真正落到实处。

国家法治监督体系。法治监督是国家机关、社会组织和公民按照宪法和法律规定的权限和程序，对宪法、法律、法规的制定和实施情况进行监察和督导的行为。法治监督体系是由法治监督主体、法治监督内容和法治监督形式构成的完整体系。因此，法治监督的主体是广泛的，包括一切有监督权的国家机关、社会组织和公民。法治监督的内容是丰富的，不仅包括对公安、检察、审判、监狱等执法机关法治活动进行监督，也包括对立法机关、行政机关法治活动进行监督，还包括对中国共产党和各民主党派、社会团体、企事业单位和公民法治活动进行监督。法治监督的形式是多样的，不仅包括对规范性文件进行审查、对执行法

[1]《习近平谈治国理政》(第一卷)，外文出版社2014年版，第148页。

律和适用法律情况进行检查，还包括对违法行为予以纠正和制裁。[1]党的十八大以来的前五年中，全国司法系统依法纠正重大冤假错案34件，涉及54名当事人。一些拖延多年的积案得到无罪改判，与以往冤案平反靠“亡者归来”“真凶落网”不同的是，这些被改判无罪的案件中，多数都是依“疑罪从无”改判无罪的。人民群众从一次次纠正冤假错案的举动中，深切感受到党中央对建设公正高效权威司法制度的坚定决心，感知到司法在改革中迈向公正的坚实脚步。

法治监督的作用在于整治以言代法、以权压法、徇私枉法之风，确保法律的科学制定和有效实施。一方面保证立法机关、行政机关和司法机关科学立法、严格执法、公正司法；另一方面及时纠正立法、执法、司法活动中的违法行为，有效维护国家法律的统一、尊严和权威。法治监督是科学制定法律的重要保障。法治的基本前提是形成由宪法、法律、行政法规和地方性法规组成的法律体系，为了保证法律体系内部的统一和协调，必须通过法治监督对各种立法活动进行有效的规范和约束。法治监督是正确实施法律的重要保障。法治的运行过程包括立法、执法、司法、守法和法治监督，法治监督有利于确保各种法律关系的建立、各种法律问题的处理符合法律规范的要求。强化法治监督必须完善法治监督规则，实现依法监督和规范监督；有效治理立法、执法和司法活动中的不法现象，坚决防止和克服地方保护主义和部门保护主义，切

[1] 2015年10月10日上午，家住杭州的潘洪斌骑着一辆外地牌照的电动自行车，途经杭州环城北路时，被执勤的交警拦了下来。依据《杭州市道路交通安全管理条例》的规定，交警要查扣他的电动车并托运回原籍。事后潘洪斌查阅了相关的规定，包括行政强制法以及道路交通安全法，都没有发现非机动车在此种情况下，可以被扣留以及被强制托运回原籍。2016年4月，潘洪斌致信全国人大常委会法工委，建议对《杭州市道路交通安全管理条例》进行审查，请求撤销该条例中违反行政强制法设立的行政强制措施。全国人大常委会法工委收到这个建议后，及时与浙江省人大常委会以及杭州市人大常委会进行沟通，启动了规范性文件备案审查机制，促使杭州市人大常委会研究决定对该条例部分条款做出修改。规范性文件备案审查制度，为民众架起了一道通向宪法和法律保护的桥梁，畅通了撤销和纠正违宪违法规范性文件的渠道，既有力地保障了公民的合法权益，也表明了国家对推进法治的坚定决心。

实做到有权必有责，用权受监督，违法要追究，侵权须赔偿，确保各项权力都在法治的轨道上合理运行。宪法作为国家的根本法，是万权之本、万法之源，具有最高的效力和至上的权威，“任何人违反宪法法律都要受到追究”[1]。在国家法治监督体系中，宪法监督是维护宪法尊严和权威、保障宪法贯彻和实施的一项重要制度。所谓宪法监督制度，是指国家的权威机构为保障宪法的实施，对国家机关、政党组织和社会团体的立法或行为的合宪性进行具有法律效力的审查和裁决，并对违宪立法或行为予以纠正和制裁的制度。其目的是通过审查和处理违宪事项，使一切违反宪法的立法和行为都能及时得到纠正，使国家权力受到制约，使公民权利得到保障。[2]

国家法治保障体系。法治保障体系指国家从体制机制和思想文化上确保立法、执法、司法、守法等各个环节顺利运行和有效实施的完整体系，是宪法和法律得以贯彻实施的重要条件。形成有力的法治保障体系，要求党切实加强对依法治国的领导，提高依法执政能力和水平，为全面推进依法治国提供有力的政治和组织保障；加强法治专门队伍和法律服务队伍建设，加强机构建设和经费投入，为全面推进依法治国提供可靠的人才和物质保障；改革和完善不利于依法治国的体制机制，为全面推进依法治国提供完备的制度保障；努力营造办事依法、遇事找法、解决问题用法、化解矛盾靠法的社会氛围，健全守法诚信褒奖机制和违法失信惩戒机制，使学法、尊法、守法、用法成为全体人民的共同追求和自觉行动。

党是我国法治建设的领导者和组织者，在领导立法、保证执法、支持司法、带头守法方面，在保障党的路线方针政策贯彻落实、保障宪法和法律统一有效实施方面发挥着重要的作用。“党和法、党的领导和依

[1]《习近平谈治国理政》(第二卷)，外文出版社2017年版，第115页。

[2] 夏勇:《宪法改革的几个理论问题》，载《文汇报》，2003年7月20日。

法治国是高度统一的。”[1]只有加强党对国家政治生活的领导，发挥党组织对其他社会组织的示范作用和党员干部对人民群众学法、尊法、守法、用法的积极影响，才能推进整个国家的法治建设。从我国国家机关序列来看，行政机关所占比重最大，拥有部门最多，行政管理范围涉及国家和社会生活各个层面，是实行法治的主要支柱。因此，行政机关必须坚持依法行政，严格在法定职权范围内行使权力。司法权是一项注重独立思考、理性判断的权力，只有使法官依法独立公正行使审判权，不受行政机关、社会团体和个人的干涉，不受权力、金钱、人情的干扰，才能保障法定程序的顺利实现，做到以事实为依据、以法律为准绳，在裁判过程中严格依法办事，准确适用法律。人才是法治建设的主体，只有建设一支政治过硬、业务过硬、责任过硬、纪律过硬、作风过硬，永远忠于党、忠于国家、忠于人民、忠于法律的高素质法治专门队伍，才能为建设法治国家提供有力的人才保障。法治文化是实现依法治国的思想基础和精神动力，是建设法治国家的基本要素和重要标志。只有整个社会普遍形成尊重和自觉遵守法律的法治文化，才能确立以追求良法为目标的科学立法，以追求善治为目标的严格执法，以追求公平正义为目标的公正司法，以追求文明和谐为目标的全民守法的法律秩序。领导干部只有以身作则、率先垂范，才能使依法治国落地生根，取得实效。

[1]《习近平谈治国理政》(第二卷)，外文出版社2017年版，第128页。

二、党内法治体系

加强党内法规制度建设，形成配套完备的党内法规制度体系，是党的十八届四中全会提出的明确要求。党内各项法规制度，反映了党的建设的客观规律，凝聚了建党治党的宝贵经验，是全面推进依法治党从严治党的基本依据和重要保障。党内法规制度内容具体，形式统一，规定明确，表述严谨，带有根本性、全局性、稳定性和长期性。坚持依法治党从严治党，紧紧围绕赋权、用权、制权等关键环节，把完善党内法规制度体系，健全党内法治实施体系，强化党内法治监督体系，夯实党内法治保障体系结合起来，通过党内法规制度调整党内关系，规范党内生活，既是构建中国特色社会主义法治体系的内在要求，也是新形势下加强党的建设的根本所在。

党内法规制度体系。治国必先治党，治党务必从严，从严必有法度。党内法规制度，是管党治党之重器。加强党内法规制度建设，坚持依法治党，是全面从严治党的长远之策、根本之策。党内法规制度体系，是以党章为根本，以民主集中制为核心，以准则、条例等中央党内法规为主干，由各领域各层级党内法规制度组成的有机统一整体。党内法规制度包括党章、准则、条例、规则、规定、办法、细则。其中，党章是一级法规，对党的性质和宗旨、路线和方略、指导思想和奋斗目标、组织原则和组织机构、党员义务和权利以及党的纪律等做出明确规定，既为全党统一思想、统一行动提供根本准则，又为制定党内其他法规制度提供根本依据，是规范全党行为的总章程，在党内具有最高的权威性和最大的约束力。准则是二级法规，对全党政治生活、组织生活和全体党员行为做出基本规定。条例是三级法规，对党的某一领域重要关系或某一方面重要工作做出全面规定。规则、规定、办法、细则是四级法规，对党的某一方面重要工作或事项做出具体规定。这四个层次的党内法规制度上下衔接，自成一体，形成梯次结构，涵盖党的建设各个方面。[1]党的十八大以来，随着一批标志性、关键性、引领性的党内法规制度颁布实施，目前以1部党章为核心，2部准则和26部条例为主干，约1800个规则、规定、办法、细则为分支的一整套系统完备的党内法规制度体系已经形成，从而为依法治党、从严治党奠定了坚实基础。

党章与党的具体法规制度之间存在着密切的联系：一方面具体法规制度必须依据党章来制定和执行；另一方面具体法规制度又是党章发挥作用的重要载体，党章的各项规定只有借助具体法规制度才能实现，客观上要求我们以党章为依据加强具体法规制度建设，构建以党章为根本，以准则、条例、规定等为支撑的党内法规制度体系。其中重点是完善党内组织制度，如差额选举、职务任期、干部交流、岗位轮换、亲属回避等制度；完善党内领导制度，如集体决策、分工负责等制度；完善党内工作制度，如任期目标、实绩考核、请示汇报、职务开销等制度；完善党内生活制度，如权利保障、民主生活等制度；完善党内监督制度，如党务公开、民主评议、离任审计、信访举报、责任追究、引咎辞职、个人重大事项报告、家庭财产申报登记等制度。同时，为适应时代的发展、环境的变化，对现有的法规制度进行科学审视和系统梳理，对行之有效的法规制度继续贯彻执行，对存在缺陷的法规制度进行必要的补充修改，对需要细化的法规制度尽快制定实施细则，对已经过时的法规制度适时加以废止，对需要建立的新法规新制度抓紧研究制定，使党内法规制度内容更加全面，要求更加具体，责任更加明确，执行更加有

[1] 2012—2014年，中央部署开展党的历史上第一次党内法规和规范性文件集中清理工作，对新中国成立至2012年6月间出台的23000多件中央文件进行全面筛查，共梳理出规范党组织工作、活动和党员行为的党内法规和规范性文件1178件，废止322件，宣布失效369件。通过集中清理，摸清了底数，一揽子解决了党内法规制度存在的不适应、不衔接、不协调、不一致问题，实现了制度的“瘦身”和“健身”。

力，使党组织和党员干部办事具有统一的规范、清晰的界限、既定的程序，在主观上明确、在客观上承担由行使权力所产生的各种后果，促使其以高度负责的精神审慎地运用权力。

党内法治实施体系。党内法治实施体系是通过一定的方式使党内法规制度在实际生活中得以有效贯彻的实践体系。法规制度之要，在程序与细则；法规制度之效，在贯彻与执行。法规制度是一种以行为为调整对象的规范体系，它通过严密的规则、严格的程序和严明的纪律来约束人的行为，任何人都不能凌驾其上、超越其外，任何违规行为都将受到应有的制裁。因此，坚持依法治党必然要求从严治党。实践昭示我们，令行禁止是从严治党的根本要求，不折不扣是从严治党的刚性标准，赏罚分明是从严治党的重要保障。在新的历史条件下，只有加强思想建党、注重制度治党、推进反腐兴党、深化改革强党，把教育的说服力、制度的规范力、惩戒的威慑力、改革的推动力有机结合起来，持续推进全面从严治党，才能使党员干部经得起各种考验，保持和发展党的先进性和纯洁性，增强党的创造力、凝聚力、战斗力，提高党的领导水平和执政能力，确保党始终成为中国特色社会主义事业的坚强领导核心。

从实际情况看，目前党内法规制度执行刚性不足，选择性执法、变通性执法、功利性执法现象比较普遍。实践表明，权力的合理运行有赖于法律制度的规范，法律制度的有效实施又有赖于权力的支撑，而能够支撑法律制度有效实施的权力必定是具有内在的制约机制的权力。这在客观上要求我们从优化权力结构入手，对权力进行科学分解，对权力关系进行科学定位，理顺决策权、执行权、监督权以及不同层级、不同环节权力之间的关系，使权力的内部制约和外部监督之间既互相配合又互相促进，使权力边界清晰、运行透明、制约到位、监督周延，形成科学配置体系、规范运行体系、立体监控体系。实行分级决策、分级审批、分级管理，让权力尽可能低位运行，使权力能够受到各方面的监控。明确规定各个层级的职责权限，严格按照权力层级开展工作，上级无权越级行使下级的权力，下级对于越级交办、违规操作等现象应予以抵制。按照分段操作、流水作业的规程配置权力，合理划分资源密集岗位的权限，使审查与批准、决定与执行、承办与监管等权力相对分离，把制约的措施融入权力运行的全过程，使各项权力之间形成相互制约的链条。按照标准化、流程化、精细化准则，完善科学论证、风险评估、合法审查、信息公开、民主监督、责任追究、申诉救济等程序规定，努力提高党内法规制度的执行力。健全责任追究制度，完善责任追究类别、权限和程序规定，坚持法规制度面前人人平等、执行法规制度没有例外，切实做到有权须有责、用权受监督、失职要问责、违法必追究。严格落实各级党组织从严治党的责任，强化严的意识、树立严的标准、采取严的举措、养成严的习惯，使从严治党成为领导干部的管理准则、党员群众的行动自觉。对党员干部出现的问题，该提醒的及时提醒，该批评的严肃批评，该制止的坚决制止，切实纠正有令不行、有禁不止行为，自觉维护党内法规制度的严肃性和权威性。

党内法治监督体系。党内法治监督体系是确保党内法规制度科学制定和有效实施的监察和督促体系。“徒善不足以为政，徒法不足以自行。”为了确保党员干部的权力在法规制度的轨道上合理运行，在权力体系内部，党员干部的权力行为要受到上级、同级、下级的监督；在权力体系外部，党员干部的权力行为要受到社会、群众、媒体的监督；监督要覆盖党员干部的工作圈、生活圈和社交圈，重点监督党员干部在政治思想、决策管理、选人用人、履行职责、工作作风、遵纪守法、廉政勤政等方面的表现，使党员干部无论职位多高、权力多大，都能置身于党和人民的监督之中。同时，加大对干部选拔任用、经费管理使用、工程建设承包、物资设备采购等重点领域和环节的制约监督力度，切实杜绝滥用职权、以权谋私等问题的发生。建立离任审计制度、责任追究制度、引咎辞职制度，对滥用权力行为以诫勉谈话、书面检讨、通报批评、调离岗位、责令辞职、纪律处分、依法查办等方式予以追究。建立执法检查制度、考核评估制度、信息反馈制度，加强对法规制度执行情况的监督检查，切实做到令行禁止、违者必究。

强化纵向贯通、横向联动、前后衔接、全面覆盖的党内法治监督体系，把党内各种监督力量有机统一起来，完善自上而下的组织监督，改进自下而上的民主监督，开展同级之间的相互监督；把党外各种监督力量有机整合起来，推进国家机关的法律监督、民主党派的党际监督、人民群众的民主监督、新闻媒体的舆论监督，使各种监督分工明确、步调协同、优势互补、形成合力。健全党组织的自我管理机制、自我约束机制、自我净化机制、自我完善机制，党员干部的教育管理机制、考核评估机制、奖惩激励机制、制约监督机制，使党内逐步形成一个系统配套、行之有效的制度网络，形成一个自律与他律、自觉与规范相统一的机制链条。完善党内法治监督体系，党委要负主体责任，其中党委领导班子的集体责任，是对职责范围内的党内法规制度建设负全面领导责任；党委主要负责人的第一责任，是作为职责范围内的党内法规制度建设第一责任人，做到重要工作亲自部署、重大问题亲自过问、重点环节亲自协调、重要案件亲自督办。纪委要负监督责任，包括协助同级党委组织协调党内监督工作，组织开展对党内监督工作的督促检查；对党员干部履行职责和行使权力情况进行监督；检查和处理党组织和党员违反党章和其他党内法规制度的重要案件；受理对党组织和党员违犯党纪行为的检举和党员的控告、申诉等。强调党委要负主体责任、纪委要负监督责任，使党委和纪委的责任内涵更加明确，责任界线更加清晰，有利于确保党内法规制度的有效实施。

党内法治保障体系。党内法治保障体系是党从物质文化和体制机制上确保党内法规制度有效实施的支撑体系。夯实党内法治保障体系，需要有一个确保党内法规制度有效贯彻的坚强领导核心，有一套确保党内法规制度切实执行的组织体制和运行机制，有一支自觉遵纪守法的党员干部队伍，从而为实现依法治党提供可靠的政治保证、强大的精神动力和有力的主体支撑。这就要求各级党组织切实加强对党内法规制度建设的领导，为全面推进依法治党提供有力的政治和组织保障；加强专业队伍和专门机构建设，加大物资和经费投入，为全面推进依法治党提供可靠的人才和物质保障；改革和完善党的组织体制和运行机制，为全面推进依法治党提供完备的体制和机制保障；努力培育办事依法、遇事找法、解决问题用法、化解矛盾靠法的法治思维和法治方式，使遵纪守法成为党员干部的共同追求和自觉行动，为全面推进依法治党提供有力的思想和文化保障。

确保党内法规制度的有效实施，从严治党是根本。坚持从严治党，就是在党内政治生活中讲党性，树新风，弘扬正气，反对邪气，即思想作风严；就是严格按党章办事，按党的制度和规定办事，即制度规范严；就是对党员干部严格要求、严格教育、严格管理、严格监督，即组织管理严；就是严格执行党的纪律，坚持纪律面前人人平等，执行纪律没有例外，即纪律约束严。领导干部是依法治党的领导者、组织者和实施者。确保党内法规制度的有效实施，领导干部是关键。如果各级领导干部能够依法办事，从而建立起公正严明的法治秩序，就能充分显示法治的力量与权威，法规制度就能充分得到党员群众的认同和遵守，并经过长期实践积淀为稳定的思维方式和行为方式。首先，领导干部要带头学法、尊法、守法、用法。面对新的形势，领导干部在学法上要更加全面深入，尊法上要更加坚定自觉，守法上要更加严格自律，用法上要更加积极主动，以便为开展工作提供法律依据和制度支撑。其次，领导干部要带头修身养性。无论职务高低、权力大小，领导干部都要牢固确立法律底线不能逾越、法律红线不能触碰的观念，以身作则，率先垂范，破除特权思想，严格遵纪守法。工作上要时刻保持对法律的敬畏之心，自觉防范灯红酒绿的染指、糖衣炮弹的袭击、金钱美色的诱惑、利益集团的围猎，着力夯实政治根基。生活中要自觉抵制腐朽思想侵蚀，培养高尚的道德情操和健康的生活情趣，切实筑牢精神堤防。再次，领导干部要带头接受监督。严格落实监督制度，深刻认识到接受监督是防止权力失控、决策失误、行为失范的重要保障，善于听取党员群众的意见和建议，时刻置身于党组织和党员群众的监督之下，始终做到秉公用权、廉洁从政。[1]

[1] 黑格尔指出：有人以为，当他说“人本性是善的”这句话时，是说出了一种很伟大的思想；但是他忘记了，当人们说“人本性是恶的”这句话时，是说出了一种更伟大的思想。这里所谓的人性本恶，并不是说人普遍都是恶人，而是说人的行为在原始的意义上受情感欲望的支配。在习惯于人性本恶的社会，人的尊严感并不会因为社会地位的提升而发展到神经兮兮的程度。有的官员以为自己是由于德才兼备才被提拔到领导岗位的，已经获得了一种免于被他人批评和监督的权利，而他人无论德还是才都不如自己。在掌权者的尊严绝对不容冒犯的地方，也就失去了批评和监督的环境。许多人正是因为头脑中埋下了这样的种子，以至最终结出了人生的苦果。

三、军事法治体系

构建反映战争形态、作战样式、制胜机理以及军事斗争准备的内外环境、目标任务、战略部署，适应国防和军队现代化需要，与国家法治体系有机融合的中国特色军事法治体系，是习近平总书记明确提出的战略任务，是依法治军从严治军的内在要求。[1]中国特色军事法治体系作为中国特色社会主义法治体系的重要组成部分，内容包括覆盖全面、有机统一、科学有效的军事法规制度体系；党委依法决策、机关依法指导、部队依法行动、官兵依法履职的军事法治实施体系；涵盖党内监督、层级监督、专门监督、群众监督的军事法治监督体系；理论科学、队伍过硬、文化先进的军事法治保障体系。[2]

军事法规制度体系。军事法规制度体系是以军事法律、军事法规和军事规章为主体，以军事规范性文件和基层制度规定为补充的多层级、多门类的制度规范体系。军事法规制度体系是指导规范国防和军队建设及军事力量运用的基本依据，是官兵行为的基本准则，在军事法治体系中处于基础性地位。[3]经过长期不懈的努力，我国军事法规制度体系基本形成，国防和军队建设的各个领域基本实现了有法可依。目前，我国军事法规制度体系中的法律法规规章数量已达4000多件。其中，全国人大及其常委会制定的军事法律以及国防和军事方面的决定18件，国务院、中央军委联合制定的军事行政法规99件，中央军委制定的军事法规242件，中央军委各部门和国务院有关部门联合制定的军事行政规

---

[1] 中央军委政治工作部编:《习近平论强军兴军》，解放军出版社2017年版，第326页。

[2] 中央军委法制局:《新形势下深入推进依法治军从严治军的行动纲领》，载《解放军报》，2014年11月30日。

[3] 丁向荣:《构建中国特色军事法治体系》，载《人民日报》，2014年10月30日。

章与中央军委各部门、军种、战区和武警部队制定的军事规章3700多件。[1]这些法规制度的内容，涵盖作战、军事训练、政治工作、后勤保障、装备保障等国防和军队建设的各个方面，从不同层面、不同角度对国防和军队建设中的各种关系进行规范，基本反映了国防和军队各项建设法律保障的客观需要。军事法规制度体系是一个有机统一整体，有着内在的逻辑和构成规律。在纵向上，军事法规制度体系由军事法律、军事法规、军事规章、军事规范性文件、基层制度规定五个层级构成。在横向上，根据军事法规调整的军事关系不同，军事法规制度体系分为国防基本法规制度、军事工作法规制度、政治工作法规制度、后勤工作法规制度、装备工作法规制度、军事司法法规制度等若干门类。我国军事法规制度体系各层级、各门类规范之间，遵循法制统一的原则，基本实现了衔接配套。实践是法规制度的基础，法规制度总是随着实践的发展而发展，客观上要求我们科学界定立法权限，优化立法程序，建立工作部门主导、业务部门参与的法规起草工作机制。着力健全以宪法为统率，以军事基本法为指导，以现行各种军事法规制度为基础，反映现代军事规律、符合部队建设实际、适应深化改革要求、体现我军鲜明特色，覆盖国防和军队建设各领域各环节的军事法规制度体系。着眼时代的发展、环境的变化、使命的拓展，完善军事训练、作战指挥、科学管理、军民融合等方面的法规制度。同时，伴随着改革强军战略的不断推进，对现有的法规制度也需要进行科学审视和系统梳理，当立则立、需改则改、该废则废，以便最大限度地保持法规制度的生机活力。

军事法治实施体系。军事法治实施体系是通过一定的方式使军事法规制度在实际生活中得以有效贯彻和实现的体系。我军法规制度是一个门类齐全、层次分明、上下连贯、结构严谨的规范体系，每个部门、每个岗位、每个环节都有相应的法规制度予以严格明确规范，因而依法治

[1]《〈中共中央关于全面推进依法治国若干重大问题的决定〉辅导读本》，人民出版社2014年版，第30页。

军必然要求从严治军。从严治军不是严在法外，而是严在法内；不是越严越好，而是严之有理、严之有据，因而从严治军必然要求依法治军。其中令行禁止是依法治军从严治军的根本要求，不折不扣是依法治军从严治军的刚性标准，赏罚分明是依法治军从严治军的重要保证。从实际情况看，如今我们制定的法规制度不可谓不多，要求不可谓不严，而且几乎每个问题都是三令五申，但现实中存在的突出问题仍未得到根治，其中一个重要原因就是对法规制度的执行缺少必要的监督，对违反法规制度的行为缺少应有的惩戒。这在很大程度上软化了法规制度的刚性。鉴于此，要健全执法组织。完善不同层次、不同领域、不同环节的执法机构，严格按照条令条例管理教育部队、协调上下关系、处理内外矛盾，以保证各项法规制度的有效实施。要明确执法权限。从改革领导管理体制机制着手，按照职权法定、职能明晰、权责一致、权力制约的要求，优化机构设置和职能配置，厘清各级党委、领导、机关、部门的职责权限，确保法规制度贯彻到部门、落实到岗位。要完善执法制度。从规范执法制度入手，严格按照法规制度指导和开展工作，做到党委依法决策、机关依法指导、部队依法行动、官兵依法履职，从而保证部队高度集中统一，保证官兵组织纪律严明。按照标准化、流程化、精细化准则，明确执法的标准、步骤、时限、方法和要求，严格按照法规制度指导工作、管理部队、完成任务、推动发展，充分发挥法规制度的引导、规范和保障功能，实现军队管理模式和运行机制法治化。要强化执法责任。健全责任追究制度，完善责任追究类别、权限和程序规定，对违法违纪行为发现一起查处一起，做到法规面前人人平等，执行法规没有例外，防止和克服惩治不力、亲疏有别、宽严失度等错误倾向，切实维护法规制度的严肃性和权威性。严明的纪律、正规的秩序、过硬的作风，都需要在良好的环境氛围中养成。养成贵在持久，持久贵在自觉，通过日复一日、年复一年的训练和培育，使条令条例由法规制度转化为官兵的思想观念和行为习惯。

军事法治监督体系。军事法治监督体系是确保军事法规制度科学制定和有效实施的监察和督促体系。其实质是通过对军事法律、法规和规章实施情况的监督，使军队建设和管理实现科学化、规范化、法治化，使战备、训练、工作和生活各个方面都步入正规化轨道。近些年来，有法不依、执法不严、违法不究以及管理松懈、纪律松弛、作风松散的苗头在一些部队有所滋长，一些领导干部法治观念淡薄，尚未形成依法治军从严治军的意识。有的言在法中，行在法外，我行我素，随意变通；有的习惯按土章法、土政策办事，搞不法之法、法外之法；有的出现问题遮遮掩掩，不敢较真碰硬，大事化小，小事化了；有的责任追究偏宽偏软，高高举起，轻轻放下，使法规制度失去应有的约束力和威慑力。这种状况如果不能及时扭转，就是制定再多的法规制度也是枉然，客观上要求我们健全党内监督、层级监督、专门监督、群众监督有机结合，纵向分级、横向分类、全面覆盖、综合集成的制定、执行、遵守法规制度监督体系。加强对军事法规制度的制定进行监督，提高军事立法的科学性、合理性，保证军事法规制度与国家法规制度之间以及军事法规制度体系内部之间的和谐统一；加强对军事法规制度的执行进行监督，保证军事法规制度在实践中得到有效贯彻实施，使每个人都能学习法规制度、遵守法规制度、执行法规制度、维护法规制度，每个人都能置身于严格的法规制度约束之下。坚持以查处发生在领导干部中的违法违纪案件为重点，严肃查处利用干部、兵员、经费和物资管理等职权谋取私利，以及工程建设承包、物资装备采购、军用土地管理等方面发生的损害部队建设和侵害官兵利益的案件，严肃查处因玩忽职守、失职渎职导致部队发生案件事故或造成重大损失的问题。完善巡视制度，明确巡视内容，扩大巡视范围，提升巡视效果，使巡视监督与其他监督联动起来，形成遏制腐败滋生蔓延的整体合力。建立健全党务、军务、财务公开制度以及执法检查制度、考核评估制度、信息反馈制度，加强对法规制度执行情况的监督检查，努力营造主动学法、自觉守法、合理用法、严格执法的良好氛围。强化违纪违法问题的责任追究，领导成员出问题主要领导要负责，机关干部出问题部门领导要负责，下级主官出问题上级主官要负责。

军事法治保障体系。军事法治保障体系是从物质文化和体制机制上确保军事法规制度有效实施的支撑体系。为了健全有力的军事法治保障体系，要加快法治人才队伍建设，按照既符合军事职业要求又体现法律职业特点的建设思路，完善军事法治人才教育培训体系，建设一支规模适度、结构合理、素质优良、充满活力的军事法治人才队伍。要加强军事法治理论研究，从实际出发，大胆探索，勇于创新，为深入推进依法治军从严治军提供理论指导和学理支撑。要正确处理依法治军与思想教育的关系。思想教育强调的是政治灌输，道德提倡，行为引导，重在启发自觉；依法治军强调的是严格要求，遵纪守法，照章办事，重在规范约束。我们实行依法治军，是建立在官兵高度自觉基础之上的，开展思想教育可以为依法治军提供思想基础和精神动力，坚持依法治军可以将思想教育与法治教育、行为引导、案例警示有机结合起来，从而强化思想教育的效果。实践表明，思想教育需要法规制度提供规范保证，法规制度需要思想教育提供实施基础，要使官兵守住为官一任的道德底线、安身立命的行为准则、内心世界的一片净土，就必须把依法治军与思想教育有机结合起来，充分发挥法治的强制作用和道德的教化作用，由此在全军形成崇尚法治、厉行法治的良好风尚。严下先严上，严兵先严将。领导干部要依据法规制度严格规范自己的行为，切实在遵纪守法上为官兵做表率。一是领导干部在学法上做表率。以其昏昏不可能使人昭昭，领导干部只有对法知之深切，才能对法用之自觉；只有深入学习法规制度，才能确立法治意识、提高法治素养、形成法治习惯。二是领导干部在执法上做表率。依照法规制度指导和开展工作，是贯彻依法治军方针的基本要求。领导干部在履行职责时，既要勇于开拓创新，又不能违犯法规制度标新立异；既要努力创造业绩，又不能背离法规制度急功近利，自觉以法治思维和法治方式分析问题和解决问题，切实养成在法规制度框架内行使权力、履行职责的习惯。三是领导干部在守法上做表率。“将欲治人，必先治己。”领导干部要善于把自己摆在组织视野之内、法规约束之中、官兵监督之下，时刻用法规制度规范自己的工作生活秩序，规范办文办事程序，规范服务基层方法，规范对外交往操守，以谨慎之心对待权力，以淡泊之心对待名利，以警惕之心对待诱惑，始终保持崇高信念上的顽强定力、高尚品格上的顽强定力、良好操守上的顽强定力。“子率以正，孰敢不正。”领导干部只有要求别人做到的自己首先做到，要求别人不做的自己绝对不做，才能引领和推动学法、尊法、守法、用法在部队蔚然成风。

第十章　中国特色社会主义法治文化的动力源泉

建设法治中国，是习近平总书记明确提出的我国法治建设的重大战略任务。法治中国是厉行法治、崇尚法治的中国，是国泰民安、长治久安的中国，既是中国梦的重要组成部分，也是实现中国梦的可靠保障。建设法治中国作为一项艰巨复杂的社会系统工程，其内涵比建设法治国家更加丰富、更加深刻，不仅要推进依法治国，还要推进依法治党、依法治政、依法治社、依法治军；不仅要建设法治国家，还要建设法治政党、法治政府、法治社会、法治军队；不仅要加强法律制度建设，还要加强法治体系建设、法治文化建设。从依法治国到法治国家，从依法治党到法治政党，从依法治政到法治政府，从依法治社到法治社会，从依法治军到法治军队，五者具有内涵的统一性、目标的一致性、进程的相关性，是建设法治中国的五根支柱，也是建设中国特色社会主义法治文化的动力源泉。

一、从依法治国到法治国家

法律是人民意志的凝结，因而依法治国就是依人民的意志治国；治国的过程即权力运行的过程，因而依法治国也就是依据体现人民意志的法律来制约权力的过程。所谓依法治国，是指广大人民在党的领导下，按照宪法和法律的规定，通过各种途径和形式管理国家和社会事务，管理经济和文化事业，保证国家各项工作都依法进行。其实质就是人民为权力立法，使权力与法律结成一体，在法律的范围内运行，从而成为合法的权力。由于任何权力都要有法律依据，任何权力都要受法律约束；由于以法律为最高权威来治理国家，各种权力都在法律的轨道上运行，而法律自身具有较强的稳定性和连续性，不因人而异，不随人而变，因而实行依法治国的国家一般都具有稳定的秩序。

法治作为发展社会主义市场经济的客观要求、建设社会主义民主政治的内在规定、社会文明进步的重要标志、国家长治久安的可靠保障，是以民主政治为基础，以权力制约为根本，以权利保障为取向，以良法善治为标志的国家管理机制、活动方式和秩序状态。其实质是良法与善治的有机统一。所谓良法，就是反映人民意志、尊重公民权利、维护公平正义、促进和谐稳定、保障改革发展、引领社会风尚的法律，就是反映客观规律、体现国情民情、符合规范要求、便于遵守执行的法律。所谓善治，既是指一种治理模式，即运用良法治国理政，实现民主治理、依法治理、科学治理，也是指一种秩序、一种状态、一种结果，即通过运用良法治国理政，实现人民安居乐业、社会安定有序、国家长治久安。[1]“良法是善治之前提，善治是良法之结果。”这是对社会主义法治作为形式法治与实质法治

[1] 冯玉军:《全面依法治国新征程》，中国人民大学出版社2017年版，第38页。

有机统一的法治模式的精辟概括。一方面，以良法保障善治。因为良法能够合理配置社会资源、合理配置权利义务、合理配置权力责任，能够最大限度地得到民众的认同和遵守，从而最大限度地发挥法治的功效。另一方面，以善治实施良法。由于法律体系只是解决了立法层面的问题，并没有解决法律实施及其效能层面的问题，因而只有形成完备的法治体系，通过民主治理、依法治理、科学治理，法律体系才能得到有效贯彻。

依法治国首先在于依宪治国。习近平总书记在首都各界纪念现行宪法公布实施30周年大会上的重要讲话中强调："宪法是治国安邦的总章程，具有最高的法律地位、法律权威、法律效力，具有根本性、全局性、稳定性、长期性，依法治国首先是依宪治国，依法执政关键是依宪执政，要自觉恪守宪法原则、弘扬宪法精神、履行宪法使命。"[1]在法治国家中，宪法是具有最高法律效力的根本规范，是制定法律法规的最高依据，其构成了一个国家法律体系和法律制度统一的基础。依宪治国的基本要求是：坚持宪法确立的中国特色社会主义制度，保证人民依照法律规定，通过各种途径和形式，管理国家和社会事务，管理经济和文化事业，实现社会主义民主制度化、法律化。全国各族人民、一切国家机关和武装力量、各政党和各社会团体、各企事业组织，都必须以宪法为根本活动准则，并负有维护宪法尊严、保证宪法实施的职责，一切违反宪法的行为都必须予以追究和纠正。党领导人民制定宪法和法律，党领导人民执行宪法和法律，党自身必须在宪法和法律范围内活动。坚持发挥党总揽全局、协调各方的领导核心作用，善于使党的主张通过法定程序成为国家意志，善于使党组织推荐的人选成为国家政权机关的领导人员，善于通过国家政权机关实施党对国家和社会的领导，支持国家权力机关、行政机关、审判机关、检察机关依照宪法和法律独立负责、协调一致地开展工作。坚持宪法和法律面前人人平等，任何组织或者个人

[1] 习近平：《在首都各界纪念现行宪法公布施行30周年大会上的讲话》，载《人民日报》，2012年12月5日。

都必须在宪法和法律范围内活动，都要以宪法和法律为行为准则，依照宪法和法律行使权利或权力、履行义务或职责。

依宪治国关键在于宪法实施。宪法实施是一项复杂的系统工程。只有坚持党的领导、人民当家做主、依法治国的有机统一，全面贯彻宪法确立的制度和原则，才能把握坚定正确的政治方向，坚定不移走中国特色社会主义政治发展道路。只有以宪法为最高法律规范，全面推进科学立法、严格执法、公正司法、全民守法进程，才能落实依法治国基本方略，加快建设社会主义法治国家。只有保证公民在法律面前一律平等，保障人民依法享有广泛的权利和自由，宪法才能深入人心，真正成为全体人民的自觉行动。只有坚持依法治国基本方略和依法执政基本方式，使党自身在宪法和法律范围内活动，真正做到党领导立法、保证执法、支持司法、带头守法，才能使宪法成为所有国家机关及其工作人员的最高行为准则。只有运用宪法限制和约束公共权力，加强对公共权力运行的制约和监督，才能有效杜绝权力滥用现象的发生，确保各项权力都在法治的轨道上合理运行。其中运用宪法限制和约束公共权力，是依宪治国的实质所在。对此，从宪法的三个基本要素中可以看得更清楚，如民主决定着公共权力的归属，法治决定着公共权力的运行，人权保障决定着公共权力的取向。在依宪治国的条件下，公共权力是有限的，只限于宪法和法律明确授权的范围之内，超越宪法和法律明确授权的范围，就是违宪违法，就要受到追究。因此，坚持依宪治国，既是建设社会主义民主政治和法治国家的内在要求，也是提升社会主义政治文明的重要体现。实践证明，坚持依宪治国，社会主义法治的统一、尊严、权威才有可靠依托，国家统一、民族团结、经济发展、社会进步才有可靠保障，党和国家事业兴旺发达才能获得蓬勃生机和旺盛活力。

依法治国是同建设社会主义法治国家紧密联系在一起的。所谓法治国家，是指国家权力依法行使的秩序状态，是中国共产党领导人民在发展社会主义市场经济和民主政治过程中，立足中国法治建设实际，传承中国传统法律文化精华，借鉴人类法治文明成果基础上提出的奋斗目标。法治国家包含法治形式和政治实质两个方面。在法治形式上，法治国家的基本要求是完善国家法律规范体系、法治实施体系、法治监督体系、法治保障体系，在立法、执法、司法和守法各个方面形成良好的法律规范和法律秩序。立法机关的立法活动必须反映国家和社会发展的客观规律，反映法治实践的客观要求，反映人民的普遍意志和根本利益，并形成健全完备的法律体系；行政机关及其工作人员必须严格依法行政，依法办事，依法管理国家和社会事务；司法机关必须公正司法，坚决维护法律的尊严和权威，确保法律在全国范围内一体遵行；全体公民要具有较高的法律意识和法律素养，使学法、尊法、守法、用法成为整个社会的良好风尚和习惯。在政治实质上，法治国家的基本要求是建立法律与政治、司法与行政、权力与责任、权力与权利、权利与义务之间的合理关系。在法律与政治的关系上，把政治行为纳入法律调控的范围，使国家权力的行使受法律规范；在司法与行政的关系上，司法独立于行政，并对行政权力实施有效的制约；在权力与责任的关系上，使权力一经授予便明确其责任，并承担由行使权力所带来的各种后果；在权力与权利的关系上，使国家权力以公民权利的认同为基础，并受公民权利的有效监督；[1] 在权利与义务的关系上，以权利保障为取向，实现权利与义务相统一。

[1] 在日常生活中，人们对权力与权利往往不加区分地予以混用。其实，二者之间的区别是很明显的：一是行为主体不同。权力主体是国家机关及其工作人员；权利主体是公民和法人。二是存在形态不同。权力的存在和行使总是与一定的职权和职责相联系；权利的存在和行使总是与一定的利益和负担相联系。三是内部关系不同。在权力关系中，权力主体的政治地位是不等的；在权利关系中，权利主体的法律地位是平等的。四是价值取向不同。权力主体在行使权力时必须服务于公共利益，不得谋取私利；而权利是以获取利益为目的的，权利主体加入一定的法律关系中，正是为了获取合理合法的利益。五是对应范畴不同。权力与责任是一对范畴，责任制约着权力；权利与义务是一对范畴，义务制约着权利。六是明示程度不同。权利通常并不限于法律的规定，法律所规定的只是基本权利；而权力则严格以法律的规定为限，超出法律规定的权限即为非法。七是处置方式不同。权利主体在法律允许的范围内可以自由处置权利；而权力主体不能自由处置权力，更不允许随便转让或放弃权力。

二、从依法治党到法治政党

正如党员具有公民和党员双重身份一样，党作为一种政治组织也具有双重身份。作为国家的组成部分，党必须遵守国家的宪法和法律；作为独立的政治集团，党必须遵守自身的法规制度。依法治党，建设与法治国家相适应的法治政党，这里的法是广义的法，泛指一切强制性的行为规范，包括国家的宪法和法律以及党内的法规和制度。通常所说的制度治党，实际上就是依法依规治党。在法治条件下，宪法和法律是治国理政的基本依据和规矩，任何政党都没有超越于宪法和法律之上的特权，党领导人民制定和执行宪法和法律，党自身也必须在宪法和法律范围内活动，因而依法治国必然要求依法治党。

党内法规和国家法律都是党和人民意志的体现，都是国家治理体系的有机组成部分，都是中国特色社会主义制度体系的重要内容，二者在本质上是一致的。党是国家各项事业的领导核心，国家法律是党领导人民制定和执行的，党规的制定和执行状况，直接关系到国家法律的制定和执行。因此，加强党内法规制度建设，不仅不会削弱国家法律的权威，而且有利于国家法律的实施，二者相辅相成、相互促进。党制定党内法规，调整党内关系，规范党内生活，为党组织和党员提供行为遵循；党又领导人民制定宪法和法律，调整社会关系，规范社会秩序，为公民、法人和其他组织提供活动依据。[1]坚持法律面前人人平等，遵守法律没有特权，执行法律没有例外，党内决不允许存在不受法律约束的特殊党员，是我们党的一贯主张。党员无论职务高低、资历深浅，都必

[1] 王宗礼:《四个全面战略布局之全面推进依法治国》，人民出版社2017年版，第214—215页。

须无条件地遵守国家法律。只要触犯法律，就要受到制裁。党中央严肃查处周永康、薄熙来、郭伯雄、徐才厚、孙政才、令计划等严重违法违纪案件充分证明，从严治党不是一句空话，法纪约束不是一纸空文，党内绝无腐败分子藏身之地，绝无特殊党员容身之所。

依法治党，就是严格按照国家的法律和党的法规来规范党组织和党员的行为，通过党的各项具体制度来保证国家的宪法和党的章程成为党组织和党员的最高行为准则。实现依法治党的一个重要前提，就是完善政党立法，即通过国家法律体系规范政党的职责权限、活动原则以及政党在国家政治生活中的地位作用等问题。政党法作为规范政党活动的专门法律，通常指以政党的界定、政党的组建、政党的组织原则、政党的活动准则、政党的权利义务以及取缔政党的条件等为调整对象，以政党法命名的法律文件。对于我国来说，为了把党的领导方式和执政方式纳入法治的轨道，实现依法执政，使党必须在宪法和法律范围内活动不仅是一项原则，更是一项具有实际可操作性的制度规定，应改变我国政党主要依靠政党惯例运行的做法，尽快着手制定政党法。卢梭曾经说过："任何人都不能摆脱法律的光荣的支配；这是一种有益而温柔的枷锁，最高傲的头颅也必须顺从地戴着这种枷锁。"[1]历史的经验表明，法治是富强、民主、文明、和谐、美丽中国的守护神，是人民安居乐业、社会安定有序、国家安稳发展的压舱石。没有法治，就没有国家的长治久安，就没有社会的风清气正，就没有人民的幸福美满。实行法治还是实行人治，事关国家的兴衰成败、社会的安危治乱、人民的利害得失、家庭的悲欢离合、个人的生死祸福。因此，即使是最尊贵的政治头颅，也要戴上法治的紧箍。制定政党法，使政党的活动由政党法来规范，依政党法来判断，以便使政党处于依法而立、守法而行的法治状态，意义可谓重大而深远。

我国政党法的主要内容应包括：序言——中国政党制度的创立和

[1]〔法〕卢梭：《论人类不平等的起源和基础》，李常山译，三联书店1957年版，第2页。

发展；中国各政党的名称及其在国家政治生活中的地位；中国政党制度作为国家的一项基本政治制度在国家政治、经济和社会生活中发挥的作用等。政党的权利义务——政党必须在宪法和法律范围内活动，其合法权益受法律保护；政党负有反映和代表一定阶级、阶层或群体利益与要求的责任，并可根据各党派的不同特点和国家在一定历史时期的总任务，制定自己的纲领和章程；政党的组织发展和党员管理等。政党的组织原则——政党按照民主集中制原则组织起来；政党的中央、地方和基层组织的关系；政党内部组织结构的一般性规定；政党的各级领导机关和领导干部除特殊情况外，均由选举产生。政党的活动准则——对执政党和参政党在国家权力机关、行政机关、司法机关、武装力量、社会团体、基层单位的活动范围、活动方式、活动程序，对执政党和参政党在中国人民政治协商会议中的活动方式等，做出明确的法律规定，体现政党必须依法活动的原则，实现多党合作的制度化、规范化、程序化。政党活动经费的来源、分配、使用和管理——对政党活动经费实行自筹与国家财政资助相结合的办法做出具体规定。政党违宪行为的审查与制裁——根据我国现有的政治格局，可在国家最高权力机关中设立宪法委员会，专司对国家机关、政党组织、社会团体行为的合宪性审查之职，使执政党与参政党既有权利赋予又有义务约束，同时还有可诉的责任追究机制。[1]

中国共产党既是领导党，又是执政党，建设法治国家关键在党。党的十六大报告提出：要善于把坚持党的领导、人民当家做主和依法治国统一起来，不断提高依法执政能力。党的十六届四中全会决定提出：依法执政是新的历史条件下党执政的基本方式。党的十九大报告提出：坚持依法治国和以德治国相结合，依法治国和依规治党有机统一。习近平总书记多次强调：坚持以法治的理念、法治的体制、法治的程序开展工作，改进党的领导方式和执政方式，推进依法执政制度化、规范化、程

[1] 林怀艺:《我国的政党立法问题探析》，载《华侨大学学报》，2004年第2期。

序化。由此可见，建设法治政党在我们党的重要文献中已是呼之欲出。党是建设法治国家、法治政府、法治社会、法治军队的领导者，法治建设的领导者不可能排除在法治之外，其自身必然是法治的体现者。因此，建设法治国家、法治政府、法治社会、法治军队，必然要求建设法治政党。法治政党的建设目标是，完善政党法规制度体系，健全政党法治实施体系，强化政党法治监督体系，夯实政党法治保障体系，把党建设成为依法执政的政党，领导立法、保证执法、支持司法、带头守法，在宪法和法律范围内活动的政党，坚守宪法和法律至上、维护宪法和法律尊严和权威、自觉用宪法和法律来规范党组织与国家政权机关的关系的政党，尊重和保障人权、促进社会公平正义的政党，实现党的领导工作和执政活动的法治化。党的性质、党在国家政治生活中的地位、党肩负的历史使命，决定了建设法治政党对于建设法治国家、法治政府、法治社会、法治军队，将是一个有力的推动和牵引。

在政党政治时代，法治作为社会进步状态的基本标志，其中最重要的就是政党依法治理问题。政党责任的确定，政党权力的调控，政党、国家、社会之间关系的优化，不仅要遵循政治规律，也要遵循法治规律，从政治与法治的结合上加以思考，即实现政党法治化。政党法治属于政治文明范畴，是现代政治运行的基本形式。政党法治化既是提升政党政治文明水平的必由之路，也是衡量政党政治开化程度和进步状态的重要尺度。政党法治是指以政党章程和国家宪法、法律作为政党活动的基本规范，以政党法律和国家宪法、法律对政党权力实行全面规制的政党治理模式。它包含民主与法治、权利与义务等丰富的制度意蕴；融会法律至上、权力制约、依法执政等诸多的价值取向，涉及政党法治的主体、客体、依据、原则、目标、方式及其与法治国家的关系等若干内容，涵盖政党生活的各个方面，贯穿政党行为的全部过程。政党法治建设的具体内容及实践形式，既与政党地位、政党任务和政党环境有关，也与制度属性和文化传统有关。总体要求是：确立政党法治信仰，为政党法治提供文化环境；发扬政党民主，为政党法治提供政治基础；科学配置政党权力，为政党法治提供体制条件；明确政党职能，为政党法治提供行为取向；健全政党法规，为政党法治提供本体依托。[1]

我国目前虽然没有专门的政党法，但在《宪法》的序言和总纲部分已经涉及政党法治问题。在序言部分，一是确立中国共产党在国家政治生活中的领导地位；二是强调全国各方面力量，包括各政党在内都必须以宪法为根本的活动准则，并且负有维护宪法尊严，保证宪法实施的职责。在总纲部分，一是规定各政党都必须遵守宪法和法律，一切违反宪法和法律的行为都必须予以追究；二是强调任何组织或者个人都不得有超越宪法和法律的特权。我国《宪法》序言和总纲部分对政党法治的原则性规定，为我们建设法治政党提供了基本依据。诚然，要建成法治政党，还必须完善政党立法，尽快制定政党法。同时，建立健全党内法规制度体系，实行依法治党。法规制度内容具体，形式统一，规定明确，是党内政治生活的规矩和依据。与政治建设、思想建设、组织建设、作风建设、纪律建设相比，法规制度建设更带有根本性、全局性、稳定性和长期性。只有加强法规制度建设，用法规制度将党内政治生活的方式、规则和程序确定下来，使其既反映社会发展规律、反映法治实践需要、反映党员意志愿望，又符合内容的合规律性、价值的合目的性、形式的合科学性，不因人而异，不随人而变，才能抓住党的建设的根本，最终建成与法治国家相适应的法治政党。

在我国，国家法律、党内法规的制定及其实施、监督、保障共同构成了社会主义法治体系，但国家法律与党内法规又有着严格的界限和区别，国家法律高于党内法规，党内法规严于国家法律。国家法律高于党内法规，指国家法律是全体公民的行为规范。在法治国家，法律对于整个国家而言具有基础性作用，全体公民都必须遵守法律。作为党员，首先是国家公民，不仅不能违反法律，而且还要带头遵守法律，这是党章

[1] 王韶兴主编:《政党政治论》，山东人民出版社2011年版，第25—26页。

规定的党员义务。作为国家根本法的宪法，是一切制度的根基，任何组织和个人都必须遵守宪法，自觉贯彻宪法确立的原则。依据宪法制定的法律法规是全体人民意志的体现，党内法规必须与宪法法律相一致，不能相冲突。党依法执政，既要求党依据宪法法律治国理政，也要求党依据党内法规管党治党。党内法规严于国家法律，是由中国共产党的先锋队性质决定的，也是由党的政治地位和历史使命决定的。党的历史使命越光荣，奋斗目标越宏伟，执政环境越复杂，越需要全面从严治党。党规之所以严，是因为党规的适用对象是党的组织和党员，而共产党员是人民群众中的先进分子，党规对党员的要求自然要比国家法律对普通公民的要求更加严格。这既体现在党的各种法规制度的内容上，也体现在党员模范地遵守国家法律上。

党的十八大以来，在以习近平同志为核心的党中央领导下，党内法规制度体系建设取得重要进展，中央出台或修订的党内法规制度有60多部，一批标志性、关键性、引领性的党内法规制度颁布实施。我们党历史上第一次编制的党内法规制定工作五年规划纲要于2013年11月正式发布，这是加强党内法规制度建设顶层设计的一项战略工程。纲要提出，在对现有党内法规进行全面清理的基础上，抓紧制定和修订一批重要党内法规，力争经过五年努力，基本形成涵盖党的建设和党的工作主要领域、适应管党治党需要的党内法规制度体系框架，实现基础主干党内法规更加健全，实践亟须的党内法规及时出台，配套党内法规更加完备，各项党内法规之间协调统一，党内生活更加规范化、程序化，党内民主制度体系更加完善，权力运行受到更加有效制约和监督，党执政的制度基础更加巩固，为到建党100周年时全面建成内容科学、程序严密、配套完备、运行有效的党内法规制度体系打下坚实基础。加强党内法规制度建设，重点是完善党的组织法规制度，全面规范党的各级各类组织的产生和职责，夯实管党治党、治国理政的组织制度基础；完善党的领导法规制度，加强和改进党对各方面工作的领导，为党发挥总揽全局、协调各方领导核心作用提供制度保证；完善党的自身建设法规制度，加强党的政治建设、思想建设、组织建设、作风建设、纪律建设，深化党的建设制度改革，增强党的创造力、凝聚力、战斗力；完善党的监督保障法规制度，切实规范对党组织工作、活动和党员行为的监督、考核、奖惩、保障等，确保行使好党和人民赋予的权力。

三、从依法治政到法治政府

在我国，行政机关承担着经济建设、政治建设、文化建设、社会建设、生态文明建设等各个领域繁重的管理任务，实施80%以上的法律法规，其行政能力和执法水平与人民群众的生产生活息息相关。只有做到依法治政，才能做到依法治国；只有建成法治政府，才能建成法治国家。依法治政即政府治理，就是依据法律法规规范行政权力、治理行政事务。依据法律法规规范行政权力，可称之为依法治权；依据法律法规治理行政事务，可称之为依法行政。就行政机关而言，前者主要是对内的，重在规范行政权力；后者主要是对外的，重在约束行政行为。

法治国家的一条公理，就是对公民来说，法无禁止即可为；对行政机关来说，法无授权不可为。因此，行政机关的权力应由法律明确规定，未经法律授权，不得擅自行政。权力清单制度作为依法规定权力的具体体现，就是通过全面厘清行政机关的权力底数，依法界定每个部门、每个岗位的职责与权限，然后将职权目录、实施主体、相关法律依据、具体办理流程等以清单方式进行列举，并公之于众，使权力运行的每一个环节都置于阳光下。通过编制权力目录和优化权力流程，确保权力只能在依法赋予的职责与权限范围内运行，最大限度地压缩行政机关行使权力的自由裁量空间，做到清单之外无职权。实行权力清单制度，必须严格按照法律的规定，对行政机关的权力进行认真审核确认，对超越法律范围的权力坚决予以取消，对不符合法律要求的权力坚决予以调整，由此使行政机关职权的设定具有法律依据，职权的运用依照法律进行。实行权力清单制度，必须遵循职权法定、边界清晰、主体明确、运行公开原则，客观分析权力运行过程，科学安排权力运行流程，使权力运行明晰化、规范化、便捷化，具有统一的规则、既定的程序和明确的责任，从而增强权力运行的刚性约束，切实把权力关进制度的笼子。

作为依法治政的重点所在，依法行政主要包括六层含义：一是行政机关实施行政管理，应当依照法律规定进行，若无法律规定，行政机关不得做出影响公民、法人和其他组织合法权益或者增加公民、法人和其他组织法外义务的行为；同时，行政机关的职权就是职责，不能随意放弃，放弃职权就是失职，就要追究法律责任。二是行政机关实施行政管理，应当遵循公平、公正的原则，平等对待当事人，做到一视同仁；对当事人采取的措施要与违法情节相适应，避免罚过失当。三是行政机关实施行政管理，应当严格遵循法定程序，依法保障行政管理相对人、利害关系人的知情权、参与权和救济权；执法人员要尊重当事人，不能把严格理解为严苛，更不能野蛮执法、以暴制暴。[1]四是行政机关实施行政管理，应当遵守法定时限，履行法定职责，提高办事效率。五是行政机关公布的信息应当全面、准确、真实、及时。六是行政机关违法或者不当行使职权，应当依法承担法律责任，做到有权就有责、用权受监督、违法必追究、侵权须赔偿。坚持依法行政，有利于体现国家一切权力属于人民的宪法原则，体现人民当家做主的民主精神；有利于推进政府廉政建设，有效防止行政权力滥用；有利于提高行政效率和行政公信力，确保行政管理更好地服务国家、服务社会、服务人民。

行政机关是实施法律法规的主体，严格依照法定权限和程序行使权力、履行职责，自觉维护公共利益、公民权益和社会秩序，是行政机关的天职。这就要求行政机关秉公执法、唯法是从，既不能以言代法、以权压法，也不能法外开恩、徇私枉法，切实给不法分子以应有震慑，给人民权益以有效保护。深入推进依法行政，一是以更新行政理念为基础，牢固树立人民主权的理念、法律至上的理念、职权法定的理念、程序正义的理念、依法行政的理念、保障人权的理念。二是以转变政府职

[1] 杨伟东:《推进法治中国建设》，载《时事报告》，2014年第6期。

能为重点，使政府职能切实转到经济调节、市场监管、社会治理、公共服务上来，把生产经营权交给企业，把资源配置权交给市场，把专业性服务交给社会。凡是公民或法人能够自主解决的，市场竞争机制能够自行调节的，社会组织能够自我处理的问题，政府都不应通过行政手段加以干预。该政府管的事情不能缺位，不该政府管的事情不能越位，在把该管的事情管好的前提下，办事手续越便捷越好。三是以民主公开高效为目标，完善行政执法体制，优化行政执法程序，规范行政执法行为，积极推行说服教育、调解疏导、典型示范等执法方式，给行政管理相对人提供法律帮助、政策指导和技术支持，寓执法于服务之中，融处罚于教育之中。四是以建设廉洁政府为保障，加强行政机关的内部制约与外部监督，不断完善依法行政的制约监督机制，确保严格规范公正文明执法。

让权力在阳光下运行，是建设法治政府的重要条件。2007年国务院公布了《中华人民共和国政府信息公开条例》，按照以公开为原则、以保密为例外的精神，对政府信息公开的范围和主体、方式和程序、监督和保障等做出明确规定，除涉及国家秘密和依法受到保护的商业秘密及个人隐私等事项外，其余一切行政信息都被纳入公开之列，从而使政府机关与公众利益密切相关的立法活动、政策制定、财政预算、公共开支以及工作规则、办事程序、审批条件、收费标准等行政信息都能及时为公众所知晓，使行政机关在办事权限公开、办事依据公开、办事过程公开、办事结果公开的基础上，能够接受人民群众的有效监督。2015年4月国务院办公厅印发《2015年政府信息公开工作要点》，要求各级政府和部门对以下领域信息进行公开：推进行政权力清单公开、财政资金信息公开、公共资源配置信息公开、重大建设项目信息公开、公共服务信息公开、国有企业信息公开、环境保护信息公开、食品药品安全信息公开、社会组织和中介机构信息公开。党的十八大以来，在职能转变、作风转变等一系列举措的推动下，我国在打造透明政府上全面提速：各级政府加大行政审批、行政许可、行政处罚等信息公开力度，阳光行政越来越成为一种新气象；各级政府预算决算、部门预算决算、财政审计结果和整改等公开力度逐步加大，阳光财政越来越成为一种新规矩；各级政府通过各种媒体及时、全面、准确发布政务信息，阳光问政越来越成为一种新趋势。这既保障了人民群众的知情权、参与权和监督权，又在一定程度上遏制了行政权力的滥用，标志着政府工作迈向信息开放的新时代。

自国务院《全面推进依法行政实施纲要》首次明确提出“建设法治政府”的目标以来，我国法治政府建设取得了重大进展，为到2035年基本建成法治政府奠定了良好基础。所谓法治政府，是指行政行为受法律规范和约束的政府。法治政府的本质要求是：政府机关实施行政管理、开展行政执法、提供行政服务必须在法律的规范和约束下进行，从而保证行政权力的运用符合人民的共同意志和根本利益。法治政府的这一本质要求，明确规定了政府与法律、政府与人民之间的关系。在政府与法律的关系上，法律至上，政府只能在法律之内而不能在法律之外、只能在法律之下而不能在法律之上活动；在政府与人民的关系上，人民至上，政府只能实现和保障而不能违背和侵犯人民的合法权益。法治政府的这一本质要求，具体表现为六个基本特征。一是行政机构依法设立。作为法治政府，法律是其赖以存在的根据，要求行政机构的设置必须依法事先做出规定，政府不得擅自设立行政机构、扩大行政规模。这可称之为组织法定。二是行政权力依法获得。作为法治政府，法律是一切行政权力的来源，要求一切行政权力都必须由法律授予，无法律授权即无行政权力。这可称之为职权法定。三是行政程序依法确立。作为法治政府，行政权力的获得要符合法律规定，做到实体合法；行政权力的行使要符合法定程序，做到程序合法，要求行政机关实施行政行为必须遵循依法事先规定的程序，保障公民、法人和其他组织的知情权、参与权、表达权和监督权。这可称之为程序法定。四是行政行为依法做出。作为法治政府，法律是其一切行政行为的准则，要求行政机关必须依照法定职权和法定程序办事，自觉运用法治思维和法治方式解决经济社会中的矛盾和问题。这可称之为行为法定。五是行政责任依法承担。作为法治政府，权责统一是其内在规定，要求行政机关必须承担因自身行政行为所引起的各种法律后果，对于滥用权力和失职渎职行为，必须依法追究行政机关和有关人员的法律责任。这可称之为责任法定。[1]六是行政范围依法界定。作为法治政府，行政权力的行使是有界限的，不是无界限的，要求行政机关必须规范政府与市场的关系、政府与社会的关系，使政府外部职责边界清晰；规范政府层级之间的关系、政府部门之间的关系，使政府内部职责边界清晰；规范权力运行步骤、方式、次序和时限，使政府运行职责边界清晰。这可称之为界限法定。从法治政府的本质要求和基本特征看，法治政府是一种职能科学的政府、权责法定的政府、执法严明的政府、公开公正的政府、廉洁高效的政府、守法诚信的政府。

[1] 马凯:《关于建设中国特色社会主义法治政府的几个问题》，载《国家行政学院学报》，2011年第5期。

四、从依法治社到法治社会

对社会实施科学有效的治理，是人民幸福安康、社会和谐稳定、国家长治久安的重要保障。古往今来，一些国家之所以社会动荡、民不聊生，都与尚未形成科学有效的社会治理体系有关。法治是人类文明的重要成果，是社会治理的内在要求和基本准则。无论是维护公民权益、化解社会矛盾，还是调整利益关系、维护社会秩序，都应当依法进行。依法治社即社会治理，就是公众依法参与社会公共事务治理，并对自身事务实行自治，从而实现政府治理与社会自治良性互动。只有坚定不移地推进依法治社进程，才能确保社会既充满活力又井然有序，最大限度地增进人民福祉。

作为由中国共产党领导，政府组织主导，吸纳社会组织和公众等多方力量参与，对社会公共事务进行治理的活动，社会治理是社会建设的重大任务，是国家治理的重要内容。[1]加强和创新社会治理，构建全民共建共享的社会治理格局，提高社会治理能力和水平，对于实现社会和谐稳定、充满生机活力至关重要，客观上要求完善党委领导、政府主导、社会协同、公众参与、法治保障的社会治理体制，实现政府治理和社会调节、居民自治良性互动。加强城乡社区群众自治组织建设，健全以群众自治组织为主体、社会各方广泛参与的新型社区治理体系，把城乡社区建设成社会治理的基础平台。创新社会治理理念，强化法治意识和服务意识，寓治理于服务，以服务促治理。改进社会治理方式，充分运用现代科学技术改进社会治理手段，推进社会治理精细化，加强源头治理、动态管理、应急处置和标本兼治。引

[1] 李培林:《努力完善中国特色社会主义社会治理体系》，载《求是》，2017年第4期。

导公众用社会公德、职业道德、家庭美德、个人品德等道德规范修身律己，自觉履行法定义务和社会责任，自觉遵守和维护社会秩序。加强社团章程、行业规范、村规民约、社区公约等社会规范建设，充分发挥社会规范在协调社会关系、约束社会行为等方面的积极作用。依法保障公民知情权、参与权、决策权和监督权，完善公众参与治理的制度化渠道。健全利益表达协调机制，引导群众依法行使权利、表达诉求、解决纠纷，对关系公众切身利益的重大决策，以居民会议、议事协商、民主听证等形式，广泛征求公众意见。

从世界范围看，包括市场化、民主化、法治化在内的现代化进程，往往是多事之秋，我国也不例外。面对这种情况，我国之所以能够保持社会和谐稳定，从而为现代化进程创造良好条件，与我们坚持依法治社密切相关：一是坚持从中国国情出发，把人类法治文明发展一般规律创造性地运用于社会治理实践，积极推进社会治理体系自我完善和发展。二是坚持人民主体地位，以促进社会公平正义、增进人民福祉为出发点和落脚点，紧紧依靠人民推进社会治理。三是坚持多层次、多领域依法治理，把系统治理、综合治理、源头治理与依法治理结合起来，努力形成党政善治、社会共治、基层自治的良好局面。四是坚持以法治思维和法治方式统筹经济社会发展、协调各种利益关系，最大限度激发社会创造活力、消除社会发展阻力；以法治思维和法治方式化解社会矛盾、维护正当权益，最大限度增加和谐因素、减少冲突因素；以法治思维和法治方式引导人民群众理性表达诉求、解决纠纷，最大限度维护社会秩序、保持社会稳定。五是坚持把增强全民法治观念作为依法治社的基础性工作，发挥国家机关工作人员带头依法办事的示范效应，在全社会推动形成办事依法、遇事找法、解决问题用法、化解矛盾靠法的法治环境。六是坚持把制度创新作为社会治理体系和治理能力现代化的重要保障，加强社会治理领域制度建设，提高社会治理制度化、规范化、程序化水平，通过强化规则意识，倡导契约精神，弘扬公序良俗，使依法治社内化为人民群众的素质，见之于人民群众的行动。

法治社会，通常是指依照法律法规统筹社会力量、调整社会关系、平衡社会利益、规范社会行为、解决社会纠纷、提供社会服务，从而保持良好法治秩序的社会状态。法治社会建设具有人民性、普遍性、系统性、全面性、平等性、公正性的特征。人民性，就是法治社会建设坚持人民主体的历史观、人民至上的权力观、人民中心的发展观、人民为本的价值观，保障法治社会建设为了人民、依靠人民、造福人民，保障人民在经济、政治、文化、社会生活等各个领域依法享有广泛的权利和自由。普遍性，就是法治社会建设以法律为基本准则，不存在法律以外的权力、过分集中的权力、至高无上的权力、不受制约的权力，任何组织、机构、单位和个人都必须在宪法和法律的范围内活动，整个社会都在法治的轨道上合理运行。系统性，就是法治社会建设贯穿于科学立法、严格执法、公正司法、全民守法各个环节，由此使公民的人格得到尊重，财产得到保护，契约得到履行，使每个人都生活得更有安全感、尊严感和幸福感。全面性，就是法治社会建设在理念、制度、行为等方面全方位体现法治精神、法治规范和法治要求，并使其不断内化于心、固化于制、外化于行，成为社会主体措置言行的基本准则和维护秩序的可靠保障。平等性，就是法治社会建设坚持法律面前人人平等，法律之内人人自由，全体公民通过法律的形式，把权利与义务结合起来，把自由与秩序统一起来，在充分享有权利和自由的同时，又切实履行义务和责任。公正性，就是法治社会建设以维护和促进公平正义为归依，坚持依法处理社会问题、化解矛盾纠纷，有效发挥法律定分止争功能，充分体现法律公平正义的价值取向，在营造良好法治环境中实现社会和谐稳定。

五、从依法治军到法治军队

依法治军是军队建设的普遍规律，也是我军一条重要的治军原则。深入推进依法治军，是全面依法治国总体部署的重要组成部分，是实现强军目标的必然要求，也是军队有效履行使命任务的可靠保证。只有坚持依法治军，才能保证部队令行禁止、形成拳头、赢得胜利。所谓依法治军，是指依照以条令条例为主体的法规制度来建设和管理军队。其实质是通过制定和实施军事法律、法规和规章，把党关于军队建设的正确主张、治军兴军的成功经验用法规的形式确定下来，使军队建设和管理实现科学化、规范化、法治化，使战备、训练、工作和生活各个方面都步入正规化轨道。经过长期不懈的努力，我军一个由军事法律、法规和规章构成的覆盖全面、结构合理、内部协调、规范严谨的军事法规制度体系初步形成，为我军全面贯彻依法治军方针提供了基本依据。

依法治军的根本原则是坚持党对军队的绝对领导，通过把党关于军队建设的正确主张上升为国家意志，使党对军队的绝对领导与依法治军有机统一起来，从制度上法律上确保党对军队的绝对领导，确保以现代化为中心、以信息化为主导、以提高战斗力为标准，加快推进军队全面建设，有效履行我军历史使命。依法治军的主要任务是健全法规制度体系，增强法规制度的科学性，注重法规制度的系统性，提高法规制度的实效性，加强对法规制度遵守和执行情况的监督检查，使法规制度得到不折不扣的贯彻落实。依法治军的关键环节是严格按照法规制度指导和开展工作，坚决克服管理松懈、作风松散、纪律松弛的现象，做到党委依法决策、机关依法指导、部队依法行动、官兵依法履职，从而保证部队高度集中统一，保证官兵组织纪律严明。依法治军的实践要求是把依法指导和管理作为基本的领导方式和管理方法，遇事以法为师，行事以法为矩，严格按照法规制度指导工作、管理部队、完成任务、推动发展，充分发挥法规制度的引导、规范和保障功能，实现军队管理模式和运行机制法治化，为建设强大军队提供可靠保障。依法治军的基础工程是开展法治宣传教育，在全军形成崇尚法治、厉行法治的良好风尚，使官兵自觉做到认真学习法规制度、切实遵守法规制度、严格执行法规制度、坚决维护法规制度。

习近平总书记指出："深入推进依法治军、从严治军，必须紧紧围绕党在新形势下的强军目标，着眼全面加强革命化现代化正规化建设，坚持党对军队绝对领导，坚持战斗力标准，坚持官兵主体地位，坚持依法和从严相统一，坚持法治建设与思想政治建设相结合，创新发展依法治军理论和实践，构建完善的中国特色军事法治体系，提高国防和军队建设法治化水平。"[1]当今时代，随着世界新军事革命迅猛发展，战争形态和作战样式发生了根本性变化，武器装备更加精良，组织结构更加复杂，协同配合更加密切，作战进程更加快捷，呈现力量多元、手段多种、形式多样、空间多维的趋势，军队建设的系统性、精密性、复杂性不断提高，客观上要求建立一整套符合现代军事发展规律、体现我军特色的科学的组织模式、制度安排和运作方式，推动军队正规化建设向更高水平发展。根据系统理论，影响军队建设的要素越多，规则程序对军队建设的作用就越大。换言之，军队现代化程度越高，武器装备越先进、越高级、越尖端，对官兵的法治素养要求就越高，就越需要严格的法规制度来规范军事训练、综合保障；军队联合程度越高，作战要素越多，就越需要严格的纪律来畅通指挥、整合效能；军事斗争越残酷、作战节奏越快捷，就越需要参战的各个要素、各个单元、各个系统精确对表、密切协同。这是遵循信息化战争制胜机理，形成体系作战能力的基本保证。因此，军队越是现代化，越是信息化，越是要法治化。

[1] 中央军委政治工作部编:《习近平论强军兴军》，解放军出版社2017年版，第326页。

作为党执政的重要基石和国家机器的重要组成部分，我军将党治国理政的基本方式贯彻到军队建设中，必然要求牢固确立依法治军从严治军在军队建设中的全局性、基础性、战略性地位，从而加快军队各项工作的法治化进程，努力建设一支与法治国家、法治政党、法治政府、法治社会相匹配的法治军队。[1]建设法治军队，就是使国防和军队建设的各个领域、各个方面、各个环节都有法可依，有法必依，执法必严，违法必究，从制度上法律上确保党的大政方针在国防和军队建设中的有效贯彻；就是创新发展依法治军理论和实践，着力构建系统完备的军事法规制度体系、军事法治实施体系、军事法治监督体系、军事法治保障体系，提高国防和军队建设法治化水平，为实现强军目标提供重要引领和保障。党的十八大以来，我军深入推进依法治军从严治军取得了显著成就。一是明确提出依法治军从严治军是强军之基；一个现代化国家必然是法治国家，一支现代化军队必然是法治军队；军队越是现代化，越是信息化，越是要法治化。强调指出依法治军的根本原则是坚持党对军队的绝对领导，依法治军的根本标准是提高部队战斗力，依法治军的根本途径是运用法治手段管人、管事、管权。二是构建完善的中国特色军事法治体系，主要包括覆盖全面、有机统一、科学有效的军事法规制度体系；党委依法决策、机关依法指导、部队依法行动、官兵依法履职的军事法治实施体系；涵盖党内监督、层级监督、专门监督、群众监督的军事法治监督体系；理论科学、队伍过硬、文化先进的军事法治保障体系，形成一整套符合军队建设特点规律、适应依法治军从严治军要求的体制机制，不断提高国防和军队建设的法治化水平。[2]三是构建严密的权力运行制约和监督体系，主要包括纪检监督、巡视监督、审计监督、司法监督。这些成就的取得，为建设法治军队奠定了基石。

---

[1] 《〈中共中央关于全面推进依法治国若干重大问题的决定〉辅导读本》，人民出版社2014年版，第27页。

[2] 中央军委法制局：《新形势下深入推进依法治军从严治军的行动纲领》，载《解放军报》，2014年11月30日。

建设法治军队是建设法治国家的有机构成和显著标志，也是建设法治国家的重要任务和基础工程。如果说国家全面深化改革，加快实现“中国梦”的重要保障和主要标志是全面推进依法治国，建设与富强中国、民主中国、文明中国、和谐中国、美丽中国相适应的法治中国，那么军队全面深化改革，实现强军梦的根本保证和主要标志就是全面推进依法治军，建设与法治国家相适应的法治军队。建设一支听党指挥、能打胜仗、作风优良的法治军队，既是建设法治国家的题中应有之义，也是建设法治国家的重要战略支撑。有了与法治国家、法治政党、法治政府、法治社会相匹配的法治军队，就能为巩固党的执政地位，保证人民当家做主，全面推进依法治国提供可靠保障。建设法治军队是提升军队法治化水平的必由之路。新的历史条件下，军队所处的社会环境和军队内部的组织结构、人员成分、技术构成日益复杂，军队建设和改革以及军队承担的应对海洋、太空、网络空间安全威胁，执行抢险救灾、反恐维稳、国际维和、安保警戒等使命任务日益繁重。军队内外环境越复杂、使命任务越艰巨，就越要保持高度的集中统一、严明的组织纪律、科学的管理体制、规范的运行程序，越要把依法治军从严治军的方针贯彻落实到军队建设的各领域和全过程。这就要求我们立足军队建设发展实际，健全军队法治建设统筹协调机制，加强对军队发展战略的制定、武器装备的更新、军事人才的培养、体制编制的调整、保障力量的运用、战场设施的建设和军事理论的创新等方面法治建设的统筹协调，重点解决好联合指挥、联合训练、联合保障法规制度不健全，新装备、新系统训练缺少规章、使用缺少规范、管理缺少标准等问题。只有将依法治军上升到法治军队的高度，彻底改变长期形成的以领导者个人意志为主导的工作模式，牢固确立以法治思维和法治方式为主导的工作模式，才能适应国防和军队建设发展的需要。

第十一章　中国特色社会主义法治文化的价值底蕴

人作为社会的主体，必然要同客体发生各种联系，这些联系主要有两种：一种是实践，一种是认识。而无论是实践还是认识，都包含着客体属性、功能与主体需要之间的关系。这种关系就是一种价值关系。换言之，价值就是发生在主体与客体之间的一种关系，表示客体对主体的意义。所谓法治的价值，就是作为客体的法治对作为主体的人的需要的满足。霍布豪斯认为："各种社会制度和政治制度本身并不是目的。它们是社会生活的器官，是好是坏，要根据它们所蕴含的精神来判定。"[1]社会主义法治尊重和保障公民的基本权利和自由，不仅满足公民的发展需要，而且满足公民的和谐需要；不仅满足公民的秩序需要，而且满足公民的自由需要；不仅满足公民的平等需要，而且满足公民的公正需要。其中民主、自由、平等、人权、公正、秩序、文明、和谐、效率、发展等构成了社会主义法治的核心价值。

[1]〔英〕霍布豪斯：《社会正义要素》，孔兆政译，吉林人民出版社2006年版，第1页。

一、法治与民主

法治的实质是良好的法律获得普遍的遵守，从而表明法治是同民主紧密相连的。因为只有赢得人民认同、尊重、支持和信守的法律，才能获得普遍的遵守；而只有作为人民意志凝结的法律，才能赢得人民认同、尊重、支持和信守。民主的实质就是按照人民的意志和法定的程序管理国家和社会事务的制度。在这里，按照人民的意志管理国家和社会事务与管理国家和社会事务的组织形式是民主不可缺少的两个方面。其中，人民的意志是民主的内容、民主的本质；人民意志的表达和实现方式则是民主的形式、民主本质的体现。

民主既然作为一种国家制度，就必然存在着对人的支配与管理；国家制度既然采取一种民主形式，其支配与管理就只能依据于人民的意志。衡量一个国家是否民主，可以从三个方面来把握：一是国家权力归谁所有，二是国家运行由谁管理，三是国家取向为谁服务。其中国家权力归谁所有起决定作用，它决定国家运行由谁管理、取向为谁服务。在通常情况下，如果国家权力归人民所有，运行由人民管理，所有者和管理者是统一的，那么国家运行的取向只能是人民。如果国家权力归人民所有，但运行是由人民的公仆代表人民实施管理，那么国家运行的取向既可能是人民，也可能是人民的公仆。如果是后者，那就意味着人民的公仆发生了蜕变，变成了人民的主人。因此，在所有者和管理者处于分离的状态下，作为国家主人的广大人民能否对自己的公仆实施有效的制约监督，是衡量一种民主制度成熟程度的重要标志。

我国人民代表大会制度是由全体人民选举产生的代表组成国家权力机关，代表人民直接行使人民主权的一种政权组织形式。人民代表大会制度处于我国政治权力配置体制的中心，其他方面的制度都是以人民代表大会制度为中心展开的。其具体运行机制是：拥有主权的人民按照宪法和法律的规定，通过直接或间接的形式选举产生人民代表；人民代表按照宪法和法律的规定，受人民委托组成国家权力机关；国家权力机关按照民主集中制的组织原则开展活动，在充分协商和讨论的基础上，通过一定的表决程序，选举产生执行机关并审议通过执行机关的工作计划；执行机关组织、协调、管理人民的生产、生活和各项社会事务；人民通过代表机关及自身所拥有的公民权利直接或间接地对执行机关的工作进行监督。其实质在于人民是国家的主人，享有管理国家和社会事务的一切权力，全体人民通过人民代表大会制度牢牢地把国家的前途命运掌握在自己手中。

民主与法治之间存在着天然的联系。民主的基本内涵是人民当家做主，通过法定程序行使管理国家和社会事务的权力，而法治的基本精神正是依照体现人民的意志、反映社会发展规律的法律来治理国家。民主蕴含着平等，法治则把平等转化为在法律面前人人平等的原则，并通过具体的制度使之易于操作。民主意味着自由，法治则把自由加以明示，又通过义务和责任把自由与秩序统一起来。[1]民主昭示着人权，法治则把人的应然权利确认为法定权利，从而为人权的真实享有提供法律依据。中国特色社会主义政治制度既是一种民主制度，又是一种法律制度，在现实形态上表现为民主制度和法律制度的统一，因而其内在地包含着民主和法治。国家没有民主，人民就不能选举产生权力机关，权力机关就不能选举产生行政机关、审判机关、检察机关；同样，国家没有

[1] 从历史上看，民主主要来源于对自由的追求，为民主而战就是为自由而战。自由被看作是民主的核心价值不是偶然的。因为民主充其量不过是人们进行社会政治活动的一种制度安排。从根本上说，一种制度安排不可能成为最终目的，它只能是为实现人们更高追求的一种手段。而自由则不同。自由从宏观上说是人类走向解放的最终目标之一。只是由于时代的局限，在现实生活中人们还只能在一定程度上实现它。但这种局限不应成为否定其重要性的理由。民主也只有成为实现自由的手段，才能真正体现其价值，自身也才能更好地运行。

法治，权力机关的运行就失去了依据，行政机关、审判机关、检察机关的运行就失去了规则。在实际生活中，人民依照法律规定，通过民主程序把权力授予自己的代表，同时又要监督自己的代表不致违背自己的意志自行其是。权力机关按照法律的规定，通过民主程序把行政权、审判权、检察权授予相应的机关，同时又要监督这些机关在授权的范围内依法行使职权。法治与民主存在着内在联系，世界上“没有无民主的法治，也没有无法治的民主”，民主法治化和法治民主化属于同一历史进程。民主与法治和衷共济，相辅相成。民主只有以法治为依托，才具有可靠的保障，才不致被随意废止；法治只有以民主为基础，才具有至上的权威，才不致被随意逾越。因此，民主政治只能是法治政治。一个民主制度完善的国家，必然是法律制度健全的国家。[1]

---

[1] 法治与法制是不同的。法制作为制度规范所关注的焦点是统治秩序，而法治作为治理方法所关注的焦点是对统治权力的有效制约和合理使用。法制与法治的这种区别，直接表现为其中的两个要素，即法律和权力相互关系的不同。在这两个要素中，法律蕴含着秩序，但秩序只是法律的一种价值，而不是法律的唯一价值，除了秩序以外，法律还蕴含着自由、平等、公正等多种价值。权力作为一种支配力量，其价值主要指向秩序，除了秩序以外，权力本身并不蕴含法律中的那些价值，它只是在目的上实现这些价值。由于法制关注的焦点是统治秩序，因而更强调法律对权力的支持和依从，甚至为了秩序不惜牺牲法律的多种价值；由于法治关注的焦点是对统治权力的有效制约和合理使用，因而更强调权力对法律的支持和依从，当法律的价值单靠自身无法实现时，便通过权力的强制力量保证其实现。实行法治当然必须运用法制来治理国家，但并不是所有法制国家都是法治国家。法制的基础可以是民主，也可以是君主，但法治的基础必须是民主。自人类进入阶级社会以来，秩序对任何社会来说都是必需的，因此，任何社会都有法制；而自由、平等、公正并非对任何社会都是必需的，因此，并不是任何社会都实行法治。

二、法治与自由

人之所以能够从事自由自觉的活动，就在于人有意志。意志是自由的本体，自由是意志的属性。有人就有意志，有意志就有意志自由，因而意志自由从绝对的意义上讲是不可剥夺的，追求已经拥有且不可剥夺的事物也便失去了意义。因此，人之为人绝不会满足于意志自由，意志按其本性必然要超越自身去追求外在的自由，即“我在自由地实现自由”。这样，意志自由就成了人追求外在自由的内在根据。所谓自由，就是从事不为法律所禁止，不为他人所强制的任何活动；换言之，自由就是社会主体得到法律认可和保障的按照自己的意志进行活动的权利。这里同时包含着人们获得自由的两种途径：一是法律明示的自由，即人们有做法律所允许的事情的自由；二是法律暗示的自由，即人们有做法律不禁止的事情的自由。自由对于人的意义在于：人只有成为自己的主人，能够自由地思考问题，自由地表达意愿，自由地措置言行，才能成为国家和社会的主人。

按照马克思主义观点，人的自由存在于人与外部世界的关系之中，因而是相对的、有条件的。人只有认识自然规律，认同自然规律，才能在与自然的交往中获得自由；人只有认识社会规律，认同社会规律，才能在与社会的交往中获得自由。在实际生活中，这些规律往往通过人的活动而在法律中得到反映和体现。这样，人们对客观规律的认识和认同就可以转化为对法律的认识和认同，只有遵从法律，才能获得自由。从这种意义上讲，法律不是限制自由，而是限制任性。“只是当人的实际行为表明人不再服从自由的自然规律时，自然规律作为国家法律才强迫人成为自由的人。”[1]可见，法律限制任性的目的正是为了保障自由。因此，“法律不是压制自由的手段”[2]，“恰恰相反，法律是肯定的、明确的、普遍的规范。在这些规范中自由获得了一种与个人无关的、理论的、不取决于个别人的任性的存在”[3]。

作为法律范畴的自由，首先意味着意志自由与行动自由的统一。意志自由是自由的内在状态，是借助于对事物的认识来做出决定的能力。它主要表现在对规律的认识，对行动目标、路径和方式的选择上。行动自由是自由的外在状态，是根据对规律的认识和目标的选择而支配自己和外部世界的能力。它主要表现在对规律的驾驭和利用上，表现在不受他人干涉和限制而作为的状态中。意志自由是行动自由的前提，行动自由是意志自由的结果。因此，真正的自由是不断由意志自由转化为行动自由的一系列过程。其次意味着个人独立与社会整合的统一。自由作为个人独立与社会整合的统一，反映了个人与社会之间双向的权利义务关系。由于个人归根到底是社会整体的一部分，因而其自由总要受到社会规则的限制。一个人无视社会规则，就难以生活于社会之中，也就等于丧失了自由。正如马克思所说：“只有在集体中，个人才能获得全面发展其才能的手段，也就是说，只有在集体中才可能有个人自由。”[4]法治是公正合理地调节个人独立与社会整合之间矛盾的最佳方式。它以承认和保护个人自由为前提，把自由置于社会的规则之中，使社会成员平等地享有自由。[5]

自由的法律化、制度化是其得以全面实现和切实保障的基本环节。在马克思主义看来，“法典就是人民自由的圣经”，[6]人们正是通过法律

[1]《马克思恩格斯全集》(第一卷)，人民出版社1995年版，第176页。

[2]《马克思恩格斯全集》(第一卷)，人民出版社1979年版，第70页。

[3]《马克思恩格斯全集》(第一卷)，人民出版社1979年版，第71页。

[4]《马克思恩格斯全集》(第三卷)，人民出版社1960年版，第84页。

[5] 张文显:《法治的文化内涵——法治中国的文化建构》，载《吉林大学社会科学学报》，2015年第4期。

[6]《马克思恩格斯全集》(第一卷)，人民出版社1956年版，第71页。

的形式，把权利与义务结合起来，把自由与秩序统一起来，在充分享有权利和自由的同时，又切实履行义务和责任。由于人人都是平等的，都可以平等地分享自由，因而个人自由就不能不受到反映他人对自由需求的法律的约束。如果自由权利意味着为所欲为，那么自由就不复存在了，因为这将是对自由的相互否定。因此，各种自由权利都必须有一个明确的边界，在这个边界所确定的范围之内，权利主体可以做自己想做的一切事情，别人无权干涉。如果权利主体的行为超出这个范围，就可能对其他人的合法权益造成损害，其自由就失去了权利的法定性质。如果说一定社会经济文化的发展水平决定自由的实现程度，那么人与人之间的相互关系则决定自由的实现限度。在实际生活中，自由权利起初是以习惯权利的形式存在的。习惯权利一经上升为法律，就成为法定权利，从而具有合法的地位。这种被确认为法律的习惯权利，就不再仅仅是民间的习惯，而是国家的习惯，受国家强制力的保护。

在人类历史上，自由一直是人们向往和追求的一种美好价值形态。亚里士多德认为，追求自由是人的本性，但真正的自由并不是无所顾忌的放纵，而是与遵守社会生活规则和法律相联系。在中世纪，自由主要是针对封建专制和封建神权而言的，旨在解决人权与神权之间的冲突。人类进入资本主义社会以后，自由主要是针对国家的强权和政府的干预而言的，旨在解决个人与社会之间的矛盾。马克思恩格斯则把自由与人类解放联系起来，赋予自由以更加深刻的社会意义，不仅将其作为个人发展的尺度，而且将其作为未来共产主义社会的本质特征，即“每个人的自由发展是一切人的自由发展的条件”[1]。他们认为，只有在扬弃了以往社会的强制劳动和固定分工之后，人们才能实现自主活动，从而实现人的自由而全面的发展。其实际内容就是人不再屈从于任何外在的目的，人的能力的发展成为目的本身，人成了人本身的主人，这就是人的自由的最高体现。

[1]《马克思恩格斯选集》(第一卷)，人民出版社1995年版，第294页。

三、法治与平等

平等作为社会主体在人格尊严和法律地位上受到同等对待的诉求、主张和原则，是人的基本权利，是处理一切社会关系的基本准则。无论是古代还是现代，人们的平等观念都来自这样一个基本事实，即凡是人都具有作为人的共同的自然属性和社会属性，任何人作为人都是生而平等的，这是人们平等观念的基本依据。平等作为一个历史范畴，从应然状态发展到实然状态需要一个长期的过程。从实际情况看，作为平等核心内容的权利平等，现阶段仅仅意味着行使权利的机会平等；换言之，民主政治和法治国家并不保障每个人对国家事务和公共政策的制定享有同等的影响力，就像市场经济并不保障每个人占有等额的财富一样。它保障的只是每个人具有同等的参政议政的权利，至于把这些权利行使到什么程度则是每个人自己的事情。权利平等是以承认人的先天权利相同和人的后天能力不同为前提的，因此，它既给每个人以平等进入社会的机会，又通过公平竞争来确保每个人都获得与自己德才识学相适应的社会位置；既尊重每个人的自我选择，又承认并不是人人都能实现自我选择，就像每个运动员都站在同一条起跑线上，平等地享有夺取冠军的权利，但并不是人人都能当冠军一样。

平等是社会主义法律的基本属性，是社会主义法治的基本要求。社会主义法律确认和保护公民在享有权利和承担义务上具有平等的地位，即人与人在社会上处于同等地位，享有同等权利，承担同等义务，受到同等保护。在人类历史上，资产阶级首先提出法律面前人人平等的原则，并以此作为反对封建特权的思想武器。但由于人们在经济生活和政治生活中事实上的不平等，这一原则在资本主义社会不可能得到真正实现。社会主义批判地继承法律面前人人平等的原则，不仅意味着形式上的平等，而且由于消除了人剥削人的制度，也就消除了事实上不平等的根源，从而为最终消除事实上的不平等创造了前提。在社会主义条件下，全体公民是国家和社会的主人，虽然人们的能力素质有高低之分，社会贡献有大小之别，但作为人都享有做人的资格，都享有做人的尊严，在经济、政治、文化、社会生活等各个领域依法享有平等的权利和自由。法律面前人人平等原则具有三个方面的含义：首先，公民的法律地位一律平等，即任何公民，不分民族、性别、职业、家庭出身、宗教信仰、教育程度、财产状况、居住期限，在法律面前具有平等的地位；其次，不允许任何组织和个人享有法律以外的特权，任何组织和个人在享有法律规定权利的同时，必须履行法律规定的义务；最后，任何组织和个人的合法权益都要受到法律的保护，任何组织和个人的违法行为都必须依法受到追究。

平等要求排除特权和消除歧视。特权的存在本身就是对平等的一种否定，因为特权是指基于特殊身份或关系而对社会中的一部分人所给予的特殊对待。歧视以认可人们先天存在身份与地位的高低贵贱差别为前提和基础，而把一部分人的身份与地位视作低于其他人来对待。特权和歧视是人类思想和制度中的糟粕，与人类文明格格不入，是人类社会发展的障碍。[1]在我们国家，干部与群众的关系是公仆与主人的关系。干部是全体人民的公仆，是受人民委托，代表人民管理国家和社会事务的公仆，因而要对人民负责，受人民监督。然而，当干部履行自己职责的时候，同群众的关系又是领导与部属的关系，群众应该支持干部的工作，服从干部的领导。这种服从本质上不是对干部个人的服从，而是对人民意志的服从。领导与部属的关系，只是社会分工的不同，没有高低贵贱之分。干部作为人民中的一员，除了法律和制度规定范围内的个人利益和工作职权外，不得谋求任何私利和特权。作为享有政治上经济上

[1]《法理学》编写组主编:《法理学》，人民出版社、高等教育出版社2010年版，第87页。

超越法律和制度之外的权利，特权实质上是把法律和制度赋予的公共权力私有化，其结果必然导致腐败的滋生和蔓延。因此，如果干部只知道自己是领导，忘记自己是人民公仆，把自己凌驾于人民群众之上，摆脱人民群众的制约和监督，那就从根本上颠倒了自己与群众的关系，发展下去就会由人民公仆蜕变为骑在人民头上作威作福的老爷，成为搞特权、谋私利的腐败分子，从而为人民所抛弃。

四、法治与人权

保证人民依法享有广泛的权利和自由，尊重和保障人权，既是社会主义民主政治的基本内容，也是社会主义法治国家的重要标志。人权作为一种现实的社会关系，是一种本源性的权利、普遍性的权利、综合性的权利。[1]所谓人权，就是人依其自然属性和社会属性所享有和应当享有的权利。人权的基本属性包括：自然性——人的自然生命的存在是人权存在的基础，满足人作为自然生命存在和发展的需要，是人权存在和发展的根据。社会性——人权是在人与人之间的相对状态中存在和发展的，孤立的个人不可能产生人权问题。人权作为个人对社会的要求，其基点是个人，但其实现却取决于社会而不取决于个人。阶级性——由于人具有阶级的属性，因而人权也就不可避免地被打上了阶级的烙印，不同阶级的人，具有不同的人权观念、人权取向、人权标准。共同性——不管人的阶级属性如何，只要是人就有人的需要、人的利益、人的愿望，重视安全、向往自由、追求幸福是一切人共同的价值取向。时代性——人权是历史地产生的，其发展必然要受到社会制度、经济状况、文化传统等条件的制约，并形成人权保障上的社会历史性、人权理解上的文化差异性。

人权的产生根源于人的自然属性和社会属性。人类之所以需要人权，首先是为了满足自己物质的、精神的、人身的利益需求，这是由人的生理和心理的自然属性决定的，是人的一种本能和天性。人的自然属性是人权存在的基础和前提，也是推动人权向前发展的动力。人的利益需求是不断发展的，因而人权的发展与进步是永无止境的。人的社会属

[1]《法理学》编写组主编:《法理学》，人民出版社、高等教育出版社2010年版，第89页。

性表明，人是一种有理性、能思维、可以认识与改造世界的社会动物，人不可能独自一人生活在世界上，只能生活在由人组成的社会之中。只要社会存在，个人与个人之间、群体与群体之间、个人与群体之间在利益上就会既有一致性，又有矛盾性。这就需要包括法律规范在内的各种社会规范，通过权利与义务的形式去调节与整合各种利益关系，防止一些人或群体侵犯另一些人或群体应当享有的权利，这就产生了人权问题。由此可见，人的自然属性与社会属性是人权产生与存在的内在根据。同时，权利永远不能超出社会的经济结构以及由经济结构所制约的社会的文化发展。一定历史阶段社会关系的性质与状况，以及与此相联系的经济文化发展水平，决定着这个历史阶段人权的性质、状况与发展水平。这是人权存在与发展的外部条件。

人权主要有三种存在形态，即应有权利、法定权利、实有权利。应有权利通常指人依其自然属性和社会属性所应当享有的权利。法定权利通常指人在法律上享有的权利。它是人们运用法律手段将人的应有权利法律化、制度化，并运用国家强制力保障其实施的权利。由于法律的制定要受到主客观条件的制约，任何国家人权的法律化、制度化都要有一个过程，因而在应有权利与法定权利之间不能画等号。法律既具有工具性价值，又具有伦理性价值。前者是指法律具有意志的普遍性、行为的规范性、效力的至上性和执行的强制性等基本特性，一旦把应有权利转化为法定权利，就能得到法律这一社会调整与控制手段的有效保护。后者是指法律本身就是正义的体现，法律面前人人平等是法律发挥作用的必然要求，从而对尊重和保障人权提供一种道义支撑。实有权利通常指人在现实生活中实际享有的权利。从具体情况看，一个国家的法律所确认的权利，由于受各种因素的制约和影响，并不一定都能得到真正实现。评价一个国家的人权状况，既要看这个国家的法律对人权所做的规定，更要看这个国家是否根据本国经济文化发展状况切实保障人权。

在人权三种存在形态中，应有权利、法定权利、实有权利之间不是平行关系，而是层次关系，其中有很大一部分是重叠的，即法定权利是得到国家法律认可的那一部分应有权利，实有权利则是人们能够实际享有的那一部分应有权利和法定权利。随着人类物质文明、政治文明、精神文明、社会文明、生态文明的不断发展，人权的三种存在形态之间重叠的部分将会逐步扩大，但三者之间的差异和矛盾永远不会消失，即应有权利的外延永远大于法定权利，法定权利的外延永远大于实有权利。从应有权利转化为法定权利，再从法定权利转化为实有权利，是人权在实际生活中得到逐步实现的基本形式，其内在矛盾是促进人权不断发展的一种动力。推动人权由应有权利转化为法定权利再转化为实有权利的根本力量，一是人类对充分享有人权的永不停息与永无止境的追求；二是社会制度的因素，包括市场经济、民主政治、理性文化的促进作用；三是社会物质产品与精神产品的不断丰富。在人权的理论与实践中提出实有权利这一概念，其意义主要是：评价一个国家的人权状况，不能单纯看这个国家人权立法是否完备，而是主要看这个国家人们实际享有人权的程度。保障人的应有权利得以实现，不仅要运用法律手段，对经济以及其他手段也应予以高度重视。[1]

[1] 王家福等主编:《中国人权百科全书》，中国大百科出版社1998年版，第536页。

五、法治与公正

公正即公平正义，是指对社会领域中制度和行为的合理性的一种道德认识和价值评价。公平正义作为人类社会普遍认同的崇高理想和价值目标，是人类社会发展进步的基本取向，也是衡量理想社会的基本尺度。公平指的是一种合理的社会状态，包括社会成员之间的权利公平、机会公平、规则公平。衡量公平的尺度在于是否符合社会发展规律。在分配领域，多劳多得，少劳少得，有劳动能力和劳动机会而不劳动者不得食，这就是公平。正义指的是具有公正性、合理性的思想、行为和制度。衡量正义的尺度在于是否满足社会发展需要。在分配领域，多劳多得，少劳少得，有劳动能力和劳动机会而不劳动者不得食，失去劳动能力和劳动机会者能够得到社会的救助，这就是正义。在公平与正义之间，公平侧重于机会均等，正义侧重于标准统一。公平以自然和经济为尺度，具有合规律性；正义以社会和道义为尺度，具有合目的性，因而公平正义是合规律性与合目的性的有机统一。

作为法治的生命线，公平正义的法治文化内涵主要包括权利公平、机会公平、规则公平等理念。权利公平包括三重含义：一是权利主体平等。排除性别、身份、出身、地位、职业、财产、民族等各种附加条件的限制，公民皆为权利主体，谁都不能被排除在外。二是权利享有平等。在权利享有方面人人平等，不允许有任何超越宪法和法律的特权存在。三是权利保护和权利救济平等。任何人的权利都有可能受到侵害，因而无救济便无权利。当权利受到侵害时，应获得平等的法律保护和救济。机会公平是人类从身份社会进入契约社会过程中提出来的。作为反对封建等级制度和世袭特权的纲领，机会公平要求摒弃身份等级、先赋特权等不公正因素的影响，保证每个社会成员都能够有平等竞争的机会，从而拓展个人自由创造的空间，最大限度地发挥每个人的能力和潜质。机会公平意味着对发展权利的普遍尊重，要求在公共领域公正地对待和确保每个人的权利，各种职位对一切符合条件的人开放，允许社会成员在不同阶层之间自由流动。规则公平有三重含义：第一，形式上公平，即法律面前一律平等。第二，实体上公平，即权利与义务对等，既不允许存在无权利的义务，也不允许存在无义务的权利，每个人都既享有权利又承担义务。第三，对任何公民的合法权益，都平等地依法保护；对任何公民的违法行为，都平等地依法追究。[1]

公平正义作为社会主义制度追求的首要价值，其现实意义在于加快建立社会公平正义的保障体系，努力营造公平正义的社会环境，从而在公平正义的基点上造福全体人民。满足全体人民对社会公平正义的需求，需要具备较高的经济发展水平和较好的物质基础条件。在当今中国，为实现社会公平正义奠定必要的物质基础，发展经济是根本途径和必然选择。因为缩小城乡之间、地区之间的差距，要靠经济发展；兼顾各方面的利益关系，要靠经济发展；创造更多就业机会，要靠经济发展；完善社会保障体系，也要靠经济发展。只有发展经济，才能筑牢全体人民幸福安康的物质基础。同时，制度是实现社会公平正义的重要保证。实现公平正义，要加快建设对保障公平正义具有重要作用的制度，保障人民在经济、政治、文化、社会等方面的合法权益。其主要内容包括完善政治制度，巩固人民当家做主的政治地位；完善法律制度，夯实社会公平正义的法治基础；完善司法体制机制，强化公平正义的司法保障；完善公共财政制度，实现基本公共服务均等化；完善收入分配制度，规范收入分配秩序；完善社会保障制度，保障群众基本生活条件。构筑一个公平正义的社会不可能一蹴而就，需要进行长期不懈的努力。

[1] 张文显：《法治的文化内涵——法治中国的文化建构》，载《吉林大学社会科学学报》，2015年第4期。

这就要求我们在发展社会主义市场经济和民主政治的同时，提高全体人民的文化、道德、法治等方面的素质，使人们具有公平正义的理念、参与公平正义的能力和依法追求公平正义的行为。

公平正义既是社会主义制度追求的首要价值，也是法治国家建设追求的首要价值。如果罪犯没有得到应有惩处，当事人胜诉权益没有得到及时兑现，公平正义就难以伸张；如果司法不公，办关系案、人情案、金钱案，社会就会失去最起码的公平正义，人们对公平正义的最后一线希望就会破灭。因此，司法机关要牢固树立和切实贯彻公平正义的法治理念，通过公正司法，更加合理地协调各种社会利益关系，更加妥善地化解各种社会矛盾冲突，确保法律面前人人平等，确保公平正义在每一起案件中都能得到体现。公正司法的根本要求，是通过程序公正实现实体公正。程序公正是实体公正的前提，实体公正是程序公正追求的目标。只有把实体公正与程序公正结合起来，才能坚守维护社会公平正义的最后一道防线。为此，一是确保实体公正。实现实体公正，关键是以事实为依据、以法律为准绳。要把证据作为保证案件审理质量的生命线，严格执行防止冤假错案的规定，采取刑讯逼供等非法方式收集的证人证言、供述陈述不得作为定案的依据，确保审理的每一起案件都事实清楚、证据确凿、适用法律正确、裁判处理公正，让受到侵害的权利得到救济、违法犯罪的行为受到制裁。二是确保程序公正。程序具有三重价值：机会公平、中立公正和权利救济。正因为如此，程序不仅成为保障实体公正的机制，而且成为社会成员崇尚理性的载体。一些复杂案件要达到实体公正实属不易，但按照事先设置的公平的程序来处理，即使最终结果不尽如人意，人们也会坦然接受。要把程序公正的要求落实到司法全过程，严格结案期限，确保中立公正，切实落实回避制度、公审制度、举证制度、辩护制度、上诉制度、再审制度等审判制度，让全社会以看得见的方式实现公平正义。

六、法治与秩序

对于任何国家而言，都要建立和维护稳定的社会秩序。秩序的存在是人类生产和生活的必要前提和基础。没有秩序，人类的公共活动就不可能正常进行。当代中国，内部秩序的基本形态包括市场经济秩序、民主政治秩序、社会生活秩序、意识形态秩序；外部秩序的基本形态包括国际经济秩序和国际政治秩序。秩序的存在是人民安居乐业、社会安定有序、国家长治久安最根本的条件。因此，国家治理首先要建立和维护一定的秩序。[1]

秩序指事物的有序状态，是自然进程和社会进程中所具有的某种程度的一致性、连续性和确定性的结构、过程和变化模式。社会秩序是指人们交互作用的结构、过程和变化模式，是人们的互动状态和结果。它包含着行为秩序和状态秩序，也包含着经济秩序、政治秩序、文化秩序乃至生产秩序、工作秩序、生活秩序等。秩序是同无序相对的。无序所表明的是非连续性和无规则性的状态，其表现则是从一种事态到另一种事态的不可预测性；而有序则是一种具有一致性、连续性和确定性的状态。秩序的确立总是同规范的实施紧密相连。人类社会是人与人结合的产物，由于人类群体存在着利益的差异和冲突，如何使这种差异和冲突保持在一定秩序的范围内，就成为人类生存和发展所必须解决的问题，以便实现社会关系的稳定性、行为的规则性、进程的连续性以及人身财产的安全性。[2]

社会发展史表明，人类社会的演进呈现出多种多样的状态，其最基

[1] 张文显:《良法善治：民主法治与国家治理》，法律出版社2015年版，第2页。

[2]《法理学》编写组主编:《法理学》，人民出版社、高等教育出版社2010年版，第79页。

本的是动荡、混乱、失序和稳定、和谐、有序这两类状态。动荡、混乱、失序状态，往往会对人类社会的生产和生活造成极大破坏；稳定、和谐、有序的状态，有利于确保人民休养生息，有利于促进社会发展繁荣。因此，维护社会的稳定、和谐、有序一直是人们向往和追求的理想状态。从我国实际情况看，无论是建设还是改革，都需要有一个稳定的环境，都要有利于环境的稳定。没有稳定不但无以建设、无以改革，还会使已经取得的成果付诸东流。失去稳定，任何发展成果都难以抵偿由此给社会带来的损失。因此，对于中国来说，稳定是国家的最高利益，稳定压倒一切。在社会生活中，一方面，秩序价值通过明确的普遍的行为规范，能够提高人们社会活动的行为预期，为社会主体的自由创造提供必要的保障，让个体的主观努力和创造活动获得可靠的法律保护。从这种意义上说，社会主体自由而全面的发展需要秩序的保驾护航。另一方面，秩序价值强调的是对稳定有序的社会状态的实现与维护，而社会主体的创造活力则强调个性的张扬与发挥。如果将秩序价值和稳定价值绝对化，必然会挤压社会主体的权利和自由，使社会丧失必要的创造活力。因此，社会要保持健康发展，就必须在自由与秩序之间保持适度的张力和平衡。而这一点恰恰为法治提供了用武之地。法治实现了法律面前人人平等，法律之内人人自由，从而排除了各种人为因素的干扰，使人的自觉能动性得到充分发挥。

七、法治与文明

文明是一个历史范畴，与蒙昧、野蛮相对立，是人类社会发展到一定历史阶段的进步状态。文明也是一个社会范畴。文明时代是从阶级的产生、国家的建立、文字的形成和一夫一妻制家庭的出现而开始的人类社会历史时期。正是在这种意义上，人类进步史就是文明发展史。按照马克思主义观点，所谓文明就是人类社会的进步状态。从静态的角度看，文明是人类社会创造的一切进步成果；从动态的角度看，文明是人类社会不断进化发展的具体过程。因此，文明包含着两层含义：一是指文明的形式总是进步的；二是指文明的本质总是与时俱进的。进步发展是文明的外在表现，与时俱进是文明的内在要求。人们之所以说文明是一种进步状态，并不是说文明本身是完美无缺的，而是说文明是不断进化发展的，而且这种进化发展是没有止境的，一旦停止了进化发展，文明也就不再是文明了。

人类法治文明发展史是人类文明发展史的重要组成部分。从历史上看，人类从“以眼还眼，以牙还牙”的“同态复仇”，发展到财产刑、自由刑、生命刑；从“水审”“火审”的神明裁判，发展到法官依法裁判；从“罪刑擅断”发展到“罪刑法定”；从人与人的身份依附关系发展到法律契约关系；从专制体制发展到民主体制，等等，都体现了人类法治文明的进步。而法治理论则是法治文明的光辉结晶。习近平总书记指出：“法治和人治问题是人类政治文明史上的一个基本问题，也是各国在实现现代化过程中必须面对和解决的一个重大问题。综观世界近现代史，凡是顺利实现现代化的国家，没有一个不是较好解决了法治和人治问题的。相反，一些国家虽然也一度实现快速发展，但并没有顺利迈进现代化的门槛，而是陷入这样或那样的‘陷阱’，出现经济社会发展停滞甚至倒退的局面。后一种情况很大程度上与法治不彰有关。”[1]习近平总书记强调：“历史是最好的老师。经验和教训使我们党深刻认识到，法治是治国理政不可或缺的重要手段。法治兴则国家兴，法治衰则国家乱。什么时候重视法治、法治昌明，什么时候就国泰民安；什么时候忽视法治、法治松弛，什么时候就国乱民怨。”[2]因此，“人类社会发展的事实证明，依法治理是最可靠、最稳定的治理”。[3]

在深刻反思人类历史上各种类型法治的基础上不断发展完善的社会主义法治文明，要体现人类最高的法治文明成就，就必须努力汲取包括西方法治文明在内的人类法治文明精华。与奴隶社会和封建社会相比，资本主义在民主、自由、平等、人权、法治的道路上“向前迈进了具有世界历史意义的一步”。[4]资本主义集前人政治文明和法治文明成果之大成，在系统阐发天赋人权论、社会契约论、分权制衡论的基础上，建立了议会制度、选举制度、政党制度，形成了参与机制、竞争机制、制衡机制、法治机制以及舆论监督机制和人权保障机制。资本主义创造的政治文明和法治文明成果，不仅以政治制度的形式而存在，而且以法律制度的形式而存在，其中蕴涵着人类政治实践和法治实践所遵循的一些基本原理。这些原理包括：假定所有个人都是自己利益的最好判断者；没有人适合审理自己涉及他人利益的案件；个人或团体不宜同时既做法官又做当事人；个人利益必须与宪法权利联系起来；安排公职应彼此有所牵制，从而使私人利益可以成为公共权力的保护者；权力集中于一个人手里，无论是世袭的、任命的或者选举的，都将导致暴政，等等。很

[1] 中共中央文献研究室编：《习近平关于全面依法治国论述摘编》，中共中央文献出版社2015年版，第12页。

[2] 中共中央文献研究室编：《习近平关于全面依法治国论述摘编》，中共中央文献出版社2015年版，第8页。

[3] 中共中央文献研究室编：《习近平关于全面依法治国论述摘编》，中共中央文献出版社2015年版，第63页。

[4] 《列宁全集》（第三十七卷），人民出版社1986年版，第109页。

明显，这些原理并不是来自人们的主观臆断，而是来自人们对人类社会政治现象的全面体认和深刻洞察，一定程度地反映了人类政治文明和法治文明发展的共同规律。在政治文明和法治文明发展进程中，各国因国情不同可以选择不同的发展道路，但必须遵循其中的共同规律则是毫无疑义的。

社会主义政治文明和法治文明以追求人的自由而全面的发展为目标，以民主、自由、平等、人权、法治为根本取向，指导着政治制度和法律制度的设计和运作，规范和塑造着人们的政治行为和法治行为。正因为如此，对于内在地包含着民主、自由、平等、人权、法治的人类优秀的文明成果，社会主义理应持开放的态度，只要是适合本国国情，有利于社会发展进步，有利于国家统一稳定，有利于人民富裕幸福，都可以借鉴和吸取，择其善者而从之，并把总结自己的实践经验、借鉴外国的文明成果同改革创新结合起来。实践表明，对于体现人类现代文明的社会主义政治文明和法治文明建设来说，仅仅懂得本国国情是不够的，还必须准确地把握与本国国情密切相连的历史大势。不了解本国国情，就不懂得社会主义政治文明和法治文明建设的现实基础；不认清历史大势，就不知道社会主义政治文明和法治文明建设的发展走向。实践表明，只有经过现代政治文明和法治文明洗礼的人，才能准确地把握历史大势，才能成为社会主义政治文明和法治文明建设的主体。因此，以虚怀若谷的博大胸襟和海纳百川的恢宏气魄审视人类现代文明，接纳人类现代文明，通过兴利除弊，切实步入人类现代文明发展的正常轨道，应是社会主义政治文明和法治文明建设的明智抉择。

实现中华民族的伟大复兴，自然包括实现中华法治文明的伟大复兴。在中华民族伟大复兴的历史进程中，中国特色社会主义法治的发展必将重新激发人们对中华民族世世代代形成和积累的优秀传统法律文化的热情，以时代精神激活中华优秀传统法律文化的生命力，推进中华优秀传统法律文化创造性转化和创新性发展，推进法治的时代精神与民族精神相互交融，使源远流长的中华传统法律文化焕发新的生机，使中华法治文明跟上时代发展，跟进中华民族伟大复兴的坚定步伐。中国传统社会在其发展进程中，形成了一套体现中华民族思想文化的社会管理体系，这一管理体系包括传统法律制度、法律思想和法律文化在内，在中国历史上曾发挥过重要的治国安邦作用。儒家推崇的“明德慎罚”理念、“引礼入法”规范、“和息无讼”追求、“重情明理”审断等政治主张，一定程度地维系了中国传统社会的和谐与稳定。法家提出的“以法为本”“缘法而治”“刑无等级”“法不阿贵”等思想观点，是孕育现代法治精神的重要源泉。中国历史上曾经出现过“成康之治”“文景之治”“贞观之治”“康乾之治”等盛世局面，一个重要原因就是法律制度的不断发展和完善。而我国法治建设所倡导的一些法治思想，如以人为本、法律面前人人平等、依法治国与以德治国相结合等思想，都可以在中华传统法律文化中找到理论渊源。因此，全面依法治国，建设社会主义法治国家，要求我们系统考察和深入挖掘中国传统法律文化中的有益成分，以便从中获取精神补益和思想滋养，使其在新的历史条件下不断得到发扬光大。

八、法治与和谐

和谐是天底下最珍贵的价值，是人世间最美好的状态，也是人类社会几千年来孜孜以求的理想境界。在法治领域，无论是古人所说的“定分止争”，还是今人所说的“良法善治”，维护和促进社会和谐，实现人人各尽其能、各得其所而又和睦相处，都是法治的精髓所在。因此，维护社会的稳定、和谐、有序是人类社会共同的价值追求。

社会和谐的核心内容是人的发展。首先，社会和谐要求人在与自身的和谐中获得发展。社会由无数的个人所组成，个人自身的和谐是社会和谐的基本单位。任何个人只有具备健康的心理和体魄，具有良好的适应能力和精神风貌，才能真正融入社会。社会和谐对人的要义，是促进人的认识、情感、意志等精神因素的协调发展，促进人的生存能力、发展能力、创造能力的不断提高，逐步实现自我完善。其次，社会和谐要求人在与社会的和谐中获得发展。社会和谐的本质是人与人之间关系的和谐。人的生存和发展离不开一定的社会关系，人的发展变化同人生活于其中的社会关系的发展变化具有一致性。人在促进社会关系和谐的过程中，不断加强人与人之间的交往和沟通，增进了解和信任，从而在推进社会和谐中使自身的发展趋于全面。再次，社会和谐要求人在与自然的和谐中获得发展。人类与生态环境之间有一条永远割不断的脐带，人类的生存和发展无不依赖于生态环境。生态环境是人类赖以生存的唯一家园，是人类社会发展进步的基本前提，破坏了生态环境就毁掉了人类的生存之基，毁掉了人类社会的发展前程。因此，只有建设以保护自然环境为基础，以人与自然、人与社会、人与自身和谐共生、永续发展为宗旨，以建立文明的生产方式和生活方式为内涵，以自然再生产、社会再生产和人类再生产良性循环为取向的文明形态，人类才能在与自然界的物质、能量和信息的交换中，满足自己生存、享受和发展的需要，使人们世代在优美的生态环境中工作和生活。

从实际情况看，我国空前的社会变革既给经济社会发展注入巨大的动力，也给经济社会生活带来诸多的矛盾，就业、教育、医疗、住房、安全、环境、收入分配、社会保障等关系群众切身利益的问题日益增多。一些地方和部门在企业重组改制、土地征收征用、城市建设拆迁中侵害群众的合法权益，由此引发的群体事件大量增加，严重地影响了社会的和谐与稳定。在构建和谐社会中推进依法治国，要求我们以和谐作为法治的核心价值，牢固树立以人为本、以民为本的立法理念，切实克服以物为本、以权为本的立法弊端，大力推进规范社会组织、加强社会管理、健全社会保障、优化公共服务以及环境保护、资源利用和生态修复等方面的立法；在法律规范体系和国家治理体系运行过程中实现权利与义务的和谐，权利与权力的和谐，实体法与程序法的和谐，不同法律部门之间、法律规范之间、法律机制之间的和谐。同时，推进和谐执法、和谐司法。从有利于社会和谐出发，既要严格执法，又要文明执法；建立民主、科学、公正、高效的执法程序，保证行政机关依照法定程序行使执法权力；健全行政执法责任追究制度，完善行政复议、行政申诉、行政赔偿制度，使行政机关切实做到有权必有责、用权受监督、违法要追究、侵权须赔偿。司法是化解社会矛盾和纠纷的法律活动，更要把和谐的价值理念融入司法体制和司法活动之中，在和谐司法中促进和谐社会的形成、巩固和发展。[1]

[1] 张文显:《法治的文化内涵——法治中国的文化建构》，载《吉林大学社会科学学报》，2015年第4期。

九、法治与效率

效率作为单位时间内完成的工作量，可以归结为一个基本内涵：从一个给定的投入量中获得最大的产出，即以最小的资源消耗取得同样多的效果，或以同样的资源消耗取得最大的效果，即经济学家通常所说的价值最大化或以价值最大化的方式配置和使用资源。由此可见，所谓效率就是一定活动付出的代价与取得的成果之间的比率。它在本质上表现为作为手段的人的活动与其目的的关系，即人的有目的的活动在何种程度上达到了目的，或为达到某种目的耗费了多少劳动。一定活动达到了目的，创造了较多的价值，这种活动的效率就高；反之，效率就低。当人的活动目的不变，达到目的的手段即活动本身的成本越低，这种活动的效率越高。

按照马克思主义观点，人是生产力中最活跃、最积极的因素，效率归根到底是作为物质产品和精神产品创造者的人的效率，而“人们为之奋斗的一切，都同他们的利益有关”。[1]因此，要提高效率，就要着力营造社会目标与个人利益的联系机制，充分调动人的积极性、主动性和创造性。而法治则是营造这种机制的必要前提，能够促使一切劳动、知识、技术、管理、资本的活力竞相迸发。法治对于效率来说之所以必要，还在于开拓、创新是效率的生命，而开拓、创新就意味着没有既定的思路可供遵循，没有现成的模式可供照搬。这样一来，开拓、创新就存在着两种可能：一是异于成说；二是失于差错。这两种情况如果不能得到宽容，创造意识以及与此相联系的创造活动就无从谈起，整个社会就会滞留于复制与模仿而逐步僵化起来。而法治实现了法律面前人人平

[1]《马克思恩格斯全集》(第一卷)，人民出版社1995年版，第187页。

等，法律之内人人自由，从而排除了各种人为因素的干扰，使人们对国家发展有一个稳定的预期，并根据这种预期合理选择自己的行为，从而最大限度地发挥人的主观能动性。从这种意义上说，法治与效率具有内在的统一性。

从实际情况看，我国是在社会化大生产尚未充分发育，传统的小农经济还普遍存在的条件下走上社会主义道路的，因而与小农经济相联系的崇尚经验、排斥科学、崇尚个体、排斥集体、崇尚人治、排斥法治的传统观念，不能不具有一定的市场和影响，使我们在一个较长的历史时期内，对决策民主化、科学化、制度化问题缺乏足够的重视，决策上个人随心所欲、一锤定音的现象屡见不鲜。在重大问题决策上，领导者个人说了算，看起来决策效率很高，但由于受个人眼界、智慧和能力的局限，这种决策方式很容易出现差错，而且出现差错后往往难以及时纠正。一些领导干部自以为是、独断专行，对重大工程项目不搞调查研究，往往在没有进行充分论证的情况下就盲目拍板，以致“拍脑袋决策、拍胸脯保证、拍屁股走人”的现象相当普遍，给一些地方的土壤、水流、大气造成严重污染，并致使社会矛盾激化，群体性事件频发。就一个领导干部而言，其行为之大忌主要有两个方面：一是以权谋私，二是盲目决策。对于前者，人们往往容易产生痛恶之感，使以权谋私者一经披露便很快声名狼藉。而对于后者，人们却常常以失误难免为由予以宽谅，致使许多人尽管失误不断，却依然升迁有望。实际上，盲目决策虽然不涉及个人品质问题，但它所造成的危害却是很大的，而且决策层次越高，波及范围越广，危害程度越大。解决盲目决策的问题，客观上要求我们推进决策的民主化、科学化、制度化。

在法治社会条件下，任何决策都要有一定的程序。科学化的决策程序是对决策规律的反映，是对决策经验的总结，是保证决策顺利进行必不可少的条件。它大体包括以下五个步骤：一是调查研究，发现问题。调查研究是手段，发现问题是目的。所谓问题就是应有现象和实际现象之间存在的差距。通过深入实际，调查研究，最大限度地搜集和占有信息，以便发现问题，提出课题，为决策目标的确立打下基础。二是确定目标，多方论证。所谓目标就是根据预测所期望达到的结果。有了目标，决策各个环节的工作才会有一致的取向。目标确定后，要把典型研究与系统分析结合起来，从不同角度、不同侧面进行价值性、可行性论证，为编制方案提供依据。三是拟制方案，评估选择。在多方论证的基础上，依据搜集的信息，从不同角度编制各种不同的备选方案，然后广泛听取各方面的意见，通过评估测算，反复研究，或从中选取其一，或使之综合成一。四是全面权衡，适时出台。在决策做出后，要全面权衡其利弊得失，力求决策实施效益最高、代价最低。五是跟踪反馈，修改完善。决策者的认识不是一次完成的，优化的方案也不会尽善尽美，加之实践中还会出现新情况、新问题，都需要对原方案进行调整，因而决策付诸实施后，应保持反馈回路畅通，及时搜集实施中的各种信息，一旦发现遗漏，及时采取补救措施，使决策不断完善。

科学的决策程序是以严格的决策制度为保证的。决策制度是防止个人拍板和决策失误的重要保证，目的在于建立公众参与、专家论证和集体决断相结合的决策机制。这些制度主要包括：一是公众参与制度。对涉及经济社会发展全局的重大事项，要广泛征询意见，充分进行协商和协调；对专业性和技术性较强的重大事项，要认真开展专家论证、技术咨询、决策评估；对同群众利益密切相关的重大事项，要实行公示、听证等制度，扩大人民群众的参与度，使决策既符合客观实际，又有坚实的群众基础。二是专家咨询制度。重大问题的决策，必须充分发挥各方面专家的作用，对有关数据资料和复杂情况进行全面分析综合，找出问题的内在联系以及在不同条件下发展变化的多种可能性，从不同角度对各种方案进行充分的论证，为优化选择提供科学依据。三是集体决策制度。重大问题的决策，必须由决策机构集体讨论，按照一人一票的原则投票表决，决不能由个人或少数人匆忙拍板。四是个人负责制度。重大决策一经做出，就要具体落实到个人负责组织实施，力求克服职责不清，互相扯皮，贻误时机，逃避责任的现象。如果说集体决策的实质是以民主的方式解决决策中的重大问题，以减少失误，那么个人负责的实质则是以分工的方式解决执行中的常规问题，以提高效率。五是监督反馈制度。对重大决策的原则、程序和制度的执行情况进行监督，对重大决策的实施情况跟踪反馈，一旦发现问题，及时予以补救和调整。六是责任追究制度。公共决策实际上是在一种委托代理关系中展开的。如果决策出现失误，造成资源浪费和经济损失，决策者必须承担相应的政治、经济、法律和道义责任，这是现代法治国家一条基本准则。因此，要在明确界定决策责任主体和责任界限的基础上，推行决策失误引咎辞职、经济赔偿和刑事处罚制度，依法惩治决策失误行为。同时，健全纠错机制，通过科学的程序有效纠正错误，并把决策失误造成的损失减少到最低限度。

十、法治与发展

作为人类社会的永恒主题，发展具有极为深刻的内涵。从结构来看，发展是经济、政治、文化、社会和生态全面发展，物质文明、政治文明、精神文明、社会文明和生态文明的协调发展，人、社会和自然环境永续发展的统一；从过程来看，发展是和谐发展、和平发展、文明发展和科学发展的统一；从动力来看，发展是理论创新、制度创新、科技创新和文化创新的统一；从效果来看，发展是经济效益、社会效益和生态效益的统一。

随着科学技术日新月异，经济发展突飞猛进，国际交往日益增多，社会主义与资本主义两种社会制度较量的重点，已从过去的军事对抗转到以经济和科技实力为核心的综合国力的竞争。这是一场全球范围的竞争，其结果不仅将决定各国在国际上的地位，而且将决定两种社会制度的历史命运。因此，只有加快发展，增强经济实力，提高综合国力，才能充分显示社会主义制度的优越性，在同资本主义的较量中战而胜之。同时，中国是世界的中国，世界影响中国，中国也影响世界。只有中国强大起来，我们才能对人类做出较大的贡献。改革开放以来，我们党把经济建设确立为党和国家的工作中心。以经济建设为中心是由我国社会主要矛盾决定的，也是由经济在社会发展中的基础地位决定的。我国的基本国情是人口多，人均资源少，同发达国家相比还处于相对落后状态。要解决我国经济社会发展面临的矛盾和问题，关键在于发展，首当其冲是经济发展。只有坚持以经济建设为中心，切实把党的先进性和社会主义制度的优越性落实到发展上来，我们党长期执政才会有坚实的基础，社会主义事业兴旺发达才会有可靠的保证。同时，经济发展是政治进步、文化繁荣、社会稳定的物质基础，只有经济实力和综合国力不断增强，推动社会全面进步、促进人的全面发展的目标才能顺利实现。所谓发展是硬道理，其硬的依据就在这里。

创新作为引领发展的第一动力，是指创造出不同于过去的新事物，包括提出新理论、发明新技术、采用新方法、建立新制度、制定新政策、完善新机制、获得新材料、改进新工艺、开发新产品等方面。崇尚创新，致力创新，国家才有光明前景，社会才有蓬勃活力。在当今时代，一个国家走在世界发展前列，根本靠创新；一个民族屹立于世界民族之林，根本也靠创新。创新已成为世界潮流、时代趋势。我国需要高端技术、核心技术、关键技术，但引不进、买不来，只能靠我们自己创新。创新兴则国家兴，创新强则国家强。创新已成为决定我国发展前途命运的关键、增强我国经济实力和综合国力的关键、提高我国国际竞争力和国际影响力的关键。目前，世界范围的新一轮科技革命和产业变革蓄势待发，信息技术、生物技术、新材料技术、新能源技术广泛渗透。我国创新基础薄弱、创新力量相对不足，赶超世界创新大国的难度不小。只有把创新置于国家发展全局的核心位置，才能紧扣世界创新发展脉搏，顺应世界创新发展大势，赶上世界创新发展步伐，从后发到先发、从跟跑到领跑。创新发展是全民参与、全民推动的宏伟事业。要弘扬创新理念，倡导敢为人先、勇于冒尖的创新精神，使创新成为全社会的一种价值导向、一种思维方式、一种生活习惯。推动大众创业、万众创新，形成人人崇尚创新、人人渴望创新、人人致力创新的社会氛围，最大限度地释放全社会的创新潜力，让一切劳动、知识、技术、管理、资本的活力竞相迸发。

党的十八届五中全会指出：“加快建设法治经济和法治社会，把经济社会发展纳入法治轨道。”厉行法治是经济社会发展的内在要求。市场经济的运行，市场秩序的维系，国家对经济活动的宏观调控和管理，以及生产、交换、分配、消费等各个环节，都需要法治的保障。只有厉行法治，加快形成以保护产权、维护契约、平等交换、公平竞争、有效监管为特点的统一透明、规范有序的市场环境，才能确保市场主体权利平等、机会平等、规则平等，促进大众创业、万众创新，推动经济转型升级，使经济社会发展既生机勃勃又井然有序。要把经济社会发展纳入法治轨道，在宏观上要做到以下几点：一是以法律形式巩固市场经济改革成果，为经济主体提供明确、稳定的预期，为科学发展奠定良好基础；二是运用法治思维和法治方式深化市场经济体制改革，发挥法治的引领、规范作用，以民主、透明的法定程序汇集民意、聚集民智、凝聚共识，消除制度障碍、破除部门利益，提升改革的科学性、稳定性、有序性、持续性，为科学发展创造有利条件。三是通过法治构建市场经济运行所需要的环境和氛围，确保市场经济持续稳定运行，为科学发展提供持久动力。在微观上要做到以下几点：一是完善主体制度，保护市场竞争。实行市场领域法无禁止即可为的原则，通过完善主体及其准入制度，强化平等地位、清除差别待遇、减少市场壁垒，充分释放各类市场主体的创业热情，避免形成特殊利益集团，鼓励和保护市场公平竞争。二是完善权利制度，激发市场活力。产权是市场交易的前提，法律是维护产权的依据。只有知识产权、商业秘密等权利得到确认和保护，创新才会蔚然成风，经济才能充满活力。三是完善交易制度，推动市场繁荣。合同法、公司法、证券法等交易制度的形成与完善，为市场提供了清楚明确、公开稳定、反复适用的法定交易流程和模板，节省了大量信息成本和谈判成本，可极大便利交易运行，推动市场繁荣。四是完善信用制度，规范市场行为。通过法律原则、具体规定保护诚信、惩戒欺诈，建立健全信用信息法律制度体系，以规范市场行为，维护市场秩序。五是完善救济制度，维护市场稳定。便捷有力的法律救济可以有效保护交易利益、维护交易安全，定分止争、化解矛盾，促使人们形成对市场和法律的信任，确保市场稳定。把经济社会发展纳入法治轨道的具体路径是：推动价值理念转化为具体规则，推动政策规定转化为法律规范，推动义务要求转化为法律责任，推动运行过程转化为法定程序。

第十二章　中国特色社会主义法治文化的重要保证

法治总是与一定的政治相联系，绝没有脱离政治的法治。“法治的苍穹是建立在政治柱石之上的，没有政治柱石的支撑，法治的天空随时都可能坍塌。”在实际生活中，政治不仅为法治提供载体与环境，而且规定法治的性质与方向，从而决定着法治的发展模式及实现程度。政治对法治具有主导作用，法治对政治具有制约作用。政治在影响法治的性质、进程和实现程度的同时，必须以宪法和法律为依据，在宪法和法律范围内运行。由于在政治与法治的关系中，政治是根本，是法治产生的前提，因而建设中国特色社会主义法治文化必须充分发挥政治的保证作用。

一、坚持党的领导

坚持和加强党的领导，是党和国家的根本所在、命脉所在，是全国各族人民的利益所系、幸福所系。党的性质、党在国家政治生活中的地位、党肩负的历史使命，决定了是否坚持和加强党的领导，直接关系国家的安危治乱、人民的利害得失、中国特色社会主义事业的兴衰成败。中华民族近代以来的历史昭示人们：坚持和加强党的领导，是实现中华民族伟大复兴的必然抉择，也是建设民主政治和法治国家的根本保证。

中国共产党领导是实现国家繁荣富强的必然要求。摆脱国家贫穷落后面貌，实现中华民族伟大复兴，是中国人民的百年追求与梦想。在当今世界的坐标中，中国是一个幅员辽阔、人口众多、历史悠久、情况复杂的大国，在这样的国情条件下全面建成小康社会，实现第一个百年奋斗目标，进而建成富强、民主、文明、和谐、美丽的社会主义现代化国家，实现第二个百年奋斗目标，其复杂和艰巨程度世所罕见，没有一个能够把全国各族人民凝聚起来的坚强领导核心是不可想象的。在当今中国，能够担负起这个历史重任的只有中国共产党。中国共产党紧紧依靠人民完成了新民主主义革命，实现了国家独立、民族解放；紧紧依靠人民完成了社会主义革命，在中国确立了社会主义制度；紧紧依靠人民进行了改革开放新的伟大革命，开创和发展了中国特色社会主义。在中国共产党的领导下，中国人民书写了人类历史上一幅逶迤而又气势磅礴、雄浑而又绚丽多彩的壮美画卷：从任人宰割、一盘散沙到国家独立、民族解放，从千疮百孔、积贫积弱到国家富强、人民富裕，从灾难深重的百年沉沦到踏上民族复兴的腾飞之路，古老的中国以崭新的姿态屹立于世界的东方。经过改革开放以来的不懈努力，我国经济增长速度居世界首位，主要工农业产品的产量居世界前列，现代化建设前两步战略任务全面完成，人民生活总体上实现了由温饱到小康的历史性跨越。今日中国生产力迅猛发展、综合国力显著增强、人民生活明显改善、国际地位不断提高的事实表明：只有坚持中国共产党领导，才能有效维护国家的主权、安全和发展利益，在独立自主的基础上走出一条具有中国特色的发展道路，才能把党的历史使命、国家的发展前景、民族的复兴伟业与人民的幸福生活紧密联系在一起，集中体现我国工人、农民、知识分子和广大人民对美好未来的向往和追求，才能使全体人民紧密团结起来，为着共同理想、共同目标、共同事业而共同奋斗。

中国共产党领导是建设社会主义民主政治的必然要求。中国共产党是中国特色社会主义事业的领导核心，是全国各族人民的领导核心。党除了广大人民的利益之外，没有自己的特殊利益，而广大人民最根本的利益就是使自己成为国家和社会的主人。这就决定了党领导国家政治生活的本质内容，就是组织、引导和支持人民当家做主，行使好管理国家和社会事务的权力。一是领导人民通过人民代表大会制度掌握国家权力，以此保证国家制定的法律和政策能够体现人民的共同意志，维护人民的根本利益。二是领导人民依照宪法和法律，通过各种途径和形式，管理国家和社会事务，管理经济和文化事业，以此保证国家各项事业的发展符合人民的意愿和要求。三是领导人民实行基层民主，由群众依法办理自己的事情。[1]四是领导人民贯彻公民在法律面前一律平等的原则，

[1] 村民的民主参与要求，如是否参加选举投票，与经济发展水平、接受教育程度、政治身份、生活状况没有直接关系，而是与个人利益和个人在选举中的作用密切相连。中国农村基层民主选举的发源地不是在北京、上海等经济文化发达的地区，恰恰相反，中国农村基层民主选举的发源地大多是在经济不很发达，甚至问题还比较多的村落。那些生活尚不富裕的农民风雨无阻、扶老携幼奔向投票站。他们拿到选票就像当年拿到土地证一样由衷的喜悦——过去共产党给农民发土地证是让他们经济上翻身解放，今天共产党给农民发选票是让他们政治上当家做主。许多人不顾冬天的寒冷，在操场或礼堂一等就是数小时，直到选举结果出来才回家吃饭。这种对民主的真诚追求着实感人。

使公民享有法律上、事实上的广泛权利和自由。中国共产党对国家的领导首先是对人民代表大会的领导，这是党领导国家的根本途径。党依照法定程序，通过选举进入国家权力机关，并通过国家权力机关调控执行机关；党依照法定程序，通过国家权力机关使其路线、方针、政策在宪法和法律中得到体现；党依照法定程序，通过国家权力机关使其主张和决策转化为全国人民一体遵行的决议或决定；党依照法定程序，通过国家权力机关使其推荐的人选步入国家政权机关的重要岗位。其实质是党组织和支持人民通过人民代表大会这种组织形式当家做主。实践证明，在我们这样一个有着13亿多人口，960多万平方公里国土，5000多年文明历史的大国里，要克服封建主义思想残余的因袭和资本主义腐朽意识的渗透，提高人民群众物质文化水平和民主政治素质；要消除政治体制中存在的种种弊端，逐步完善中国特色社会主义政治制度；要克服小生产习惯势力的影响，集中力量把我国早日建设成为富强、民主、文明、和谐、美丽的社会主义现代化强国，离开共产党的领导是不行的。

中国共产党领导是建设社会主义法治国家的必然要求。作为国家权力依法行使的秩序状态，法治国家是中国共产党领导中国人民在发展社会主义市场经济和民主政治过程中，立足中国法治建设实际，传承中国传统法律文化精华，借鉴人类法治文明成果基础上提出的奋斗目标。法治国家的基本特征是：国家建立了完善的法律体系，法律体系获得了普遍的遵守。因此，法治国家是宪法和法律具有崇高地位和至上权威的国家，是全体公民依法享有广泛权利和自由的国家，是经济富强、政治民主、文化繁荣、社会和谐、生态美丽的国家。建设社会主义法治国家，必须坚持中国共产党的领导。党的领导是中国特色社会主义最本质的特征，是全面推进依法治国最根本的保证，也是社会主义法治与资本主义法治最显著的区别。我国的宪法和法律是党领导人民制定的，也是党领导人民遵守和执行的，作为社会主义法治的不同环节，立法、执法、司法和守法只有在党的领导下才能有效实施。我国的宪法和法律凝结着人民的意志，而人民的意志又是通过党来汇集和凝聚的，通过权力机关变成国家意志的，通过执行机关组织实施的，通过党的组织带头贯彻的，因而党当之无愧地成为我国立法的政治设计者、执法的组织协调者、守法的行动带动者、普法的思想引导者，当之无愧地成为我国法治建设最大的政治资源。坚持党领导立法、保证执法、支持司法、带头守法，把党的领导贯彻到依法治国全方位和全过程，是社会主义法治国家建设的一条基本经验。改革开放以来，我们党持续推进法治建设，建立了中国特色社会主义法律体系，确立了依法治国的基本方略，完善了司法机关和司法制度，构筑了法律监督和法律救济系统，在全国范围内开展了法律常识的普及工作，为建设社会主义法治国家奠定了坚实基础。

党政军民学，东西南北中，党是领导一切的。坚持党对经济、政治、文化、社会、生态文明建设，对内政、外交、国防各项工作，对国家立法、行政、司法、监察机关，对经济、文化、社会、群团组织实行全面领导，要求我们改进党的领导方式和执政方式，坚持科学执政、民主执政、依法执政，按照把握方向、谋划全局、提出战略、制定政策、推动立法、营造良好环境的职能，充分发挥党总揽全局、协调各方的领导核心作用，通过制定大政方针来实施政治领导，通过向国家机关推荐重要干部来实施组织领导，通过开展宣传教育来实施思想领导。党委对人大、政府、司法工作的领导通过各自的党组来实现，确保各个国家机关依照宪法和法律独立负责、协调一致地开展工作。党委把主要精力放在抓方向、议大事、管全局上，集中精力解决好带全局性、战略性、前瞻性的重大问题；对于同级各种组织职责范围内的工作，党委总揽而不包办，协调而不替代，各方的事由各方去办，各方之间的事由党委协调。由于国家机关的职权在宪法和法律中已有明文规定，党在宪法和法律范围内活动的应有之义，就是尊重国家机关的法定职权。如果党行使由人民选举产生的国家机关的法定职权，这本身既与党组织和支持人民当家做主的民主原则有违，又与党必须在宪法和法律范围内活动的法治原则相悖。[1]因此，党领导人民制定宪法和法律，党又要领导人民遵守和执行宪法和法律，党自身也必须在宪法和法律范围内活动。

回顾90多年的奋斗历程，我们党在拥有50多名党员时，将无数人吸引到自己的旗帜之下；在拥有450万名党员时，建立了一个崭新的社会主义中国；在拥有3500万名党员时，以改革开放追赶时代的脚步。今天，我们党已经拥有9000多万名党员，正带领13亿人民向着实现中华民族伟大复兴的中国梦砥砺前行。中国共产党之所以成为中国特色社会主义事业的领导核心，是因为党能够把马克思主义基本原理同中国具体实际相结合，不断提出指导中国社会发展进步的科学理论，善于制定和执行正确的路线、方针、政策，具有丰富的斗争经验和崇高的政治威望，通过发挥各级党组织和全体党员的领导核心作用、战斗堡垒作用、先锋模范作用，始终不渝地团结和带领全体人民为实现中华民族伟大复兴而奋斗。党的十八大以来，从中央政治局常委会听取国家机关党组工作汇报，到明确以习近平同志为党中央的核心；从成立中央全面深化改革领导小组，到审议通过关于深化党和国家机构改革的决定；从反贪惩腐，到正风肃纪，中国共产党总揽全局、协调各方的核心作用得到充分发挥，党的执政水平明显提高。以习近平同志为核心的党中央在治国理政中所展示的高瞻远瞩的战略视野、坚如磐石的政治定力、直面问题的勇于担当、标本兼治的思路举措、抓铁有痕的执行力度、纲举目张的大势把控、纵横捭阖的领导艺术、举重若轻的雄才大略、率先垂范的人格魅力，不仅赢得了举国上下的广泛赞誉，而且赢得了国际社会的普遍认同。这是中国共产党成为最高政治领导力量的内在根据，也是中国共产党发挥最高政治领导作用的现实条件。

---

[1] 在我国，共产党既掌握着国家的领导权，又掌握着国家的执政权；既是组织国家政权的领导者，又是掌握国家政权的执政者，客观上要求我们科学界定执政党与国家政权机关的职能、职责和职权，在党与立法、行政、司法等国家政权机关之间合理配置权力，将党的政治主张转化为国家意志的方式和程序法律化规范化，将党向国家政权机关推荐重要人选的方式和程序法律化规范化。其目的在于从制度上法律上保证党对国家政权机关依法实行政治领导，保证国家政权机关依法行使各自的职权，使任何组织、任何机构、任何个人都没有绝对的权力，任何权力都要受到制约和监督。

二、发展人民民主

按照马克思主义的观点，民主就是人民主权、人民意志的实现，就是人民自己创造、自己建立、自己规定国家制度，并运用这种国家制度决定自身事务，因此，民主就是人民当家做主。人民当家做主意味着国家的一切权力来源于人民的授予，人民能够自主平等地参与国家权力的运作和公共政策的制定，人民能够对国家权力进行有效的制约和监督，人民的权利和自由能够得到国家应有的尊重和保障。这表明，人民当家做主对于国家政权而言，就是一切权力属于人民；对于公民个人而言，就是充分享有公民权利。换言之，我国公民以工人、农民、知识分子为主体，既可以作为一个整体行使国家权力，也可以作为一个个体行使公民权利。

民主是中国人民百年追求与梦想，也是中国人民经过艰苦卓绝的斗争赢得的胜利成果。近代以来，中华民族外遭帝国主义侵略，内受封建主义压迫；国家主权沦丧，濒临亡国灭族的边缘；人民备受屈辱，失去生命安全和人格尊严的起码保障。为改变国家和民族的命运，英勇不屈的中国人民前仆后继、浴血奋战，最终在中国共产党的领导下，赢得了民族独立和自身解放，成为社会主义国家的主人。因此，我们今天赢得的民主，蕴含着近代以来无数仁人志士的思索和追求，凝结着千千万万革命先烈的奋斗和牺牲，承载着一代又一代中国共产党人的理想和信念。中国人民之所以能够共同享有人生出彩的机会，共同享有梦想成真的机会，共同享有同祖国和时代一起成长与进步的机会，从根本上说就是自己当家做了主人。

改革开放以来，随着中国特色社会主义政治制度的发展完善，我国民主建设取得了重大进展，已建立了使党的主张经过法定程序变为国家意志的民主机制；健全了国家机关及其工作人员依法管理国家和社会事务，对人民负责、受人民监督的民主程序；完善了人民依照法律法规，通过各种途径和形式行使国家权力、享有公民权利的民主制度。在国家政治生活中，共产党处于领导和执政地位，通过多党合作和政治协商制度，与各民主党派和各界人士共商国是，实现其领导权；通过人民代表大会制度，组织和支持人民当家做主，实现其执政权。政协是人民集体行使政治权利的政治组织形式，人大是人民集体行使国家权力的政权组织形式，二者在共产党领导下，形成了具有中国特色的政治运行机制：共产党通过政协汇集民意，又通过人大使其变为国家意志，然后通过政府机关组织实施，通过党派团体带头贯彻。其实质是党依照法律程序组织和支持人民当家做主，实现党的领导、人民当家做主和依法治国的有机统一。

由于受自然和社会多种因素的制约，我国人民民主发展的总体状况是：制度优越但体制不够合理，内容真实但法治不够健全，形式多样但机制不够完善，保障可靠但发展不够平衡，主体广泛但参与不够充分。在社会主义现阶段，人民管理国家和社会事务的职能不是由他们直接担负的，而是由他们中间一部分人作为他们的代表担负的。通过普遍、平等、自由、定期的选举，人民将自己的部分权力委托给自己所信任的代表，由他们组成国家机关代表人民直接管理国家和社会事务。因此，公众选举是人民民主运行的第一个环节。由于直接管理国家和社会事务的职能不是由人民担负的，而是由人民选举产生的少数代表担负的，在这种情况下，要保证人民的意志能够得到切实贯彻，就必须制定体现人民意志的法律来规范代表的行为。其实质是人民为权力立法，使权力与法律结成一体，在法律范围内运行。因此，法律规范是人民民主运行的第二个环节。由于徒法不足以自行，要做到有法必依、执法必严、违法必究，人民还必须以国家主人的身份对代表执行法律的情况实施监督，以便控制其在政治舞台上的活动，确保权力运行的取向朝着人民复归。因此，民主监督是人民民主运行的第三个环节。由于人民监督总是在一定时间和空间中进行的，而权力的行使往往不受时空条件的限制，在权力体系内部与外部之间信息不对称的情况下，很容易使监督对象摆脱监督主体的监督，因而通过职能分解、机构分设和人员分工，在权力体系内部实现对权力的赋予与对权力制约的赋予对应对等，以便当一种权力偏离了正常轨道时，与它相对应的权力能够自行予以制止便有了必要。因此，权力制约是人民民主运行的第四个环节。发展人民民主必须在完善公众选举、法律规范、民主监督和权力制约方面下功夫。

三、推进依法治国

法治作为以民主政治为基础，以权力制约为根本，以权利保障为取向，以良法善治为标志的国家管理机制、活动方式和秩序状态，其基本要求是国家要有完备的法律，法律要体现公平正义的精神，拥有极大的权威，任何权力都要服从于法律，由法律来确认，按法律来行使，靠法律来规范。法治作为发展社会主义市场经济的客观要求、建设社会主义民主政治的内在规定、社会文明进步的重要标志、国家长治久安的可靠保障，深刻揭示了法律手段是治理国家的基本手段，揭示了体现广大人民意志的宪法和法律在国家经济、政治、文化和社会生活中的至上权威。因此，法治是一个内容十分丰富的概念，是民主、自由、平等、人权、文明、秩序的完美结合。

在人类治理国家的过程中，人们选择了通过宪法和法律治理国家的方式。宪法是规定国家的根本制度和根本任务的根本法，是治国安邦的总章程，是人民权利的保障书，具有最高的法律效力。法律是国家按照人民意志制定或认可并由国家强制力保证实施的行为规范的总称。宪法和法律是具体化、条文化、规范化、定型化的人民意志。宪法和法律的意志高于个人的意志，正是人民的意志高于个人的意志的体现；宪法和法律的权威高于个人的权威，正是人民的权威高于个人的权威的体现。因此，只要是宪法和法律的规定，不管是什么组织、什么人，不管其地位多高、权力多大，都必须毫无例外地一体遵行，任何组织或个人都不得享有超越宪法和法律的特权。我国的宪法和法律是在党的领导下，由国家权力机关通过法定程序集中全体人民的意志制定的，充分体现了党的领导、人民当家做主和依法治国的有机统一，是举国上下必须严格遵守的普遍行为规范和共同行为准则。因此，坚持宪法和法律至上，就是坚持党的事业至上，就是坚持人民利益至上；维护宪法和法律的权威和尊严，就是维护党的领导的权威，就是维护人民当家做主的尊严。宪法和法律至上包括三层含义：一是在整个社会规范体系中，宪法和法律居于至上的地位，其他任何社会规范都不能与宪法和法律相冲突；二是相对于公共权力而言，宪法和法律具有至上的地位，任何权力的拥有和行使都必须具有宪法和法律依据并服从宪法和法律规范；三是所有社会成员都必须遵守宪法和法律，任何组织或个人都不能享有超越宪法和法律的特权。

全面推进依法治国，核心要求在于公正司法。在实际生活中，司法是保护公民权利，维护社会正义，惩治违法犯罪的重要力量。人们常以宝剑和天平作为司法的象征，其中宝剑代表国家权力的威严，天平代表不偏不倚、公平正义。习近平总书记指出：全面推进依法治国，必须坚持公正司法。“要依法公正对待人民群众的诉求，努力让人民群众在每一个司法案件中都能感受到公平正义，决不能让不公正的审判伤害人民群众感情、损害人民群众权益。”[1]法律的公平正义依赖于司法活动，而司法活动的公平正义又依赖于独立司法。司法机关依法独立行使职权既是一项宪法原则，也是一项司法组织原则，同时还是一项诉讼活动原则。这项原则在形式上体现为司法组织独立、司法活动独立和司法人员独立。所谓独立司法就是审判机关审理案件不受外界干扰，以保证案件审理的客观性和公正性。作为一项重要原则，独立司法主要包括三项规则：其一，行使审判权的专属性规则，国家的审判权只能由国家的审判机关行使，其他任何机关都不得行使该项权力；其二，行使审判权的合法性规则，审判机关在行使审判权时，必须而且只能服从宪法和法律，这既是审判机关的权利，也是审判机关的义务；其三，行使审判权的自

[1] 习近平:《在首都各界纪念现行宪法公布施行30周年大会上的讲话》，载《人民日报》，2012年12月5日。

主性规则，法官或者由法官组成的审判组织独立行使审判权，不受任何机关、团体和个人的干扰、影响和控制。对于下级法院裁判中的错误，上级法院只能根据当事人的上诉或申请，依照上诉程序、再审程序或监督程序予以纠正，而不能随意干涉。[1]

独立司法是实现司法公正最重要的体制保障，目的是让法院将法律作为其裁判案件的唯一根据而不受任何干扰，正像西方的正义女神眼睛上蒙着黑布，目的是为了保持独立的判断，以实现公正的裁决一样，因而具有十分重要的意义。第一，独立司法是严格执法的前提。只有保持独立司法，使法官依法独立审判，不屈从于任何权势和诱惑，才能做到法律面前人人平等；只有保持独立司法，使法官独立于任何一方当事人，不与当事人有任何利害关系，才能保障法定程序的实现；只有保持独立司法，不受任何机关或个人的干涉和影响，才能严格依法办事，准确适用法律。第二，独立司法是公正裁判的基础。独立司法在严格执法、平等保护当事人、实现程序正义中的作用，表明其处于公正裁判的基础地位。要实现公正裁判，法官必须处于对诉讼当事人互不依附的居中地位，成为超然独立于诉讼当事人双方的第三者，否则就难以做到公正裁判。第三，独立司法是程序公正的保障。独立司法不仅是现代司法产生的基础，而且也是现代司法最重要的程序原则。由于独立司法与中立是整个司法程序运作的前提，也是司法裁判公正性的保障，因而司法人员的中立被视为最重要的公正诉讼程序。第四，独立司法是制约行政

[1] 我国人民法院分设四级，即基层人民法院、中级人民法院、高级人民法院和最高人民法院。审判案件实行四级两审终审制。地方各级人民法院的第一审判决和裁定，如果当事人或人民检察院不服，可以在规定期限内依法向上一级人民法院上诉或抗诉。上一级人民法院做出的第二审判决和裁定是终审的判决和裁定，即行生效，予以执行，当事人不得再向上级人民法院上诉，人民检察院也不能按上诉程序再提出抗诉。当事人和人民检察院如不服也不影响判决和裁定的执行。如果判决和裁定确有错误，可按审判监督程序处理。最高人民法院是我国最高审判机关，所做的第一审判决和裁定就是终审判决和裁定。

权力的关键。[1]现代法治不仅要求公民守法，而且要求政府守法。而法院要履行司法审查的职能，发挥司法对行政的制约作用，其前提就是司法权与行政权必须分离，司法不得从属于行政或受制于行政。保持独立司法是司法机关依法制约行政权力、维护公民权利的关键。如果司法机关在审判活动中受制于行政机关，司法权对行政权也就失去了制约作用。[2]

依法治国对于执政党来说，就是把党的执政活动切实纳入法治的轨道，做到依法执政。因为执政党的各级领导机构在法理上虽然不属于国家机构的组成部分，但实际上党的执政活动总是同国家机构的管理活动紧密联系在一起，作为各级国家机构的政治灵魂和领导核心，党始终拥有决定国家前途和命运的实质性权力。从这种意义上讲，党能否做到依法执政是整个国家机构能否做到依法治国的决定性因素。按照依法执政的要求，党领导人民制定宪法和法律，党也要领导人民遵守宪法和法律，党的执政活动应该以宪法和法律为依据，由此使任何组织或个人都必须在宪法和法律范围内活动，依照宪法和法律行使权力或权利、履行义务或职责，不得有超越宪法和法律的特权存在。如果党凌驾于宪法和法律之上，就意味着在宪法和法律之上还有更高的意志存在，这种意志不管来自何方，都昭示着人治而不是法治。只有不折不扣地实行依法执政，始终不渝地坚持党在宪法和法律范围内活动，才能通过党对国家政治生活的领导，通过党组织对其他社会组织的示范作用，通过广大党员对人民群众学法、尊法、守法、用法的积极影响来推进整个国家的法治

[1] 我国行政诉讼法不仅赋予了审判机关对行政机关具体行政行为的司法审查权，而且明确了司法审查的对象、范围、内容、程序及标准，便于审判机关开展对具体行政行为的审查。司法审查的功能是：对具体行政行为合法性的审查，对具体行政行为所适用的行政规章和地方性规章的审查，对行政机关正确履行法定职权的审查，对行政机关履行审判机关判决、裁定情况的监督等。行政机关做出的具体行政行为证据不足，适用法律法规有误，违反法定程序，超越和滥用职权，行政处罚显失公正，审判机关可以判决撤销或变更。

[2] 王利明:《司法改革研究》，法律出版社2000年版，第112—117页。

建设。

在改革开放持续深入发展的时代条件下，推进依法治国的应有之义，就是凡属重大改革都要于法有据，为全面深化改革提供根本遵循。为此，要坚持把依法治国方略和深化改革战略有机结合，通过法治使改革的重大决策及时法律化、规范化，把改革实践证明行之有效的举措，及时上升为国家意志，用法治引领和保障改革，以改革发展和完善法治，确保改革有步骤有秩序地扎实推进。要坚持改革与立法相向同步进行，改革项目需要制定或修改法规制度的，先立法后改革；需要通过法律解释来解决问题的，先释法后改革；对不适应改革要求的法规制度，应及时修订、废止和完善；对立、改、废的条件不成熟而改革实践又迫切需要先行先试的，必须依照法定程序先授权再推进。要按照法治方式推进改革，自觉维护法律权威，坚持改革过程依法办事、遵守法定程序、维护正当权益，以法治方式作为推进改革的行为准则，坚决防止利益集团或个人意志干扰或影响改革举措的落实，让各项改革沿着法治轨道顺利推进。

四、改革政治体制

我国原有的政治体制，脱胎于革命战争年代，初创于新中国诞生之际，形成于社会主义改造时期，是一个在多种因素作用下形成的高度集权的体制。虽然这种体制曾发挥过积极作用，然而随着经济社会的发展，其各种弊端日益暴露出来。在我国进入改革开放新时期以后，对其进行改革就成为历史发展的必然。习近平总书记指出："我们说坚定制度自信，不是要故步自封，而是要不断革除体制机制弊端，让我们的制度成熟而持久。"[1]政治体制改革的任务是，理顺党政关系，优化权力结构；克服官僚主义，提高工作效率；完善民主法治，焕发政治活力；加快经济发展，促进社会和谐。通过深化政治体制改革，不断完善根本政治制度和基本政治制度，在发展社会主义市场经济的同时建设社会主义民主政治和法治国家，逐步实现政党组织、政权组织、社会组织之间的关系制度化规范化，政权组织内部权力机关、行政机关、司法机关之间的关系制度化规范化，中央、地方、基层之间的关系制度化规范化，基层政治参与、民主管理、群众自治制度化规范化，以便为党和国家兴旺发达、长治久安提供政治和法律制度保障。

经过改革开放以来的不懈努力，我们转变了党的领导方式和执政方式，明确规定党必须在宪法和法律范围内活动，党员在党纪和国法面前人人平等；修改和制定了以党章为核心的一系列党规党纪，完善了党内民主集中制和集体领导制，明确规定禁止任何形式的个人崇拜；恢复了党的各级纪律检查机关，建立健全了反腐倡廉机制，强化了对权力的制约和监督。我们恢复了国家主席职务，完善了国家元首制度；在国家体

[1]《习近平谈治国理政》(第一卷)，外文出版社2014年版，第106页。

制内设立了中央军事委员会，健全了国家军事领导体制；加强了人民代表大会制度建设，扩大了全国人大常委会的职权，设立了县以上地方各级人大常委会；健全了各级人大的组织机构和议事规则，规范了人大代表的权利与义务；制定和修改了选举法，完善了人大代表的选举制度；将直接选举的范围扩大到县级，规定一律实行差额选举和无记名投票；加强了基层民主制度建设，创立了村民委员会制度，健全了居民委员会制度。我们改革了国家行政体制和行政机构，实行行政首长负责制，建立了审计机关，完善了监察机关；政府的经济调节、市场监管、社会治理和公共服务职能基本到位。我们加强了司法机关和司法制度建设，重建了各级检察机关，恢复了独立行使审判权与检察权制度，建立了行政诉讼制度，恢复了律师、公证与仲裁制度，构筑了法律监督和法律救济系统。我们完善了共产党领导的多党合作和政治协商制度，明确了各民主党派的参政党地位，共产党与各民主党派的政治协商已形成制度并逐步规范，民主监督和参政议政的渠道得到拓展。运用各种民主形式，包括选举、公示、评议、听证、协商、对话、质询、举报等途径集中民智，凝聚人心，推动了各项事业的发展。我们推进了干部人事制度改革，废除了实际存在的领导职务终身制；改变了干部集中统一管理的体制，对干部实行分类、分级管理；实行干部民主推荐、公开选拔、竞争上岗、择优任用的制度，使少数人在少数人中选人的现象有了根本改观。

党的十八届三中全会在深化政治体制改革方面，对转变政府职能、完善制约监督、推进民主法治建设、优化干部选拔任用诸方面做出全面部署，并提出了路线图和时间表，吹响了改革的进军号角。其中深化行政体制改革，推动政府职能转变处于重要地位。行政体制改革作为政治体制改革的有机组成部分，就是按照建立中国特色社会主义行政体制的目标，深入推进政企分开、政资分开、政事分开、政社分开，持续推进简政放权、放管结合、优化服务，建立权责统一、权威高效的依法行政体制，建设职能科学、结构优化、廉洁高效、人民满意的服务型政府。其中转变政府职能是深化行政体制改革的核心。转变政府职能目的在于创造良好发展环境、提供优质公共服务、维护社会公平正义，客观上要求我们科学界定政府职能范围，优化政府组织结构，理顺部门职责分工，突出强化责任，确保权责一致。政府职能转变到哪里，法治建设就要跟进到哪里，促使各级政府严格依法行政，切实履行职责，该管的事一定要管好、管到位，该放的权一定要放足、放到位，坚决克服政府职能越位、缺位现象。自2013年以来，国务院分9批取消、下放行政审批事项共618项，提前两年完成削减1/3行政审批事项的任务；全面清理453项非行政许可审批事项，让非行政许可审批成为历史；国务院指定地方实施行政许可事项目录清单，分3批共取消269项；国务院部门行政审批中介服务清单，分3批取消320项；工商登记前置审批事项目录清单，分3批精简90%。简政不减责，放权不放任。随着改革向纵深推进，政府管理开始进入放得更开、管得更好、服务更优的良性循环，将给企业带来更多的发展红利，为经济社会发展提供更加强大的动力。

在政治体制改革稳步推进的基础上，党的十九届三中全会又擘画了新时代全面深化改革的蓝图，以切实解决党和国家机构职能体系中存在的障碍和弊端，加快推进国家治理体系和治理能力现代化，更好发挥我国社会主义制度优越性。深化党和国家机构改革的目标是，构建系统完备、科学规范、运行高效的党和国家机构职能体系，形成总揽全局、协调各方的党的领导体系，职责明确、依法行政的政府治理体系，中国特色、世界一流的武装力量体系，联系广泛、服务群众的群团工作体系，推动人大、政府、政协、监察机关、审判机关、检察机关、人民团体、企事业单位、社会组织等在党的统一领导下协调行动、增强合力，全面提高国家治理能力和治理水平。深化党和国家机构改革的首要任务是，完善坚持党的全面领导的制度，加强党对各领域各方面工作领导，确保党的领导更加坚强有力；建立健全党对重大工作的领导体制机制，强化党的组织在同级组织中的领导地位，更好发挥党的职能部门作用，统筹设置党政机构，推进党的纪律检查体制和国家监察体制改革。深化党和国家机构改革，既要立足实现第一个百年奋斗目标，针对突出矛盾，抓重点、补短板、强弱项、防风险，从党和国家机构职能上为决胜全面建成小康社会提供保障；又要着眼于实现第二个百年奋斗目标，注重解决事关长远的体制机制问题，打基础、立支柱、定架构，为形成更加完善的中国特色社会主义制度创造有利条件。

政治体制改革作为一场深刻的社会变革，必然伴随着利益调整、体制转换和观念更新，因而不可能没有阻力和风险，客观上要求我们高瞻远瞩，审时度势，坚决果断，审慎稳妥，使政治体制改革尽可能平稳地向前推进。在具体实践中，我们一方面积极稳妥地推进政治体制改革，逐步消除原有体制中的各种弊端，创造比资本主义更高更切实的民主，使社会主义政治制度的优势得到充分展示；另一方面始终保持坚定正确的改革方向，走中国人民自己选择的政治发展道路，坚持社会主义根本政治制度和基本政治制度，坚持党的领导、人民当家做主和依法治国的有机统一，决不照搬西方议会民主、三权鼎立、多党纷争那一套政治模式。我国政治体制改革的基本特点是，按照整体性的要求把体制改革与体系建设结合起来；按照有序性的要求把发展民主与健全法治结合起来；按照互动性的要求把党内民主与人民民主结合起来；按照协调性的要求把保障权利与制约权力结合起来；按照包容性的要求把选举民主与协商民主结合起来；按照开放性的要求把吸收借鉴与保持特色结合起来；按照可控性的要求把推进改革与维护稳定结合起来。我国政治体制改革的基本经验是，政治体制改革必须在共产党的领导下，在政治制度的框架内，在稳定和谐的环境中，沿着中国特色社会主义政治发展道路有计划、有步骤、有秩序地向前推进。

五、完善治理体系

社会的存在和发展离不开有效的管理和治理。所谓管理，就是在纵向上实现咨询、决策、执行、监督、反馈整个过程的连续和顺畅；在横向上实现管理主体的民主化、管理过程的法治化、管理规则的科学化、管理责任的明晰化；在价值上实现公益与私利、自由与秩序、公平与效率、人文与自然等方面的统筹兼顾、协调发展。所谓治理，就是公众以主体身份参与公共管理，既管理国家和社会事务、经济和文化事业，又对自身事务实行自治。

改革开放以来，我们党提出社会治安综合治理、企业法人治理等概念。党的十六大报告提出党领导人民治理国家的理念。党的十七大报告提出要发挥党总揽全局、协调各方的领导核心作用，提高党科学执政、民主执政、依法执政水平，保证党领导人民有效治理国家。党的十八大报告在国家治理的意义上提出坚持依法治国这个党领导人民治理国家的基本方略、更加注重改进党的领导方式和执政方式、更加注重发挥法治在国家治理和社会管理中的重要作用、保证党领导人民有效治理国家等。党的十八届三中全会又提出实现有效的政府治理；改进社会治理方式，实现政府治理和社会自我调节、居民自治良性互动；坚持系统治理、综合治理、依法治理、源头治理；推进社会组织依法自治；建立事业单位法人治理结构；完善学校内部治理结构；完善环境治理等概念。从我们党对于治理概念的运用看，其基本含义是指在中国共产党领导下，基于人民当家做主的本质规定，优化领导方式和执政方式，优化领导体制和执政体制，优化领导能力和执政能力，按照人民的意愿和要求，科学、民主、依法、有效地治国理政，实现国家与社会长治久安。

治理达到合规律性与合目的性的有机统一就是善治。善治包含以下内容：其一，善治是民主治理。善治的要旨在于全体人民共同参与国家和社会的治理，而在现实社会中，民主是人民参与国家和社会治理的最佳方式。我国是社会主义国家，国家和社会的治理本质上是人民当家做主。只有让人民广泛参与，才能集思广益，提高国家和社会治理水准。在中国共产党的领导下，全体人民通过人民代表大会，将自己的意志转化为国家的法律，并通过法律切实保障人民充分享有治理国家和社会的权力。其二，善治是依法治理。在全面推进依法治国的基础上，运用法治的力量解决社会矛盾，平衡利益冲突，依法保障人权、保障民生，确保社会安定有序、人民安居乐业，是善治的内在要求和应有之义。其三，善治是科学治理。在科学理论指导下，采取科学方法，按照科学程序，运用现代科学技术手段对复杂的社会现象和自然现象进行系统的、全面的考察和分析，并对其中各种因素之间的相互联系和影响进行综合研究，在此基础上依靠领导班子和专家学者的智慧与经验提出优化方案，并按照优化方案治理国家和社会。其四，善治是社会共治。随着经济社会的发展变化，当今国家治理和社会管理的理念也在发生深刻变化，主要体现为从传统的统治理念转向治理理念，从单纯的政府管理转向政府管理与社会治理相结合。社会共治强调实现社会管理与社会自治的有序衔接。在治理模式下，政府依法有权行使权力，但需要运用协商和沟通机制，注重吸纳公众的广泛参与。[1]

完善和发展中国特色社会主义制度，推进国家治理体系和治理能力现代化，是我们党确立的全面深化改革的总目标。国家治理体系和治理能力是一个国家制度和制度执行能力的集中体现。健全的治理体系、卓越的治理能力，是国家有序运行的基本条件，也是人民安居乐业、社会安定有序、国家长治久安的重要保障。国家治理体系，是指

[1] 冯玉军著:《全面依法治国新征程》，中国人民大学出版社2017年版，第38页。

党领导人民管理国家的制度体系，包括经济、政治、文化、社会、生态文明和党的建设等各领域的体制机制和法律制度安排，即一整套相互联系、相互协调的国家制度。人民代表大会制度是我国的根本政治制度，中国共产党领导的多党合作和政治协商制度、民族区域自治制度和基层群众自治制度是我国的基本政治制度，以公有制为主体、多种所有制经济共同发展是我国的基本经济制度，建立在根本政治制度、基本政治制度、基本经济制度基础上的经济体制、政治体制、文化体制、社会体制是我国的各项具体制度，中国特色社会主义法律体系是我国根本政治制度、基本政治制度、基本经济制度以及各项具体制度的法律规范和可靠保障。国家治理能力，是指运用国家制度管理公共事务的能力。从内容上讲，包括改革发展稳定、内政外交国防、治党治国治军等能力；从形式上讲，包括统筹谋划、决策执行、组织协调、服务保障等能力。国家治理体系和治理能力相辅相成，有了完善的国家治理体系才能涵育高水平的国家治理能力，有了卓越的国家治理能力才能充分发挥国家治理体系的效能。

推进国家治理体系和治理能力现代化，就是使国家治理体系和治理能力科学化、民主化、法治化、信息化、高效化，使国家治理主体运用法律制度治国理政，从而把中国特色社会主义的制度优势转化为治国理政的效能优势。国家治理体系和治理能力现代化既是整个国家现代化的重要条件，也是整个国家现代化的有机组成部分。其中，科学化是国家治理体系和治理能力的主导，民主化是国家治理体系和治理能力的基础，法治化是国家治理体系和治理能力的手段，信息化是国家治理体系和治理能力的保障，高效化是国家治理体系和治理能力的取向。国家治理体系和治理能力现代化主要包括六个方面：一是治理体制的现代化，即治理体制走向分权、协同；二是治理组织的现代化，即治理组织走向精干、高效；三是治理权力的现代化，即治理权力走向文明、法治；四是治理决策的现代化，即治理决策走向民主、科学；五是治理过程的现代化，即治理过程走向开放、有序；六是治理权利的现代化，即治理权利走向自由、平等。只有改革治理体制、健全治理组织、约束治理权力、优化治理决策、规范治理过程、保障治理权利，才能推进国家治理体系和治理能力现代化。

六、制约公共权力

法治国家的一个重要特征，就是法律的权威高于一切，任何组织和个人都不得违反法律，整个国家和社会生活都必须在法律的范围内运行。法律的作用主要包括两个方面：一是保障公民权利免于被侵犯；二是限制国家权力免于被滥用。法律保障公民权利，就是为人们规定行为准则，规定所享有的权利和应履行的义务，从而调整人们在社会中的相互关系。法律限制国家权力，就是依法明确各种权力的地位、职责和权限，以实现权力的合理配置；依法明确各种权力的行使规则、程序和界限，以保证权力的合理运行；依法确立各种权力之间的沟通方式和制约关系，以促进不同权力之间的互补与牵制。换言之，在法治社会条件下，国家不存在法律以外的权力，不存在过分集中的权力，不存在至高无上的权力，不存在不受制约的权力。

按照马克思主义观点，国家是代表统治阶级管理社会的公共权力。在古往今来的一切国家中，对法治的威胁和危害主要不是来自公民个人，而是来自掌握公共权力的国家官员。有法不依、执法不严，以言代法、以权压法，都是国家官员所为。因此，依法治国首先是依法治权、依法治吏。[1]这就要求国家制定完备的法律，法律充分体现人民的意志，具有至上的效力和最高的权威；任何党派、机关、团体、单位和个人都必须遵守法律；任何权力都要受制于法律，由法律来赋予，按法律来行使，靠法律来规范。实践表明，完备的法律是权力制约的依据。只有依法明确权力制约的主体、对象、手段、方式和途径，权力制约才能有法

[1] 张文显:《法治的文化内涵——法治中国的文化建构》，载《吉林大学社会科学学报》，2015年第4期。

可依，有章可循。完备的法律是权力制约的保证。只有依法明确委托权力、控制权力、收回权力的规则和程序，并由国家强制力保证实施，才能使权力制约发挥现实效力。

从人类历史发展看，任何社会都要求民众守法，但并不是任何社会都要求国家守法，国家守法是法治社会的基本标志。同时，任何社会对滥用权力的行为都要予以追究，而法治社会之为法治社会，主要不在于对滥用权力的行为予以追究，而在于它有一套健全的机制，当一种权力超出了合法的限度时，就能立即引起与它相对应的权力的自行制止。法律制度的根本目的是为了制约人性中的消极因素，制约权力运行中的负面作用。其中又以制约权力运行中的负面作用为主，因为人性中的消极因素只有借助于权力，才能产生危害广泛而深远的影响。然而，法律制度本身并不能使自己发挥作用，它必须以一定的强制力量为支撑、为依托才能发挥作用。离开了一定的强制力量，法律制度就无法制约人性中的消极因素，就无法制约权力运行中的负面作用。在现实生活中，这种强制力量就存在于权力本身，因而权力只能因为权力而被关进制度的笼子。由于法律制度制约的是权力，依托的也是权力，如果权力高度集中，缺乏必要的分权，那么又何来另一种权力支撑和保证法律制度贯彻执行呢？由此可见，法治形式上是以法律规范权力，实质上是以权力制约权力。这表明，权力的合理运行有赖于法律制度的规范，法律制度的有效实施又有赖于权力的支撑，而能够支撑法律制度有效实施的权力必定是具有内在的制约机制的权力。权力制约的要旨，就是通过优化权力配置和权力流程，使权力体系中各权力机构之间、各权力机构内部不同部门之间、各权力机构不同层级之间、各权力机构与外部环境之间以及各权力机构运行的不同环节之间形成既相互制约和监督，又相互配合和支持的权力结构和运行机制。

基于公职人员的行为特征与市场主体的行为特征没有本质区别的假设，经济学家建立了一个关于腐败的模型，其核心内容是：一个人选择腐败的必要条件是腐败的预期收入大于成本，即腐败的动机 = 从腐败中得到的好处 – 被发现的机会 × 所受到的处罚 > 现有的待遇。其中现有的待遇虽然对腐败产生很大影响，但它是一个相对稳定的因素，不会对腐败产生决定性影响。对腐败产生决定性影响的是从腐败中得到的好处、被发现的机会和所受到的处罚。由此我们可以得出结论：在保持公职人员体面的生活待遇的同时，加强对权力的制约和监督，使党内监督、人大监督、行政监督、司法监督、民众监督、舆论监督步调协同，手段互补，信息共享，形成合力，使监督覆盖领导干部的工作圈、生活圈和社交圈，做到领导干部权力行使到哪里，活动延伸到哪里，监督就跟随到哪里，从而使每一个机构都成为其他机构滥用权力的制约手段，使每一个成员都成为其他成员滥用权力的制约力量，使领导干部无论职位多高、权力多大，都能置身于党和人民的监督之中，是确保各项权力都能在法治轨道上合理运行的必由之路。

七、保障公民权利

人活着只是一种本能，活得有自由有尊严才是人的本质要求，而能够维护人的自由和尊严的可靠保障就是法治。坚持人民主体地位，让人民真正成为国家的主人，保证人民依法享有广泛的权利和自由，让每一个人都生活得更加幸福更有尊严，是法治国家的宗旨。[1]人民的主体地位，意味着国家权力归人民所有，国家运行由人民管理，国家取向为人民服务，人民在经济、政治、文化、社会生活各个领域依法享有广泛的权利和自由；昭示着人民在党的领导下，掌握国家权力，行使公民权利，管理国家和社会事务，管理经济和文化事业。习近平总书记强调：要依法保障全体公民享有广泛的权利，努力维护广大人民的根本利益，保障人民群众对美好生活的向往和追求。这既突出了法治国家的核心价值，也奠定了法治国家建设广泛而深厚的群众基础。

保障公民权利的信念基础在于尊重人的主体地位和个性差异，关心人丰富多样的个体需求，激发人的积极性、主动性、创造性，促进人的自由全面发展：一是承认人不仅作为一种物质生命的存在，更是一种精神文化的存在。二是承认人无论是在推动社会发展还是实现自身发展方

---

[1] 幸福是人们追求的永恒目标，是学习、工作和生活的基本动力。幸福既是对生活的客观条件和整体状态的一种事实判断，又是对生活的主观意义和满足程度的一种价值判断，表现为在一定的生活满意程度基础上产生的一种积极心理体验。这种心理体验包括享有民主的归属感、发展进步的公平感、物质待遇的满意感、情感生活的丰富感、学习工作的快乐感、素质提升的成就感等。在实际生活中，幸福受许多因素的影响：经济因素如就业状况、收入水平等；政治因素如民主权利、参与机会等；社会因素如教育程度、婚姻质量等；文化因素如价值观念、传统习俗等；心理因素如生活态度、个性特征等。在对待幸福问题上，马克思主义注重物质幸福与精神幸福的统一，创造奉献与获取享受的统一，个人幸福与社会幸福的统一。

面都居于核心地位。三是承认人的价值的尊贵性，追求人的社会价值和个体价值的统一。四是尊重人的主体性。人不仅是物质生活的主体，也是政治生活、精神生活乃至整个社会生活的主体，因而也是提高人的生活质量和生活品位的主体。五是关心人的多方面多层次的需要。不仅关心人物质层面的需要，更关心人精神文化层面的需要；不仅致力于满足人的生存需要、享受需要，更致力于满足人的自我发展需要、自我完善需要。六是促进人的自由全面发展。人的发展应当是自由自主的发展，而不是外力强制的发展；应当是全面协调的发展，而不是片面畸形的发展；应当是尊重个性的发展，而不是泯灭个性的发展。

尊重和保障人权是法治的基本原则，是使公民基本权利由法律条文变成社会现实的必要条件，是防止和补偿权利侵害的重要方式。社会主义法治确认和保障人权的基点，不仅在于公民的政治权利，而且在于公民的经济社会和文化权利；不仅在于个体人权，而且在于集体人权；不仅把人权的充分实现作为理想和目标，而且为人权的充分实现提供物质和法律保障。根据法治的要求，公民的基本权利和自由除了受法律限制外，其他任何人都无权任意加以限制。没有法律依据而对权利和自由进行限制，就是对人权的侵犯。在实际生活中，侵犯公民权利的行为主要来自两个方面：一是国家权力的侵权行为，二是私人之间的侵权行为。保障人权的关键是杜绝国家权力的侵权行为。如果国家权力能够有效地维护公民权利，私人之间的侵权行为就比较容易得到纠正；如果国家权力发生偏差而侵犯公民权利，私人之间的侵权行为就会有恃无恐。因此，一要依法保障公民权利，对于公民在国家政治生活中所享有的各项权利，都要通过法律来确认，并通过国家强制力保证实施。其中司法程序是保障公民权利的有力武器，通过规定无罪推定、罪刑法定、疑罪从无、罪责均衡、严禁刑讯逼供、排除非法证据、质证辩护、法律援助、司法救助等严格而公正的司法程序，形成有效保障公民权利的司法制度。二要保持国家权力与公民权利之间的平衡关系，使国家权力在保障公民权利的同时，能够受到公民权利的有效制约。

习近平总书记在首都各界纪念现行宪法公布实施30周年大会上的重要讲话中强调："努力让人民群众在每一个司法案件中都能感受到公平正义，决不能让不公正的审判伤害人民群众感情、损害人民群众权益。"[1]司法是社会公平的保障，是国家正义的化身，要让人民群众在每一个司法案件中都能感受到公平正义，就必须确保司法公正。确保司法公正要求司法机关牢固树立和切实贯彻公平正义的法治理念，切实肩负起维护社会公平正义的神圣职责，更加合理地协调各种社会利益关系，更加妥善地化解各种社会矛盾冲突，严肃认真对待每一起案件，坚决防止和纠正冤假错案，使受到侵害的权利依法得到保护和救济，使违法犯罪行为依法受到惩处和制裁，使公平正义在每一起案件中都能得到体现，靠一个个具体案件的公正审判，提升司法公信力，维护司法权威性。强化司法机关内部制约和外部监督，健全冤假错案有效防范、及时纠正和责任追究制度，对司法腐败行为实行零容忍，决不允许滥用权力侵犯公民合法权益。恪守司法宗旨，努力满足各类社会群体对法律的需求，使人人平等地享用法律资源，切实解决立案难、申诉难、执行难问题，让人民群众真正感受到公平就在身边、正义就在眼前，决不让一份判决成为无法兑现的空头支票。

[1]《习近平谈治国理政》(第一卷)，外文出版社2014年版，第141页。

八、提升道德水准

法律和道德都是社会行为规范，国家和社会治理需要法律和道德共同发挥作用。法律属于政治范畴，属于政治文明；道德属于思想范畴，属于精神文明。两者虽然分属不同范畴，但对于维护和保障社会稳定，维护和保障国家长治久安来说，有着同样重要的地位和作用，可谓相辅相成，缺一不可。法律以国家强制力为后盾保证其实施，道德以社会引导力为后盾保证其实施；法律明确规定允许人们做什么、禁止人们做什么，以人的行为无害于他人和社会为基本要求；道德提倡人们应当做什么、不应做什么，以人的行为有益于他人和社会为基本要求；法律的实施需要道德规范的支持和配合，道德的实施需要法律规范的支持和配合；法律是道德的制度底线，是控制人的越轨行为的最后屏障，道德是法律的精神内涵，是抑制人的不良行为的内心防线。守法的最高境界是恪守社会公德、职业道德、家庭美德和个人品德，守法的最低限度是法律的底线不能逾越、道德的底线不能触碰。[1]

在实际生活中，法律不是万能的，总有其固有的局限性。其局限性主要表现在：一是调整方法的单一性。法律只是许多社会调整方法的一种，而不是唯一的方法。除法律之外，还有政策、纪律、道德、公约、教规及其他社会规范，还有行政管理、思想教育。二是作用范围的有限性。法律的作用范围不是无限的，也不是在任何问题上都是适宜的。在现代社会，有不少社会关系和社会生活领域，采用法律手段是不适宜的。例如，涉及人们思想、认识、信仰方面的问题，就不宜采用法律手段。三是内容变化的滞后性。法律作为行为规范，其内容是抽象的、概

[1] 李林：《全民守法是法治建设的基础工程》，载《人民日报》，2013年11月7日。

括的、定型的，制定出来之后具有一定的稳定性。法律不能频繁变动，更不能朝令夕改，否则就会失去其权威性和确定性。但法律要调整的现实生活则是具体的、易变的，这就使法律很容易形成规则真空。四是主体素质的依赖性。作为国家制定或认可的社会规范体系，法律的实施必须由人来运作，如果缺乏具有较高法律素养的专业人员，即使有良好的法律也难以达到预期目的。法律自身固有的局限性，为道德作用的有效发挥提供了空间和余地。

法安天下，德润民心。我国历史上“德主刑辅”的法律思想，就包含着法治与德治相结合的思想萌芽。作为中国封建正统法律思想，德主刑辅就是以德教为主、以刑罚为辅的法律主张。春秋末期的孔子继承发展了周公“明德慎罚”思想，主张“以德服人”，反对“以力服人”，提出了“为政以德”的治国理论与原则。孔子认为单凭刑与政等高压手段，可收一时之效，却无法达到治国的目的。相反，只有采用德与礼的教化怀柔手段，才能征服人心，从根本上稳固统治。同时，孔子并不否定刑罚的作用，他认为“君子怀德，小人怀土；君子怀刑，小人怀惠”，只有辅之以刑罚的手段，才能保障礼治的实施。因此，德主刑辅，德刑并举，决不可偏废其一。战国时荀子又提出“隆礼重法”“先教后诛”等主张，从而奠定了“德主刑辅”的思想基础。西汉初年贾谊曾向汉文帝上书，认为“礼者禁于将然之前，而法者禁于已然之后”，国家应加强礼义教化。到西汉中期，董仲舒提出“德主刑辅”的法律思想，形成了封建正统法律思想的基本观点。“德主刑辅”主张治国要以德礼教化为主，以刑罚惩治为辅。德为治国之本，刑为治国之末。其实质在于：以封建伦理纲常作为人们日常生活及各种社会关系的基本准则，要求人们主动自觉地予以遵守，从而达到减少犯罪以维护封建统治秩序的目的。

德治和法治的关系是柔性治理和刚性治理的关系。德治重在防，法治重在治；德治以教育为主，禁于未然之前，法治以惩戒为主，禁于已然之后；德治以其感召力提高人的觉悟，法治以其约束力规范人的行为；无德治不能劝善，无法治不能抑恶。在实际生活中，法律规范虽然不能代替道德规范的作用，但却是道德规范赖以存在和发挥作用的保证。因为人的自我约束能力是由外部强制力量逐步内化形成的。很难想象一个法律规范得不到严格遵守的社会能够建立良好的道德秩序。法律既有引导、推动作用，也有防范、惩戒作用，当某些行为滑出一定的道德界限后，仅仅诉诸舆论的谴责和良知的忠告是远远不够的，必须运用法律手段来加以匡正。法律和道德只有紧密配合，才能形成严整的社会规范体系，并有效地规范、引导、教育和矫正人的行为。习近平总书记指出："发挥好法律的规范作用，必须以法治体现道德理念、强化法律对道德建设的促进作用"，"发挥好道德的教化作用，必须以道德滋养法治精神、强化道德对法治文化的支撑作用"。[1]因此，我们既要重视发挥法律的规范作用，又要重视发挥道德的教化作用，以便实现法律和道德相辅相成、法治和德治相得益彰。

以德治国就是以党的基本理论、基本路线、基本方略为指导，以为人民服务为核心，以集体主义为原则，以诚实守信为重点，以爱祖国、爱人民、爱劳动、爱科学、爱社会主义为要求，以社会公德、职业道德、家庭美德、个人品德为基石，以家庭、学校、机关、单位和社会为环节，以精神文明创建活动、各种社会公益活动、重要节日纪念活动为方式，以法律支持、政治导向和制度建设为保障，建立与社会主义市场经济相适应、与社会主义法律体系相协调、与中华民族传统美德相承接的社会主义思想道德体系，并使之成为全体人民普遍认同和自觉遵守的行为规范。改革开放以来，我国思想道德建设取得了显著成就，思想道德领域的主流是积极、健康、向上的。同时应当看到，随着社会主义市场经济体制的建立，人们的道德观念和行为方式发生了深刻变化，现有的一些道德规范已不能适应形势发展的需要，而新的道德规范还没有完全形成。因而在一些领域和方面，是非、善恶、美丑的界限混淆，制假

[1] 习近平：《加快建设社会主义法治国家》，载《求是》，2015年第1期。

贩假、以次充好、欺行霸市、不讲信用等现象时有发生，严重地污染了社会风气，妨碍了社会主义市场经济的健康发展。因此，在新的历史条件下，加快社会主义思想道德体系建设，确立全体社会成员共同遵循的行为准则和价值取向，已成为摆在思想道德建设面前的一项紧迫任务。思想道德建设的主要目标是，在全民族牢固树立建设中国特色社会主义的共同理想，牢固树立坚持党的基本路线不动摇的坚定信念；实现以思想道德修养、科学教育水平、民主法治观念为主要内容的公民素质的显著提高，实现以积极健康、丰富多彩、服务人民为主要要求的文化生活质量的显著提高，实现以社会风气、公共秩序、生活环境为主要标志的城乡文明程度的显著提高；在全社会发扬以爱国主义为核心的团结统一、爱好和平、勤劳勇敢、自强不息的民族精神，发扬以改革创新为核心的与时俱进、开拓进取、求真务实、奋勇争先的时代精神，形成团结互助、平等友爱、共同前进的人际关系。

坚持依法治国和以德治国相结合，必须加强公民道德建设，不断增强中国特色社会主义法治文化的道德底蕴。法律是成文的道德，道德是内心的法律。没有道德的滋养，法治文化就缺少源头活水，法律实施就缺乏思想基础。在全面推进依法治国的过程中，要大力弘扬中华传统美德，深入挖掘中华优秀传统文化的思想精华和道德精髓，不断提高全社会的思想道德水平。一是在道德体系中体现法治要求。我国公民基本道德规范，第一条就是“爱国守法”；社会主义核心价值观中，“法治”赫然在列；社会主义荣辱观重要的一项就是“以遵纪守法为荣、以违法乱纪为耻”。可见，守法不仅是法律义务，也是重要的道德要求。要继续完善社会主义思想道德体系，使之更好地与社会主义法律规范相衔接、相协调。二是在道德教育中突出法治内涵。道德教化，就是教人求真、劝人向善、促人尚美的过程，也是培育法治精神的重要渠道。要深入实施公民道德建设工程，加强社会公德、职业道德、家庭美德、个人品德建设。在这个过程中，要针对我国人情积习厚重、规则意识淡薄的实际，注重培育规则意识，倡导契约精神，弘扬公序良俗，引导人们自觉履行法定义务、道德责任。三是在文化传承中涵养法治精神。几千年悠久厚重的中华传统文化，既包含着丰富的道德资源，也包含着丰富的法律资源，是今天我们涵养法治精神的重要源泉。要大力弘扬中华优秀传统文化，深入挖掘蕴含其中的讲仁爱、重民本、守诚信、崇正义、尚和合、求大同等时代价值，以法为本、缘法而治、刑无等级、法不阿贵等思想精华，并做好创造性转化和创新性发展，使其在新的时代条件下发扬光大。四是在文明创建中促进法治实践。道德重在实践，法治同样重在实践。最好的道德和法治教育，是在日常生活和具体实践中感受道德和法治的力量，树立崇德尚法的精神追求。要广泛开展以普法宣传、法律援助等为主题的志愿服务，让人们在丰富多彩的活动中受到法治熏陶、增强法治意识，让法治的种子在人们心中落地生根、开花结果。[1]法律依赖道德而被认同和遵行，一个人的道德品位提升了，遵纪守法才会成为自觉行动；全社会的道德水准提升了，法治建设才会拥有坚实基础。

[1] 颜晓峰主编:《建设法治中国》，社会科学文献出版社2015年版，第262—263页。

结　束　语

作为治理国家的最佳方略，法治是富强、民主、文明、和谐、美丽中国的守护神，是人民安居乐业、社会安定有序、国家安稳发展的压舱石。没有法治，就没有国家的长治久安，就没有社会的风清气正，就没有人民的幸福美满。实行法治还是实行人治，事关国家的兴衰成败、社会的安危治乱、人民的利害得失、家庭的悲欢离合、个人的生死祸福。因此，即使是最尊贵的政治头颅，也要戴上法治的紧箍。这是大势所趋、人心所向，谁也绕不过去这道坎。

法治不仅是有形的制度，同时也是无形的文化。法治文化是法治之源，有什么样的法治文化，就会有什么样的法治状态。秉承什么样的法治文化，就会营造什么样的法治国家。当法治成为一种意识自觉、一种行为习惯，形成一种法治文化的时候，才能把纸面上的法变为行动中的法，才能实现真正的法治。而良法善治作为法治的实质，正是法治文化所体现的价值追求，因此，只有坚持法治文化的价值引领，才能使法治建设实践达到良法善治的境界。

历史是一部最好的教科书，它总是引导人们进行更多的思考。当我们仔细倾听法治文化的历史回音，这里少有莺歌燕舞，少有欢声笑语，更多的是悲切苍凉的呻吟和痛彻心扉的呐喊。当我们细心察看法治文化的培育环境，这里既有土肥水美、风和日丽的滋润，更有潺潺鲜血、涓涓泪水的浇灌。唾弃人治，实行法治，不仅是深刻反思我国社会主义建设经验教训得出的基本结论，而且是认真审视古今中外历史发展经验教训得出的基本结论。

法治是人类文明发展的共同轨道。邓小平曾经深刻指出：“制度好可以使坏人无法任意横行，制度不好可以使好人无法充分做好事，甚至会走向反面。”[1]波普尔也曾精辟指出：“我们需要的与其说是好的人，还不如说是好的制度。”[2]东西方两位哲人在唾弃人治、实行法治这一点上有着惊人的一致。这种一致绝非偶然，它反映了历史发展的大势。而饱经沧桑的历史恰恰为我们提供了一个顺应这种大势、叩响法治国家大门的难得机遇。

法治形式上是以法律规范权力，实质上是以权力制约权力。在实际生活中，权力的合理运行有赖于法律制度的规范，法律制度的有效实施又有赖于权力的支撑，而能够支撑法律制度有效实施的权力必定是具有内在的制约机制的权力。权力制约的要旨，就是通过优化权力配置，使权力体系中各权力机构之间、各权力机构内部不同部门之间、各权力机构不同层级之间、各权力机构与外部环境之间以及各权力机构运行的不同环节之间形成既相互制约和监督，又相互配合和支持的权力结构和运行机制。

全面依法治国始终不渝，建设法治国家坚定不移。五千年的文明古国、两千年的封建王朝、百余年的屈辱历史、七十年的沧桑巨变——生活在这样的国度，由我们这代人来把握这跌宕起伏的历史脉络，呈现一个国家从人治到法治这样气势磅礴的华丽转身，这是我们的骄傲和自豪，更是我们的义务和责任。让我们在以习近平同志为核心的党中央坚强领导下，努力奋斗，积微成著，共同为法治国家建设添砖加瓦，在中国特色社会主义法治道路上创造法治中国的美好明天！

[1] 《邓小平文选》（第二卷），人民出版社1994年版，第293页。

[2] 〔英〕波普尔：《猜想与反驳》，季重、纪树立、周昌忠、蒋弋为译，上海译文出版社1986年版，第49页。

参考文献

一、著作

萧超然主编:《中国政治发展与多党合作制度》，北京大学出版社1991年版。

李景鹏主编:《政治管理学概论》，高等教育出版社1991年版。

钱乘旦主编:《现代文明的起源与演进》，南京大学出版社1991年版。

曹沛霖等主编:《外国政治制度》，高等教育出版社1992年版。

张文显主编:《政治与法治》，吉林大学出版社1994年版。

李景鹏:《权力政治学》，黑龙江教育出版社1995年版。

王浦劬主编:《政治学基础》，北京大学出版社1995年版。

王长江编:《世界政党比较研究》，中共中央党校出版社1996年版。

张晋藩:《中国法律的传统与现代转型》，法律出版社1997年版。

应克复等:《西方民主史》，中国社会科学出版社1997年版。

邓伟志主编:《变革社会中的政治稳定》，上海人民出版社1997年版。

马啸原:《西方政治思想史纲》，高等教育出版社1997年版。

邓正来:《国家与社会》，四川人民出版社1997年版。

姚建宗:《法律与发展研究导论》，吉林大学出版社1998年版。

黄卫平:《中国政治体制改革纵横谈》，中央编译出版社1998年版。

王惠岩:《当代政治学基本理论》，天津人民出版社1998年版。

张浩主编:《社会主义民主研究》，中国青年出版社1998年版。

王家福等主编:《中国人权百科全书》，中国大百科出版社1998年版。

李步云:《走向法治》，湖南人民出版社1998年版。

李景治等:《邓小平政治体制改革理论研究》，中国人民大学出版社1998年版。

张彬主编:《建设社会主义法治国家》，国防大学出版社1998年版。

武树臣:《中国传统法律文化辞典》，北京大学出版社1999年版。

刘智峰主编:《中国政治体制改革问题报告》，中国电影出版社1999年版。

浦兴祖主编:《中华人民共和国政治制度》，上海人民出版社1999年版。

王寿林等主编:《当代西方社会科学名著导读》，北京大学出版社1999年版。

董云虎主编:《中国人权年鉴》，当代世界出版社2000年版。

杨海蛟主编:《新中国政治学的回顾与展望》，世界知识出版社2000年版。

赵成根:《民主与公共决策研究》，黑龙江人民出版社2000年版。

张文显:《法哲学范畴研究》，中国政法大学出版社2001年版。

李铁映:《论民主》，人民出版社、中国社会科学出版社2001年版。

宋玉波:《比较政治制度》，法律出版社2001年版。

高放:《政治学与政治体制改革》，中国书籍出版社2002年版。

黄苇町:《苏共亡党十年祭》，江西高校出版社2002年版。

孙国华主编:《社会主义法治论》，法律出版社2002年版。

王寿林:《当代中国社会主义民主论》，中共中央党校出版社2002年版。

白钢主编:《中国政治制度史》，天津人民出版社2002年版。

杨宏山:《当代中国政治关系》，经济日报出版社2002年版。

郑楚宣等:《当代中西政治制度比较》，广东人民出版社2002年版。

王明高等:《中国新世纪惩治腐败对策研究》，湖南人民出版社2002年版。

中国社会科学院法学研究所编委会编:《法律辞典》，法律出版社2003年版。

徐显明、刘瀚主编:《法治社会之形成与发展》，山东人民出版社2003年版。

虞崇胜:《政治文明论》，武汉大学出版社2003年版。

郭济主编:《政府权力运筹学》，人民出版社2003年版。

张德信等:《中国政府改革的方向》，人民出版社2003年版。

周天勇等:《中国政治体制改革》，中国水利水电出版社2004年版。

张恒山等:《法治与党的执政方式研究》，法律出版社2004年版。

陈之骅等主编:《苏联兴亡史纲》，中国社会科学出版社2004年版。

刘杰:《人权与国家主权》，上海人民出版社2004年版。

李秋芳主编:《反腐败思考与对策》，中国方正出版社2005年版。

郭道晖:《法理精义》，湖南人民出版社2005年版。

何勤华主编:《外国法制史》，法律出版社2006年版。

张文显主编:《法理学》，高等教育出版社2007年版。

王寿林:《权力制约和监督研究》，中共中央党校出版社2007年版。

王爱琦、王寿林主编:《权力制约和监督专题研究》，中共中央党校出版社2007年版。

张建主编:《中国传统文化》，高等教育出版社2007年版。

何晓明、曹流:《中华文化概论》，首都经济贸易大学出版社2007年版。

张蕴岭主编:《中国与周边国家：构建新型伙伴关系》，社会科学文献出版社2008年版。

王寿林:《让权力在阳光下运行》，人民出版社2008年版。

秦宣主编:《中国特色社会主义发展史》，高等教育出版社2009年版。

中国大百科全书编委会编著:《中国大百科全书》，中国大百科全书出版社2009年版。

姜义华:《中华文化读本》，上海人民出版社2009年版。

《法理学》编写组主编:《法理学》，人民出版社、高等教育出版社2010年版。

赵铁生:《传统文化精解》，知识出版社2010年版。

周旺生、朱苏力主编:《北京大学法学百科全书》，北京大学出版社2010年版。

王寿林、胡耀武主编:《中国特色社会主义道路研究》，蓝天出版社2011年版。

周淑真:《政党政治学》，人民出版社2011年版。

卓泽渊:《法政治学研究》，法律出版社2011年版。

严存生主编:《西方法律思想史》，中国人民大学出版社2012年版。

林尚立:《建构民主：中国的理论、战略与议程》，复旦大学出版社2012年版。

王寿林主编:《中国特色社会主义重大理论与实践问题研究》，军事科学出版社2012年版。

李林、冯军主编:《依法治国与法治文化建设》，社会科学出版社2013年版。

顾肃:《自由主义基本理念》，译林出版社2013年版。

习近平:《习近平谈治国理政》，外文出版社2014年版。

江必新编著:《法治中国的制度逻辑与理性构建》，中国法制出版社2014年版。

颜晓峰主编:《建设法治中国》，社会科学文献出版社2015年版。

徐祥民主编:《中国法律思想史》，北京大学出版社2015年版。

何亚非:《选择：中国与全球治理》，中国人民大学出版社2015年版。

陈家刚主编:《协商与协商民主》，中央文献出版社2015年版。

王利明:《法治——良治与善治》，北京大学出版社2015年版。

《依法治国新举措》编写组编:《依法治国新举措》，新华出版社2015年版。

杨光斌等:《中国民主轨迹与走向(1978—2020)》，中国社会科学出版社2015年版。

王运声、易孟林主编:《中国法治文化概论》，群众出版社2015年版。

中共中央宣传部编:《习近平总书记系列重要讲话读本》，学习出版社、人民出版社2016年版。

江平:《法治天下——江平访谈录》，法律出版社2016年版。

李德顺主编:《中国特色社会主义法治文化研究》，中国政法大学出版社2016年版。

舒国滢主编:《中国特色社会主义法学理论研究》，中国政法大学出版社2016年版。

罗先泽、张美萍主编:《社会主义法治文化建设研究》，中国政法大学出版社2016年版。

王寿林、张美萍主编:《领导干部为政新理念——治国理政重要词语和论断精解》，中共中央党校出版社2016年版。

上海社会科学院民主政治研究中心编:《中国政治发展进程(2013—2017)》，时事出版社2013—2017年版。

中国行为法学会编:《中国法治实施报告》(2014—2016)，法律出版社2015—2017年版。

燕继荣等:《中国治理：中国大国的复兴之道》，中国人民大学出版社2017年版。

黄进、蒋立山主编:《中国特色社会主义法治体系研究》，中国政法大学出版社2017年版。

李林主编:《中国依法治国二十年(1997—2017)》，社会科学文献出版社2017年版。

《历史性成就：全面从严治党这五年》编写组编:《历史性成就：全面从严治党这五年》，中国言实出版社2017年版。

田禾、吕艳滨主编:《中国法治发展：成效与展望(2002—2016)》，社会科学文献出版社2017年版。

二、论文

武树臣:《中国传统法律文化的社会成因》，载《学习与探索》，1992年第2期。

钱鸿猷:《西方法治精神和中国法治之路》，载《中外法学》，1995年第6期。

王寿林:《权力与权力制约论纲》，载《天津社会科学》，1997年第5期。

夏勇:《法治是什么——渊源、规诫与价值》，载《中国社会科学》，1999年第4期。

王寿林:《依法治国与党的领导》，载《中国党政干部论坛》，1999年第9期。

李晓峰:《略论西方法治理论的发展及其思想渊源》，载《法学评论》，2000年第4期。

王寿林、张美萍:《论社会主义民主原则》，载《北京大学学报》，2001年第3期。

王寿林:《领导干部应当牢固树立正确的权力观》，载《求是》，2002年第16期。

王寿林:《关于政治体制改革的几个问题》，载《新视野》，2003年第4期。

白钢:《现代西方民主刍议》，载《书屋》，2004年第1期。

胡文木:《市民社会——西方法治产生的历史根源》，载《北京青年政治学院学报》，2005年第1期。

王寿林:《准确把握和深刻领会共产党的执政经验》，载《党建研究》，2005年第2期。

李振宇:《西方法治观念的演变》，载《社科纵横》，2005年第4期。

王寿林、张美萍:《论马克思主义人权观》，载《高校理论战线》，2005年第10期。

王寿林:《论制度建设与保持党的先进性》，载《求是》，2006年第11期。

刘斌:《当代法治文化的理论构想》，载《中国政法大学学报》，2007年第1期。

李德顺:《法治文化论纲》，载《中国政法大学学报》，2007年第1期。

张革文:《近代西方法治的人文基础》，载《江西社会科学》，2007年第3期。

王寿林:《论实现决策的民主化科学化制度化》，载《党建研究》，2007年第6期。
秦宣:《中国特色社会主义道路的科学内涵》，载《思想理论教育导刊》，2007年第12期。
许哲:《法社会学比较视野下的中西方法治观念差异研究》，载《河南社会科学》，2009年第3期。
王寿林、傅顽璐:《积极稳妥地推进政治体制改革》，载《光明日报》，2008年9月9日。
包心鉴:《政治体制改革：历史的经验和现实的选择》，载《山东社会科学》，2009年第1期。
王寿林:《加强党的制度建设的几点思考》，载《新视野》，2009年第3期。
刘斌:《中国当代法治文化的研究范畴》，载《中国政法大学学报》，2009年第6期。
李春明:《市民社会视角下当代中国法治文化认同》，载《山东大学学报》，2009年第6期。
王寿林、叶海源:《正确认识和全面理解民主集中制》，载《人民日报》，2009年12月14日。
薛国中:《中国专制主义政治的形成与发展》，载《社会科学论坛》，2010年第2期。
黄苇町:《建立健全科学的权力结构和运行机制》，载《廉政文化研究》，2010年第4期。
郑德荣:《中国特色社会主义道路基本问题论要》，载《高校理论战线》，2011年第3期。
刘斌:《法治文化三题》，载《中国政法大学学报》，2011年第3期。
何勤华:《法的国际化与本土化》，载《中国法学》。2011年第4期。
马凯:《关于建设中国特色社会主义法治政府的几个问题》，载《国家行政学院学报》，2011年第5期。
刘作翔:《法治文化的几个理论问题》，载《法学论坛》，2012第1期。
李林:《社会主义法治文化概念的几个问题》，载《北京联合大学学报》，2012年第2期。

杨昌宇:《法治核心价值理念的生成及其深层动因》，载《学术交流》，2012年第4期。

袁曙宏:《建设法治中国》，载《法制日报》，2013年3月26日。

程海波:《加快建设社会主义法治国家》，载《光明日报》，2013年7月19日。

程恩富:《当代中国发展进步的活力之源》，载《人民日报》，2013年7月23日。

周强:《积极推进社会主义法治国家建设》，载《人民日报》，2013年8月12日。

李林:《全民守法是法治建设的基础工程》，载《人民日报》，2013年11月7日。

徐显明:《法治文化的核心是制度文化》，载《法治日报》，2013年12月19日。

俞可平:《中国特色协商民主的几个问题》，载《学习时报》，2013年12月23日。

周平:《国家治理体系现代化是全面深化改革的必然要求》，载《人民日报》，2014年1月5日。

王寿林:《关于人权和法治的思索》，载《中国军队政治工作》，2014年第1期。

王寿林:《关于民主的几个问题》，载《新视野》，2014年第4期。

孙育玮:《中国特色社会主义法治文化的理论与实践》，载《学习与探索》，2014年第4期。

龚廷泰:《法治文化的认同：概念、意义、机理与路径》，载《法制与社会发展》，2014年第4期。

杨伟东:《推进法治中国建设》，载《时事报告》，2014年第6期。

汪永清:《善于运用法治思维和法治方式开展政法工作》，载《人民日报》，2014年7月28日。

王寿林:《强化权力制约的理论探讨》，载《中国特色社会主义研究》，2014年第5期。

丁向荣:《构建中国特色军事法治体系》，载《人民日报》，2014年10月30日。

马怀德:《以法治文化滋养培育法治社会》，载《光明日报》，2014年10月30日。

江必新:《怎样建设中国特色社会主义法治体系》，载《光明日报》，2014年11月1日。

王寿林:《坚定不移走中国特色社会主义法治道路》，载《光明日报》，2014年11月2日。

李林:《中国特色社会主义法治具有鲜明特征》，载《人民日报》，2014年11月27日。

中央军委法制局:《新形势下深入推进依法治军从严治军的行动纲领》，载《解放军报》，2014年11月30日。

钟奇江：《中国特色法治文化的基本特征及构建路径》，载《光明日报》，2014年12月11日。

王寿林：《建设中国特色社会主义法治体系》，载《天津日报》，2015年1月26日。

王寿林：《全面推进依法治国需要正确把握的若干范畴》，载《观察与思考》，2015年第1期。

王寿林、胡新艳：《关于法治文化建设的几个问题》，载《中国特色社会主义研究》，2015年第1期。

王寿林：《关于法治中国建设的几个问题》，载《新视野》，2015年第1期。

张晋藩：《中国传统法律文化中的警世观点》，载《行政管理改革》，2015年第2期。

包心鉴：《论优化党内政治生态》，载《光明日报》，2015年5月13日。

张文显：《法治的文化内涵——法治中国的文化建构》，载《吉林大学社会科学学报》，2015年第4期。

王寿林：《科学把握全面推进依法治国总目标的精髓要义》，载《井冈山干部学院学报》，2015年第5期。

丁文：《对中国特色社会主义法治文化的粗浅认识》，载《中国法治文化》，2016年第7期。

王寿林：《改革开放40年中国民主政治发展历程》，载《观察与思考》，2018年第9期。

王寿林：《改革开放40年中国政治发展的基本经验》，载《新视野》，2019年第1期。

后　记

根据丛书总体设计要求，本书由王寿林拟定提纲，并撰写导言、第一章、第二章、第八章、第九章、第十章、第十一章、第十二章和结束语；由张美萍撰写第三章、第四章、第五章、第六章、第七章，王寿林修改定稿。本书在撰写过程中，参考吸收了蔡雪芹、李景雨、巩秋仁、胡新艳等相关专家学者已有的成果，在此表示诚挚的谢意。由于我们水平和能力有限，书中难免存在疏漏和不足，恳请读者批评指正。

作者

2019年5月30日

图书在版编目（CIP）数据

文化视阈聊法治：中国特色社会主义法治文化研究 / 王寿林，张美萍著. -- 重庆：重庆出版社，2019.7

ISBN 978-7-229-14305-3

Ⅰ.①文… Ⅱ.①王… ②张… Ⅲ.①社会主义法治－研究－中国 Ⅳ.①D920.0

中国版本图书馆CIP数据核字（2019）第143505号

文化视阈聊法治：中国特色社会主义法治文化研究

王寿林　张美萍　著

策　　划：华章同人

出版监制：陈建军

责任编辑：秦　琥　何彦彦

责任印制：杨　宁

营销编辑：王　良　唐晨雨

装帧设计：今亮后声 HOPESOUND pankouygu@163.com

重庆出版集团
重庆出版社 出版

（重庆市南岸区南滨路162号1幢）

投稿邮箱：bjhztr@vip.163.com

北京温林源印刷有限公司　印刷

重庆出版集团图书发行有限公司　发行

邮购电话：010-85869375/76/77转810

重庆出版社天猫旗舰店
cqcbs.tmall.com

全国新华书店经销

开本：787mm×1092mm　1/16　印张：20.25　字数：275千

2019年7月第1版　2019年7月第1次印刷

定价：68.00元

如有印装质量问题，请致电023-61520678